Le droit civil en 90 fiches

OBJECTIF **Fonction Publique**

Collection dirigée par Philippe-Jean QUILLIEN

Les Mémentos

Le droit civil en 90 fiches

5e édition

Patricia VANNIER

Avocat au barreau de Paris
Maître de conférences en droit privé
à l'université de Paris I

ellipses

ISBN 9782340-028838
©Ellipses Édition Marketing S.A., 2019
32, rue Bargue 75740 Paris cedex 15

www.editions-ellipses.fr

INTRODUCTION

Une matière au programme de nombreux concours administratifs

Dans les fonctions publiques étatiques, territoriales comme hospitalières, de nombreux ***concours de catégorie A et B*** imposent ou proposent des ***épreuves*** qui exigent la connaissance de la matière du « droit civil » définie par un programme réglementaire. Ces épreuves peuvent être écrites (composition ou dissertation, commentaire ou analyse de texte, questions à réponses courtes, questionnaire à choix multiple, cas pratique) ou orales (interrogation, commentaire de texte).

Le contenu exact de la matière dépend bien sûr du concours. Mais il existe un tronc commun composé de six éléments :

- l'introduction à l'étude du droit civil ;
- le droit des personnes ;
- le droit de la famille ;
- les droits réels principaux ;
- les obligations ;
- la responsabilité civile.

Pour acquérir ou réviser ces connaissances, les candidats doivent en général utiliser des ***manuels*** qui, conçus pour des étudiants, ne correspondent pas toujours au niveau des concours. De plus, le droit civil comprenant des matières universitaires distinctes (droit des personnes, droit de la famille, droit des obligations), plusieurs ouvrages sont nécessaires.

Effrayés par la somme des lectures à effectuer, certains candidats se laissent tenter par des ***aide-mémoire*** qui, à force de simplification et de schématisation, assurent à leurs lecteurs une mauvaise note à l'épreuve de droit civil.

Ce constat a conduit l'auteur à concevoir et à rédiger un livre destiné et adapté aux candidats des concours administratifs.

Le Droit civil en 90 fiches couvre l'intégralité de la matière telle qu'elle est définie dans l'immense majorité des concours administratifs. Ont seulement été écartés les domaines spécialisés figurant dans quelques programmes, comme le bail à construction et bail emphytéotique ou les contrats conclus par les collectivités territoriales : bail, bail rural, bail commercial, acceptation des dons et legs, contrats de cession du domaine privé.

De la clarté et de la rigueur avant toute chose

L'ensemble des connaissances requises pour une épreuve de droit civil est donné dans 18 thèmes correspondant chacun à quatorze pages.

Chaque thème commence par une présentation synthétique de trois pages qui s'achève par :

- une rubrique « ***Pour en savoir plus*** » proposant une référence bibliographique pour approfondir les connaissances et une adresse de site internet particulièrement utile pour les illustrer ou les actualiser ;
- les titres des ***5 fiches*** relatives au thème.

Chaque fiche comprend deux pages dont le plan est apparent, la langue claire et la vocation pédagogique.

Cinq dates, cinq arrêts, cinq décisions ou cinq articles à retenir concluent l'étude de chaque thème.

Les ***abréviations*** et les ***sigles*** sont en principe proscrits, sauf dans les références. Quand leur emploi est utile ou nécessaire à l'étude d'une question, ils sont explicités dans la leçon correspondante, à l'exception de ceux utilisés pour les références données dans le tableau ci-après.

La connaissance du droit civil exige aussi la maîtrise de nombreux termes spécialisés. C'est pourquoi l'ouvrage s'achève par un « ***Lexique*** ».

Liste des abréviations utilisées

al.	alinéa
art.	article
Cass. Crim	chambre criminelle de la Cour de cassation
CE	Conseil d'État
CEDH	Cour européenne des droits de l'homme
Civ. 1	première chambre civile de la Cour de cassation
C. Cass.	Cour de cassation
EPIC	établissements publics industriels et commerciaux
EURL	entreprise unipersonnelle à responsabilité limitée
Oniam	Office national d'indemnisation des accidents médicaux
PACS	pacte civil de solidarité
SA	société anonyme
SARL	société à responsabilité limitée
SAS	société par actions simplifiée
SASU	société par actions simplifiée unipersonnelle
SNC	société en nom collectif
STIC	système de traitement des infractions constatées

CHAPITRE 1
LES SOURCES DE DROIT

Sous l'ancien droit, on distinguait en France, entre les pays de droit écrit, situés au sud de la Loire et fortement influencés par le droit romain et les pays de coutumes, situés au nord de la Loire et influencés par le droit d'outre-Rhin. Avec la codification, le droit devient essentiellement écrit.

L'article 4 du décret-loi du 5 novembre 1870, fut le premier à poser ***une présomption de connaissance de la loi*** et ce, en ces termes : « Les tribunaux pourront, selon les circonstances, accueillir l'exception d'ignorance alléguée par les contrevenants si la contravention a eu lieu dans le délai de trois jours francs à partir de la promulgation ». L'article 65 de l'ancien code pénal prévoyait également : « Nul crime ou délit ne peut être excusé, ni la peine mitigée que dans les cas et dans les circonstances où la loi déclare le fait excusable ou permet de lui appliquer une peine moins rigoureuse ».

Cette présomption est actuellement irréfragable. Il en résulte que l'ignorance ou l'erreur de droit ne figurent pas parmi les causes d'exclusion de la peine. Elles ne sont donc pas des causes d'exemption de responsabilité ou de dispenses de peine.

La présomption de connaissance de la loi connaît ***deux exceptions*** :

- D'une part, en droit civil, l'erreur de droit est assimilée à l'erreur de fait. Il en résulte que celui qui de bonne foi s'est placé en dehors de la loi peut obtenir l'annulation d'un l'acte juridique pour vice du consentement (Cass. civ. 14 nov. 1975, *D.* 1977.105, note J. Ghestin). La troisième chambre civile de la Cour de cassation a, le 5 juillet 1995 (*Bull. civ.* III, n° 174, p. 119), eu l'occasion de juger que devait être annulée pour erreur, la vente au profit d'une personne qui bénéficierait d'un droit de préemption, alors que le bénéfice du droit lui avait été faussement reconnu. La victime d'une erreur de droit peut aussi échapper aux conséquences des sanctions attachées au non-respect de la loi. Par exemple, en cas de non-respect de certaines conditions de fond ou forme exigées par la loi, le mariage est nul, de nullité absolue ou relative. Or, non seulement la nullité met fin au mariage, mais encore elle l'anéantit rétroactivement. Il est réputé n'avoir jamais existé. La rétroactivité est cependant limitée et le mariage est dit putatif, à l'égard de l'époux de bonne foi. L'époux de bonne foi est celui qui ignorait la cause de nullité au moment de la célébration du mariage. Ce dernier pourra donc échapper aux conséquences trop excessives de la nullité. Tous les effets qui se sont déjà produits seront maintenus. Il en ira ainsi de l'acquisition de la nationalité ou du droit à l'usage du nom du conjoint. L'époux de bonne foi pourra aussi conserver le bénéfice des règles du régime matrimonial, pour la liquidation du patrimoine.

- D'autre part, en droit pénal, l'article 4 du décret du 5 novembre 1870 (abrogé par l'ordonnance du 20 février 2004) prévoyait que lorsqu'une contravention avait été commise, dans le délai de trois jours francs, à compter de la publication de la loi créant l'incrimination, les tribunaux pouvaient écarter la peine encourue, si le contrevenant prouvait son ignorance de la loi. Le code pénal dispose aujourd'hui, dans son article 122-3 que « n'est pas pénalement responsable, la personne qui justifie avoir cru, par une erreur sur le droit qu'elle n'était pas en mesure d'éviter, pouvoir légitimement accomplir l'acte ». De ce texte résulte donc une irresponsabilité pénale, au profit de celui qui peut se prévaloir d'une erreur de droit. Pour pouvoir utilement se prévaloir de l'ignorance de la loi, le justiciable doit cependant apporter la preuve de son impossibilité de la connaître. Il lui faut justifier d'une erreur invincible, donc non fautive. Cela signifie que celui qui se prévaut de son ignorance de la loi doit apporter la preuve qu'il a tout fait pour savoir s'il était dans son droit, si ses agissements étaient ou non conformes aux textes. Ainsi, la chambre criminelle de la Cour de cassation a pu retenir, dans une décision du 11 mai 2004, que « l'irresponsabilité pénale prévue par l'article 122-3 du code pénal ne peut résulter, que d'une erreur sur le droit que la personne n'était pas en mesure d'éviter et en raison de laquelle elle a cru pouvoir légitimement accomplir l'acte ; que n'a pu commettre une erreur de droit, au sens de ce texte, le salarié qui, ayant eu connaissance par son avocat des limites apportées par la jurisprudence, au principe selon lequel se rend coupable de vol un préposé qui appréhende frauduleusement des documents de son employeur, à l'insu et contre le gré de celui-ci, pendant le temps nécessaire à leur reproduction, lorsque ce vol est réalisé en vue d'une action prud'homale, en l'espèce, avait appréhendé des « brouillards » comptables et les avait reproduits à l'insu de son employeur pour les utiliser devant la juridiction prud'homale, au lieu de saisir le juge d'une demande de production de pièces ; qu'en jugeant du contraire, pour rejeter la demande en paiement de dommages et intérêts, la cour d'appel a violé chacun des textes susvisés ».

La maxime « ***Nul n'est censé ignorer la loi*** » concerne tous les textes ayant une valeur normative, dès lors qu'ils ont été régulièrement publiés. Elle s'applique donc aux lois, ordonnances, décrets et arrêtés. C'est par une décision du 19 juin 1959 que le Conseil d'État a étendu la présomption de connaissance de la loi, à tous les actes réglementaires publiés au *Journal officiel*, y compris ceux pour lesquels cette publication n'est pas obligatoire.

Cette présomption ne concerne pas seulement le texte normatif, mais aussi son entrée en vigueur. Pour la jurisprudence, c'est donc en vain qu'une personne chercherait à se soustraire à l'application d'une règle de droit, en faisant valoir qu'elle ignorait que cette règle était entrée en vigueur. La présomption s'étend même à l'interprétation du texte en cause, ce qui suppose l'existence, chez tous les justiciables, d'une connaissance de l'interprétation du texte. L'ignorance du texte, de son entrée en vigueur, l'erreur sur son contenu et son interprétation sont donc soumises au même régime.

La présomption de connaissance de la loi régulièrement publiée, concerne l'ensemble du territoire français et seulement le territoire français. En conséquence, les Français résidant à l'étranger ne sont soumis à la loi que du jour où ils en ont effectivement connaissance.

Par contre, toutes les personnes résidant en France sont présumées avoir connaissance de la loi et un étranger ne saurait prétendre échapper à son application, en invoquant son ignorance de la loi française.

De même, l'âge, la situation, la condition ou l'état de vulnérabilité ne permettent pas d'écarter la présomption de connaissance de la loi.

POUR EN SAVOIR PLUS

- Philippe Jestaz, *Les sources du droit*, coll. « Connaissance du droit », Dalloz-Sirey, 2015, 204 pages.
- *www.legifrance.gouv.fr* : sur ce site voir notamment la rubrique – Droit français – Les principales sources internationales du droit.

LISTE DES FICHES

1. La notion de sources de droit

2. Les sources écrites du droit

3. La place du droit international

4. Le domaine d'application de la loi dans le temps

5. Les sources non écrites

Fiche 1

La notion de sources de droit

A. La définition de la règle de droit

1. La distinction entre le droit objectif et les droits subjectifs est importante. Le ***droit objectif*** comprend l'ensemble des règles de droit et non pas uniquement les lois votées par le Parlement. Toute disposition, ayant une valeur normative, constitue donc le droit objectif. Par contre, on appelle ***droits subjectifs***, les droits individuels découlant du droit objectif. Ce sont donc les prérogatives, conférées à chaque individu. Toute personne a nécessairement des droits subjectifs, car elle est apte à être titulaire, de droits et d'obligations. Ces droits subjectifs découlent de la règle de droit.

2. La loi se distingue par ses caractères. Elle est ***générale, permanente, obligatoire, abstraite*** et elle émane de l'autorité publique.

La loi est connue de tous en vertu en sa publication et très souvent de sa codification. Nul n'est censé l'ignorer et ne peut ainsi se soustraire à son application. Toute méconnaissance de la loi expose à des sanctions civiles ou pénales.

Si la loi est obligatoire, elle n'est pas nécessairement impérative. La loi peut être impérative ou supplétive. Lorsqu'elle est supplétive, elle ne s'applique qu'à défaut de volonté contraire des parties. On dit alors de la loi qu'elle est supplétive de volonté. Les titulaires des droits subjectifs peuvent en effet, écarter les dispositions d'une loi supplétive. Une manifestation de volonté en ce sens est obligatoire. Sont supplétives les lois qui ne sont pas d'ordre public et qui concernent des droits dont les parties ont la libre disposition. Les lois impératives s'imposent toujours et les parties ne peuvent y déroger. La loi est contraignante et son application est sanctionnée par l'autorité publique, laquelle soit impose une obligation, soit confère un droit qui doit être respecté par autrui.

Le non-respect de la règle de droit trouve sa sanction dans l'exercice du pouvoir judiciaire. Le rôle du juge est d'assurer le respect de la règle de droit.

B. La distinction de la règle de droit et des autres règles

1. Les règles de bienséance, les règles morales ou religieuses doivent être distinguées des règles de droit. Les ***règles de bienséance*** reposent sur un code de bonne conduite. Elles ne s'imposent que dans les rapports individuels et traduisent une marque de respect. Elles ne font pas l'objet d'une sanction étatique, mais d'une sanction morale et collective. La société réprouve le non-respect des règles de bienséance. Dans un restaurant, le pourboire n'est pas obligatoire, mais il est d'usage de laisser un pourboire. Il en va de même des règles protocolaires qui s'imposent dans certains milieux, sans pour autant avoir de force contraignante, si ce n'est au regard de l'opinion collective.

Le non-respect des règles de bienséance ou protocolaires est sanctionné par la réprobation générale, mais aucune sanction étatique n'est applicable.

Les ***règles morales ou religieuses*** ne sont pas plus contraignantes au regard de l'autorité. Elles s'imposent cependant, à chaque individu, au plus profond de sa conscience. C'est là encore, une sanction personnelle et intérieure, qui renvoie tout individu, aux règles morales ou religieuses. L'application de cette sanction ou plutôt son ressenti, dépend alors, uniquement des croyances de chacun ou de ses valeurs morales.

Mais, les règles religieuses reposant sur les croyances individuelles se distinguent des règles morales ou de bienséance.

En effet, la religion impose également sa loi et dans certaines sociétés ou dans certains domaines, le droit laïc cohabite avec le droit « religieux ».

Enfin, certains pays tirent leurs lois, de la religion d'État. D'ailleurs, sous l'Ancien Régime, le droit canon pénétrait incontestablement la société civile et non seulement influençait, mais encore continuera pendant longtemps, à influencer le droit.

2. Morale et droit entretiennent des relations certaines.

Pour Kant, ***droit*** et ***morale*** s'opposent, tant par leur finalité que par leur sanction. Le droit a une finalité sociale, alors que la morale a une finalité individuelle. Le non-respect du droit est sanctionné et celui de la morale, non. Ripert devait opposer un démenti flagrant à cette théorie en relevant, que la morale imprègne nécessairement le droit.

Il est vrai que la contrainte étatique, distingue, sans conteste, la morale du droit. Il est vrai aussi, que toute règle de droit ne participe pas de la morale, et que toute règle morale n'est pas nécessairement prise en compte par le droit. Néanmoins, l'autonomie n'est pas totale et le droit se réfère très souvent à la morale. C'est ainsi, que l'article 6 du Code civil dispose qu'« on ne peut déroger par des conventions particulières, aux lois qui intéressent l'ordre public et les bonnes mœurs ». En outre, l'article 1104 du Code civil prévoit que les contrats doivent être négociés, formés et exécutés de bonne foi. Or, la bonne foi s'apprécie au regard de la morale. Enfin, et toujours à titre d'exemple, il est incontestable que les lois sur la bioéthique de 1994, 2004, 2011 et 2013, ont pris en compte la morale pour réglementer ou interdire certaines pratiques, comme les expérimentations sur le corps humain, le clonage ou les conventions de mère porteuse.

Fiche 2
Les sources écrites du droit

A. Les sources internes

1. *La Constitution* figure au rang le plus élevé des sources écrites, ce avec les autres sources à valeur constitutionnelle, telles que les préambules. Texte fondateur de la Ve République, la Constitution qui date du 4 octobre 1958 a été modifiée 24 fois. Elle renvoie à trois textes fondamentaux ayant valeur constitutionnelle : la Déclaration des droits de l'homme et du citoyen du 26 août 1789, le préambule de la Constitution du 27 octobre 1946 et la charte de l'environnement de 2004 laquelle dispose dans son article 1 que « Chacun a le droit de vivre dans un environnement équilibré et respectueux de la santé » et dans son article 2, que « toute personne a le devoir de prendre part à la préservation et à l'amélioration de l'environnement ».

2. Les autres sources écrites du droit sont la loi et les règlements. ***La loi*** est la règle de droit votée par le Parlement. Sa conformité à la Constitution est appréciée par le Conseil constitutionnel. L'article 34 de la Constitution tel que rédigé depuis la révision du 23 juillet 2008 détermine les matières réservées à la loi. Il est ainsi prévu que la loi fixe les règles concernant notamment, les droits civiques et les garanties fondamentales accordées aux citoyens pour l'exercice des libertés publiques ; la liberté ; le pluralisme et l'indépendance des médias ; les sujétions imposées par la défense nationale aux citoyens en leur personne et en leurs biens ; la nationalité, l'état et la capacité des personnes, les régimes matrimoniaux, les successions et libéralités ; la détermination des crimes et délits ainsi que les peines qui leur sont applicables ; la procédure pénale ; l'amnistie ; la création de nouveaux ordres de juridiction et le statut des magistrats ; l'assiette, le taux et les modalités de recouvrement des impositions de toutes natures et le régime d'émission de la monnaie.

La loi fixe également les règles concernant : le régime électoral des assemblées parlementaires, des assemblées locales et des instances représentatives des Français établis hors de France ainsi que les conditions d'exercice des mandats électoraux et des fonctions électives des membres des assemblées délibérantes des collectivités territoriales ; la création de catégories d'établissements publics ; les garanties fondamentales accordées aux fonctionnaires civils et militaires de l'État ; les nationalisations d'entreprises et les transferts de propriété d'entreprises du secteur public au secteur privé et ainsi que le dernier alinéa de l'article 34 le précise, elle détermine, les principes de l'organisation générale de la défense nationale ; de la libre administration des collectivités territoriales, de leurs compétences et de leurs ressources ; de l'enseignement ; de la préservation de l'environnement ; du régime de la propriété, des droits réels et des obligations civiles et commerciales ; du droit du travail, du droit syndical et de la sécurité sociale.

L'article 37 prévoit quant lui : « Les matières autres que celles qui sont du domaine de la loi ont un caractère réglementaire. »

Les dispositions réglementaires à valeur normative sont les règlements.

Les règlements émanent du pouvoir exécutif. Il peut s'agir de décrets du président de la République ou du Premier ministre, d'arrêtés ministériels, préfectoraux ou municipaux.

Cependant, tous les décrets ou arrêtés n'ont pas le caractère de règles de droit. Il en va ainsi des décrets concernant une situation individuelle.

Enfin, ***les ordonnances*** relèvent de l'article 38 de la Constitution qui prévoit que le Gouvernement peut demander au Parlement de prendre des ordonnances, dans des domaines relevant de la loi.

B. Les sources internationales

1. Il s'agit des ***traités internationaux***, signés entre plusieurs États, dont la négociation et la ratification relèvent des pouvoirs du président de la République, avec éventuellement, autorisation du Parlement. Selon l'article 55 de la Constitution, les traités ou accords, régulièrement ratifiés ou approuvés ont, dès leur publication, une autorité supérieure à celles des lois, sous réserve, de réciprocité, c'est-à-dire de leur application par l'autre partie.

2. Le ***droit de l'Union européenne*** est issu du traité de Rome du 25 mars 1957 qui a institué la Communauté économique européenne comprenant actuellement, 28 États membres et appelée Union européenne depuis le traité de Maastricht du 7 février 1992. Il vise essentiellement la libre circulation des personnes, des marchandises et des capitaux entre les États membres.

Outre différents traités, le droit de l'Union européenne repose sur des ***textes dérivés*** émanant du Conseil et du ***Parlement*** de l'Union européenne. Il s'agit : des règlements, actes supranationaux, applicables dans tout État membre ; des directives qui imposent aux autorités nationales des États membres, des résultats à atteindre, mais leur laissent toute liberté, quant à la mise œuvre des moyens nécessaires ; et des décisions qui sont obligatoires, mais destinées, soit à un état, soit à des particuliers. Avis et recommandations ne sont pas considérés comme des sources du droit, car ils n'ont pas de force obligatoire.

Le respect du droit de l'Union européenne est assuré par le Tribunal de première instance et la Cour de justice de l'Union européenne.

Le ***droit européen*** émane du Conseil de l'Europe et concerne essentiellement l'unification des droits fondamentaux des personnes et leur protection. Le texte le plus important est la convention européenne des droits de l'homme du 4 novembre 1950. Le respect de ce droit est assuré par la Cour européenne des droits de l'homme.

Fiche 3
La place du droit international

A. La reconnaissance de la valeur normative du droit international

1. L'article 55 de la Constitution prévoit expressément la supériorité du droit international sur les lois internes.

La Cour de justice de l'Union européenne a eu l'occasion, à plusieurs reprises, de préciser le fondement de la valeur normative propre du droit communautaire en droit interne, et ce, en plus de la référence à l'article 55 de la Constitution, fondement qui n'a jamais été contesté par les juridictions françaises.

Elle se fonde ainsi, sur le transfert de compétence accepté par les États membres et sur la spécificité de l'ordre juridique crée.

2. La reconnaissance de la valeur normative du droit de l'Union européenne en droit interne est le plus souvent directe. Il en va ainsi des traités institutifs, en raison même de leur nature, et des règlements en vertu d'une disposition explicite des traités. Il reste cependant que le problème se pose concernant les décisions et directives qui doivent faire l'objet de mesures d'exécution par tous les États membres. Ces mesures d'exécution vont en effet assurer leur réception dans l'ordre juridique interne. Sur ce point, on relève toutefois une divergence de jurisprudence entre la Cour de justice de l'Union européenne et les juridictions françaises. Dans une décision société Sace du 17 décembre 1970, la Cour de justice de l'Union européenne (à l'époque Cour de justice des Communautés européennes) a considéré que l'application directe des directives et des décisions était possible. Elle a, par ailleurs, précisé que l'applicabilité directe des directives, ne peut pas être refusée systématiquement et que sa reconnaissance dépend des caractères propres à chaque directive. Elle distingue ainsi, entre celles qui ont un caractère réglementaire, qui sont donc suffisamment précises pour être appliquées et celles qui ne l'ont pas. Elle leur reconnaît ainsi, un effet direct, chaque fois que l'objectif fixé par une directive ne suppose pour être atteint, aucune disposition particulière, quant à la forme et aux moyens. La jurisprudence française a été longtemps marquée par un principe important rendu par le Conseil d'État le 22 décembre 1978, arrêt Cohn-Bendit. Dans cette décision, le Conseil d'État avait clairement refusé tout effet direct aux directives.

Cependant, le Conseil d'État a modifié sa position. C'est ainsi que dans sa décision Perreux du 30 octobre 2009, il a retenu que « tout justiciable peut se prévaloir, à l'appui d'un recours dirigé contre un acte administratif non réglementaire, des dispositions précises et inconditionnelles d'une directive, lorsque l'État n'a pas pris, dans les délais impartis par celle-ci, les mesures de transposition nécessaires ».

B. La place du droit international dans la hiérarchie des normes

1. Le ***principe de la primauté*** du droit de l'Union européenne et international trouve bien évidemment son fondement, dans l'article 55 de la Constitution, mais aussi dans de nombreuses décisions et notamment, pour le second, de la Cour de justice de l'Union européenne

Il en résulte que le droit international ou de l'Union européenne doit prévaloir sur les normes internes, préexistantes et postérieures, lorsqu'il y a contrariété entre ces deux sources de droit.

2. En cas de ***divergence*** flagrante, avec la Constitution, le droit international ou de l'Union européenne ne saurait être intégré au droit français qu'après une réforme constitutionnelle.

Lorsque le droit de l'Union européenne se trouve en contradiction, soit avec des règlements, soit avec des lois antérieures, les lois et règlements antérieurs sont purement et simplement réputés abrogés. Par contre, en cas de conflit entre le droit international ou de l'Union européenne et des lois internes postérieures, le problème était plus délicat à résoudre. En effet, s'agissant des règlements postérieurs au droit de l'Union européenne, le juge français, qu'il s'agisse du Conseil d'État ou de la Cour de cassation, a la possibilité de les écarter, soit par la voie de l'exception d'illégalité mise à la disposition du juge judiciaire, soit par le biais d'un recours en annulation devant le juge administratif. Cependant, lorsqu'il s'agit d'une loi postérieure, l'application du principe de la primauté du droit de l'Union européenne, sur le droit interne, se heurtait à un principe traditionnel en France, qui est le refus, par le juge interne, d'exercer tout contrôle sur la validité des lois.

Le juge français est en effet subordonné à la loi et le seul recours contre une loi est le recours devant le Conseil constitutionnel. Dans une décision du 15 janvier 1975, le Conseil constitutionnel a cependant estimé que le contrôle de la conformité des lois au droit international ou communautaire ne relevait pas de sa compétence, dans la mesure où il est seulement, chargé de contrôler la constitutionnalité des lois.

La Cour de cassation et le Conseil d'État se devaient alors de réagir. C'est ainsi que, par une décision du 24 mai 1975, décision Jacques Vabre, la Cour de cassation réunie en chambre mixte a, pour la première fois, accepté de faire prévaloir, une disposition communautaire, sur une loi interne, postérieure et contraire.

Le Conseil d'État restait cependant fidèle à sa position de principe, adoptée dans un arrêt du 1er mars 1968, arrêt syndical général des fabricants de semoules de France, et refusait de sanctionner une loi contraire à un traité. Il faudra attendre l'arrêt Nicolo du 20 octobre 1989, pour que le Conseil d'État se rallie à la position adoptée par la Cour de cassation.

Fiche 4

Le domaine d'application de la loi dans le temps

A. La portée de l'article 2 du Code civil

1. Le principe fondamental affirmé par l'article 2 du Code civil est, bien évidemment, celui de la ***non-rétroactivité*** des lois. Il est manifeste que les rédacteurs du Code civil ont entendu réagir contre les lois de la Révolution et les désordres engendrés par celles de ces lois qui avaient été rétroactives, telle la loi du 6 janvier 1794 relative aux successions. On imagine aisément le bouleversement pouvant résulter de la mise en œuvre de dispositions législatives nouvelles déclarées expressément rétroactives et l'insécurité juridique qui peut en résulter, dans la mesure où chacun peut s'attendre à voir remis en cause, d'un jour à l'autre, par l'effet d'une loi nouvelle, les droits qui lui sont aujourd'hui reconnus.

2. Si le principe de non-rétroactivité des lois consacré par l'article 2 du Code civil, apparaît comme un principe fondamental, garant de la sécurité juridique et des intérêts de chacun, il convient de remarquer que ***ce principe n'est pas absolu*** et ce, pour une raison majeure : ***il n'a pas de valeur constitutionnelle***.

Ce principe est donc relatif et il supporte des exceptions. La première exception tient au fait que le principe de non-rétroactivité, en matière civile, n'est énoncé que par l'article 2 du Code civil, lequel n'est qu'une loi ordinaire. Il en résulte que, seul le juge est lié par le principe de non-rétroactivité et non le législateur qui peut expressément déclarer une loi rétroactive.

Certaines lois sont, en outre, rétroactives de par leur nature. Il en va ainsi des lois pénales plus douces, c'est-à-dire des lois pénales supprimant une infraction ou diminuant la peine encourue. La rétroactivité des lois pénales plus douces a d'ailleurs une valeur constitutionnelle, ainsi que l'a affirmé le Conseil constitutionnel dans une décision rendue en 1981 et elle est consacrée à l'article 7 de la CEDH lequel dispose que « Nul ne peut être condamné pour une action ou une omission qui, au moment où elle a été commise, ne constituait pas une infraction d'après le droit national ou international. De même il n'est infligé aucune peine plus forte que celle qui était applicable au moment où l'infraction a été commise. »

La loi pénale plus sévère ne l'est cependant jamais, sauf celles concernant les crimes contre l'humanité. Sont aussi rétroactives par nature, les lois interprétatives, par lesquelles le législateur, précisant sa volonté édicte une nouvelle loi faisant corps avec l'ancienne et ayant donc la même sphère d'application. Sont aussi rétroactives par nature, les lois de validation et les lois de procédure.

B. L'interprétation de l'article 2 du Code civil

1. Les solutions jurisprudentielles actuelles trouvent, pour l'essentiel, leur fondement dans deux conceptions doctrinales.

La première théorie doctrinale, appelée la ***théorie classique***, dite des ***droits acquis***, considérait que la loi nouvelle ne pouvait s'appliquer qu'à de simples expectatives, c'est-à-dire à des droits futurs, escomptés par les parties. Par exemple, en application de cette théorie, des conjoints auraient pu continuer à se prévaloir des effets de la loi régissant le divorce, au jour de leur mariage, et ce pendant toute leur vie. Cette théorie des droits acquis présentait, l'inconvénient de bloquer l'évolution législative, nécessaire à l'évolution de la société.

La deuxième théorie, dite ***théorie moderne***, encore appelée ***théorie de l'effet immédiat*** a été dégagée par le doyen ***Roubier*** au début du XXe siècle. Elle prôna l'application immédiate de la loi nouvelle, à toutes les situations, non encore créées, au jour de son entrée en vigueur. Cette théorie a eu aussi pour conséquence de dégager le principe de l'effet immédiat, de la loi nouvelle, aux effets à venir, de toutes les situations anciennes, donc déjà créées, et soit en cours de constitution, soit en cours de réalisation.

Ainsi, lorsqu'une loi est venue modifier les droits des enfants naturels, les enfants naturels déjà nés, au moment de l'entrée en vigueur de cette loi, ont pu s'en prévaloir, pour les effets à venir de leur situation.

La théorie du doyen Roubier a enfin eu, pour conséquence, d'opérer une distinction importante, entre les situations légales et les situations contractuelles.

En effet, selon cette théorie, lorsque la loi nouvelle concerne une ***situation légale***, elle est toujours d'***application immédiate***. Par contre, si elle intervient ***en matière contractuelle***, l'application de la loi nouvelle ne concerne que les contrats non encore conclus, et le principe est celui de la ***survie de la loi ancienne***.

2. La théorie du doyen Roubier a reçu l'adhésion de la jurisprudence.

En matière contractuelle, la survie de la loi ancienne s'est imposée dans le souci de respecter la volonté des parties, lesquelles, ayant conclu sous l'empire d'une loi sont en droit d'attendre, que leur situation soit régie, conformément à cette loi. Ce n'est qu'à titre tout à fait exceptionnel que la jurisprudence admet que ce principe supporte des ***exceptions***. La loi nouvelle peut en effet être immédiatement applicable, en matière contractuelle, si le législateur l'a prévu expressément ou lorsque cette loi nouvelle touche un domaine d'ordre public dont le caractère particulièrement impérieux est implicite. Sont ainsi pratiquement toujours d'application immédiate, les lois nouvelles intervenant en droit du travail ou dans le domaine des baux d'habitation.

Fiche 5

Les sources non écrites

A. Une source incontestable : la coutume

1. Bien que la France soit un pays de droit écrit, deux sources de droit non écrites y connaissent une place importante. Il s'agit de la coutume et des principes généraux du droit, pour lesquels le doyen Carbonnier parle de coutume d'origine savante, englobant sous cette appellation les maximes juridiques. La jurisprudence et la doctrine constituent également des sources indirectes du droit.

La coutume est une des plus anciennes sources de droit. De nombreuses coutumes du droit romain ont d'ailleurs survécu au-delà de la rédaction des lois.

Depuis la révolution, le rôle de la coutume en France a cependant, subi un net recul. Elle n'en reste pas moins une source incontestable du droit.

La coutume est une règle de conduite, qui se dégage, lentement et spontanément, des faits et des pratiques, habituellement suivis, dans un milieu social donné et qui devient obligatoire, indépendamment de toute intervention, expresse ou tacite du législateur.

Deux éléments sont donc essentiels à la reconnaissance d'une coutume, un élément matériel et un élément psychologique :

- l'élément matériel tient à ce que la coutume, repose sur une pratique, un usage habituellement suivis ;
- l'élément psychologique résulte de ce que cette pratique, cet usage doivent être considérés par toute la population ou par une partie, comme obligatoires.

Selon les auteurs, selon aussi les branches du droit, on parle d'usages de droit, d'usages de fait, de coutume, de coutume populaire ou de coutume savante. La première distinction entre coutume et usages est plutôt opérée en droit commercial (bien que certaines opèrent la distinction en considérant que la coutume aurait une consécration jurisprudentielle qui ferait défaut aux usages) où les usages régissent pour une large part la matière. Les usages sont des pratiques plus ou moins généralisées, habituellement suivies, par des groupes de personnes publiques ou privées. Il peut ainsi s'agir d'usages généraux, suivis par tous les commerçants, ou d'usages limités à telle branche du commerce ou à telle profession. II peut aussi s'agir d'usages locaux, c'est-à-dire habituellement suivis dans une ville ou une région.

2. La reconnaissance de la valeur normative de la coutume mérite d'être précisée. Il n'y a aucun problème, lorsque la loi y renvoie expressément. On parle de ***coutume*** **secundum legem**. Par exemple, en matière contractuelle, l'article 1194 du Code civil précise que « les contrats obligent non seulement à ce qui y est exprimé, mais encore à toutes les suites que leur donnent l'équité, l'usage ou la loi ». La loi reconnaît donc la valeur normative de telles coutumes. Une coutume peut cependant naître dans un domaine dans lequel il n'a pas été légiféré. On parle de ***coutume* prater legem**. La valeur normative propre de la coutume apparaît clairement, car sa reconnaissance n'est subordonnée, à aucune consécration de la loi.

Enfin, un usage ou une coutume peuvent naître, dans un domaine investi par la loi. On parle alors de ***coutume* contra legem**.

Si une coutume contraire à une loi a pu s'instaurer, cela suppose que la loi ne soit plus effectivement appliquée, bien qu'elle soit toujours en vigueur. Cependant, une loi ne peut être abrogée par désuétude. Il en résulte que la ***coutume* contra legem**, doit s'effacer devant la loi.

B. Des sources controversées

1. ***La jurisprudence*** est une source indirecte et controversée du droit.

Selon l'article 5 du Code civil, il est interdit au juge de statuer par voie de disposition générale et réglementaire. Cet article, dont les dispositions s'imposent à l'ensemble des juridictions françaises, emporte clairement, interdiction de légiférer, pour le juge. Cependant, aux termes de l'article 4 du Code civil, le juge doit statuer, sous peine de déni de justice, même en cas d'insuffisance, d'obscurité ou d'absence de la loi. En interprétant la loi ou la volonté du législateur, si la loi est obscure ou insuffisante, le juge va nécessairement ajouter à la loi et ainsi participer à la création du droit. La création d'une règle de droit par le juge est encore plus évidente en cas d'absence de loi, puisque le juge doit néanmoins statuer.

Certes, les décisions ainsi rendues n'ont pas valeur de précédent, en ce qu'elles ne s'imposent pas aux juges, chargés de statuer sur le même problème de droit, entre des parties différentes. Les décisions de justice n'ont en effet qu'une autorité relative, c'est-à-dire limitée au litige, à propos duquel, elles ont été rendues. Cependant, lorsqu'une solution est dégagée par la Cour de cassation, elle est bien souvent retenue par les autres juridictions et rarement contredite.

2. La valeur normative de ***la doctrine*** est plus discutable, même si certains auteurs y font une place particulière, au sein des sources du droit. La doctrine est constituée par l'ensemble des opinions émises par d'éminents juristes, qu'ils soient professeurs de droit, magistrats ou avocats. Ces opinions participent à la création de la règle de droit, en ce qu'elles influencent le juge, lorsqu'il doit interpréter la loi, pour rendre une décision et le législateur qui va en tenir compte, pour décider de nouvelles lois.

DES CHIFFRES À RETENIR

1 : article du Code civil qui fixe les conditions d'entrée en vigueur de la loi.

4 : article du Code civil qui interdit au juge de refuser de statuer, sous peine de déni de justice, même en cas d'insuffisance, obscurité ou absence de la loi.

5 : article du Code civil qui interdit au juge, de statuer, par voie de dispositions générales ou réglementaires.

34 : article de la Constitution qui détermine le domaine de la loi.

55 : article de la Constitution qui érige en principe la supériorité des traités internationaux sur la loi.

DES DATES À RETENIR

4 NOVEMBRE 1950 : date de la convention européenne des droits de l'homme.

4 OCTOBRE 1958 : date de la Constitution de la Ve République.

24 MAI 1975 : date de l'arrêt Jacques Vabre rendu par la Cour de cassation et écartant une loi interne, au profit d'une disposition communautaire, contraire et antérieure.

20 OCTOBRE 1989 : date de l'arrêt Nicolo rendu par Conseil d'État et écartant une loi interne, au profit d'une disposition communautaire, contraire et antérieure.

30 OCTOBRE 2009 : date de l'arrêt Perreux, rendu par Conseil d'État, reconnaissant un effet direct aux directives de l'Union européenne, en droit interne.

CHAPITRE 2
L'ORGANISATION JUDICIAIRE EN DROIT PRIVÉ

L'inconvénient du procès est d'exacerber les passions, d'entretenir les adversaires dans une situation conflictuelle. Actuellement, de nombreuses procédures sont mises en œuvre pour conduire les parties, à trouver, hors procès, une solution à leurs différents, pour tenter de les guider, vers une solution amiable. Ces procédures ont l'avantage de désengorger les juridictions pour des affaires relativement simples. Ce sont la conciliation, la médiation et la transaction.

La conciliation peut être tentée avant tout litige ou intervenir après l'introduction d'une demande à l'initiative du juge lorsque la loi le prévoit. Il en va ainsi devant le tribunal d'instance, devant le conseil de prud'hommes ou devant le tribunal de grande instance dans le cadre des procédures de divorces.

La médiation est proposée après l'introduction d'un litige. À la différence de la conciliation judiciaire, elle est toujours payante.

La ***transaction*** est un rapprochement spontané entre les parties.

Enfin, il existe un mode juridictionnel non étatique de solution des litiges, il s'agit de ***l'arbitrage***, par lequel les parties investissent des personnes privées, du pouvoir de trancher le litige qui les oppose.

En l'absence de recours à l'un de ces modes alternatifs de solution des litiges, une décision judiciaire devra être obtenue.

Les décisions de justice, qu'elles portent le nom d'ordonnance, de jugement ou d'arrêt, ont pour finalité de dire le droit. C'est ce qu'on appelle, le pouvoir de juridiction du juge. Mais le juge est aussi investi d'un pouvoir de commandement, appelé imperium, lequel implique l'exécution de la décision. Cette exécution ne présente pas de difficultés, lorsqu'elle est volontaire, mais très souvent l'exécution est forcée.

Les décisions de justice sont rendues au nom du peuple français et pour être exécutées, elles doivent être revêtues de la ***formule exécutoire*** suivante :

« *La République française mande et ordonne à tous huissiers de justice, sur ce requis, de mettre ledit jugement (ou arrêt) à exécution, aux procureurs généraux et aux procureurs de la République près les tribunaux de grande instance d'y tenir la main, à tous commandants et officiers de la force publique de prêter main-forte lorsqu'ils en seront légalement requis.*

En foi de quoi la présente grosse a été délivrée par le secrétaire greffier soussigné. »

La décision ainsi rendue sera présumée énoncer la vérité, selon l'adage :

« *Res judicata pro veritae habetur* » (« Une cause jugée tient lieu de vérité »).

Les décisions ne peuvent cependant être rendues, qu'après la saisine des juridictions et ne peuvent être exécutées, que lorsque le jugement est devenu définitif, c'est-à-dire lorsque toutes les voies de recours possibles ont été exercées ou si les délais pour les exercer sont expirés.

Les juridictions qui doivent être saisies, peuvent appartenir à l'***ordre administratif*** ou à l'***ordre judiciaire***. La distinction entre les deux ordres de juridiction trouve son fondement dans le principe de la séparation des pouvoirs.

Les juridictions judiciaires sont compétentes pour juger les litiges concernant des particuliers et les juridictions administratives sont compétentes pour connaître des litiges entre les particuliers et l'administration. Au sein des juridictions de l'ordre judiciaire, la séparation entre les juridictions civiles et pénales, nettement affirmée au lendemain de la révolution, s'est traduite par la mise en place de deux types de procédure et par la création de juridictions distinctes, même si elles appartiennent à un même ordre.

Le code de procédure civile et le code de procédure pénale, anciennement code d'instruction criminelle, réglementent ainsi respectivement le procès civil et le procès pénal. Les unes, les juridictions civiles, opposent des particuliers, personnes physiques ou morales, qui veulent obtenir la condamnation de leur adversaire ou la reconnaissance d'un droit. Le domaine de compétence des juridictions civiles est donc très vaste. Les autres, les juridictions pénales, sont compétentes pour connaître des infractions, donc des litiges opposant un délinquant à la société et éventuellement à une partie civile. Les juridictions pénales connaissent des contraventions, des délits et des crimes, tels que limitativement définis par le code pénal. Devant les juridictions pénales, le délinquant est opposé au ministère public, qui représente les intérêts de la société et réclame l'application des peines et non pas directement à la victime.

Toutefois, la distinction n'est pas toujours aussi tranchée et certaines interférences viennent rappeler que les juridictions civiles et les juridictions pénales appartiennent au même ordre.

Tout d'abord, la ***Cour de cassation*** est commune aux juridictions civiles et pénales.

Ensuite, il n'existe pas de cour d'appel distincte pour le procès civil et pour le procès pénal. En outre, même en ce qui concerne les juridictions de droit commun, de première instance, on note des similitudes. C'est ainsi que le tribunal de police et le tribunal d'instance sont en fait la même juridiction. La première appellation, tribunal de police, est réservée au procès pénal, et la seconde, tribunal d'instance, au procès civil. Il en va de même s'agissant du tribunal correctionnel et du tribunal de grande instance. En effet, le tribunal correctionnel n'est autre que le tribunal de grande instance, statuant en matière pénale. Il est compétent pour tous les délits. On réserve l'appellation tribunal de grande instance à cette formation lorsqu'elle se réunit uniquement en matière civile.

Enfin, la distinction entre ces deux types de juridiction, au sein des juridictions de l'ordre judiciaire, n'exclut pas des possibilités de dualité de compétences.

Ces dualités de compétences peuvent exister, notamment lorsqu'une faute, au sens civil du terme, constitue aussi une infraction pénale. La victime aura le choix entre, porter l'affaire devant les juridictions civiles ou devant les juridictions pénales. Cette liberté comporte cependant certaines restrictions.

Premièrement, l'option est en principe irrévocable. Toutefois, l'irrévocabilité ne joue que dans un seul sens. En effet, quand une victime a choisi d'agir d'abord sur le plan civil, elle ne pourra plus ultérieurement choisir de revenir devant les juridictions pénales.

Deuxièmement, si la victime a choisi préalablement d'exercer son action devant les juridictions civiles, l'auteur de l'infraction, constituant aussi une faute civile, ne pourra plus être condamné pénalement, puisque la victime ne pourra plus choisir de revenir devant les juridictions pénales.

POUR EN SAVOIR PLUS

- Nathalie Fricero, *L'essentiel des institutions judiciaires*, coll. « Les carrés », Gualino, 2017, 160 pages.
- *www.justice.gouv.fr* : sur ce site du ministère de la Justice voir notamment la rubrique sur l'organisation de la justice en France.

LISTE DES FICHES

6. La saisie des juridictions
7. Les règles générales du procès
8. Les juridictions du fond
9. La Cour de cassation
10. Les gens de justice

Fiche 6

La saisine des juridictions

A. L'introduction du litige

1. Toute personne physique ou morale peut ***ester en justice*** pour faire valoir ses droits. Il faut justifier d'un ***intérêt légitime né et actuel***, c'est-à-dire avoir un droit personnel à faire valoir. Ce droit ne doit être ni hypothétique, ni futur. Dans certains cas, la loi attribue à des personnes déterminées la possibilité d'agir en justice. Ces personnes auront seules qualité pour agir. Par exemple, la filiation d'un enfant ne peut être remise en cause que par ses parents ou ceux qui se prétendent ses parents et par l'enfant lui-même. Des tiers ou les grands-parents de l'enfant, ne disposent pas, en principe, du droit à agir.

La ***capacité*** est l'aptitude à exercer des droits. Cette capacité n'est pas reconnue aux mineurs ou aux majeurs protégés, c'est-à-dire aux personnes faisant l'objet d'une mise sous tutelle ou curatelle. Les personnes incapables ne peuvent agir que par l'intermédiaire de leur représentant légal.

2. Une affaire n'est jamais ou rarement, jugée le jour même de l'introduction de la demande. Selon le type de contentieux engagé (civil ou pénal), la durée de l'instance sera plus ou moins longue et le juge aura un rôle plus ou moins actif. Au sein des juridictions civiles, lorsque le tribunal de grande instance est saisi, l'affaire peut suivre deux voies. Si elle est simple, elle est, lors de la première audience devant le tribunal, renvoyée à l'audience de jugement. Si elle est complexe, ce qui est le plus souvent le cas, elle est renvoyée devant le juge de la mise en état.

Au sein des juridictions pénales, les affaires relevant du tribunal de police sont jugées dès la première audience. Les affaires relevant du tribunal correctionnel ou de la cour d'assises feront pour les premières très souvent, pour les secondes obligatoirement, l'objet d'une instruction et ce n'est qu'à l'issue de l'instruction, qu'elles seront jugées.

La saisine d'une juridiction peut se faire, par voie d'assignation, citation ou requête. La forme de la saisine dépend, tant de la nature du litige que de la juridiction compétente.

B. Les voies de recours

1. Les ***voies de recours ordinaires*** sont l'appel et l'opposition. Elles peuvent être exercées à l'encontre des décisions de première instance ou d'appel, par la partie qui n'a pas obtenu gain de cause ou qui a été condamnée. L'affaire sera intégralement rejugée, comme s'il n'y avait pas eu de décision préalable.

L'appel est une voie de réformation, dans la mesure où la juridiction compétente pour en connaître est la cour d'appel, donc une juridiction hiérarchiquement supérieure, à celle qui a rendu la décision attaquée. L'appel va permettre de faire juger, à nouveau en fait et en droit, les affaires déjà examinées par les juges de première instance. En ce sens, on dit que l'appel a un effet dévolutif. ***L'opposition*** est une voie de rétractation, car la juridiction compétente pour en connaître est celle qui a rendu la décision frappée d'opposition. La voie de l'opposition est réservée à la partie défaillante, lorsque l'affaire a été jugée une première fois. Cependant, en matière criminelle, l'opposition n'est pas prévue. Lorsqu'une personne ne comparaît pas devant la cour d'assises, elle est jugée, non plus par contumace, depuis la loi Perben II du 9 mars 2004, mais par défaut. L'accusé peut être représenté par un avocat, mais en l'absence de l'accusé ou de son avocat, la cour d'assises peut renvoyer le procès ou juger et la décision est alors définitive, sauf si l'accusé se présente ou est arrêté avant l'expiration du délai de prescription de la peine.

2. Les ***voies de recours extraordinaires*** sont le recours en révision, la tierce opposition et le pourvoi en cassation. Ces voies de recours sont qualifiées d'extraordinaires car, d'une part, elles ne peuvent être exercées que dans des conditions particulièrement restrictives, d'autre part, elles ne suspendent pas l'exécution de la décision attaquée, ce qui explique qu'elles ne puissent qu'être exceptionnellement invoquées.

Le recours en révision permet d'obtenir la rétractation d'une décision pourtant devenue définitive. La juridiction compétente est celle qui avait déjà statué. Cette voie de recours est possible, en matière civile, lorsque la décision rendue repose sur une erreur commise par le juge et provoquée par la fraude d'une des parties. En matière pénale, le recours en révision n'est recevable, que s'il y a une erreur judiciaire, ayant entraîné la condamnation d'une personne, mais en plus, un fait nouveau doit être invoqué pour pouvoir obtenir la révision.

La tierce opposition est une voie de recours, ouverte aux tiers, non parties à un litige, mais auxquels la décision pourrait préjudicier. Cette voie de recours est cependant exclue en matière pénale.

Quant au ***pourvoi en cassation***, il peut être exercé à l'encontre des décisions rendues en premier et dernier ressort.

Enfin, premièrement, depuis la loi du 15 juin 2000, toute personne reconnue coupable d'une infraction, peut demander le réexamen de la décision pénale définitive par laquelle elle a été condamnée, lorsqu'il résulte d'une décision de la Cour européenne des droits de l'homme, que la condamnation a été prononcée en violation des dispositions de la convention de sauvegarde des droits de l'homme et des libertés fondamentales. Deuxièmement, depuis la loi du 18 novembre 2016, dite loi de modernisation de la justice du XXIe siècle, le réexamen d'une décision civile, rendue en matière d'état des personnes, peut être demandé par toute personne ayant été partie à l'instance et disposant d'un intérêt à le solliciter, lorsqu'il résulte également, d'un arrêt rendu par la Cour européenne des droits de l'homme que cette décision a été prononcée en violation de la convention européenne de sauvegarde des droits de l'homme et des libertés fondamentales. Ce réexamen peut être demandé y compris auprès de la Cour de cassation, dans un délai d'un an à compter de la décision de la Cour européenne des droits de l'homme.

Fiche 7

Les règles générales du procès

A. Les caractères de la justice

1. La justice fait partie des grands ***services publics***. Un ministère lui est réservé. La justice est rendue sous l'autorité du ministère de la Justice, encore appelé Chancellerie, car sous l'Ancien Régime le chef de la justice était appelé Chancelier. Le ministre de la Justice a en outre, le titre de garde des Sceaux. L'appellation ***garde des Sceaux*** correspond historiquement à une des fonctions attribuées, au lendemain de la révolution, au ministre de la Justice et sous l'Ancien Régime à un représentant du roi : garder les sceaux du roi. On appelait ainsi, les cachets servant à l'authentification de certains documents.

2. ***L'égalité*** entre tous les justiciables doit être respectée, quelle que soit leur nationalité et ceux-ci doivent y avoir accès librement. En outre, la justice étant un service public, elle doit être assurée gratuitement. L'ère des épices est révolue et les justiciables n'ont plus à rémunérer les juges, pour obtenir une décision. Conquête de la Révolution française, le principe de ***gratuité*** de la justice implique que les magistrats sont désormais payés par l'État.

Cependant, pour permettre aux plus démunis de pouvoir agir en justice, ou de se défendre, l'état a institué le système de l'aide juridictionnelle totale ou partielle selon les revenus des personnes.

B. Les principes généraux du procès

1. La justice se doit en premier lieu d'être ***impartiale***. Toutes les juridictions sont, à cette fin, en principe, composées d'au moins 3 juges. La ***collégialité*** est une garantie d'une bonne administration de la justice. Elle limite les risques d'erreur. En effet, 3 personnes ont moins de risques de se tromper qu'une seule. Cette règle de la collégialité constitue aussi une arme, contre les éventuelles pressions sur un juge et assure donc l'impartialité de la justice. Un juge peut difficilement, à l'insu de ses collègues, avantager une partie soit par intérêt personnel, soit par suite de pressions. Enfin, toutes les décisions sont prises à la majorité des voix et le délibéré est couvert par le secret. De ce fait, chaque juge est moins vulnérable, aux éventuelles représailles d'un justiciable mécontent.

Certaines juridictions comportent plus de trois juges. Il en va ainsi par exemple, du conseil de prud'hommes qui est composé dans sa forme de jugement de quatre conseillers, deux conseillers salariés et deux conseillers employeurs, ceci pour assurer la parité. Toutefois, les juges se retrouvent en nombre pair, ce qui peut présenter un inconvénient en cas de partage de voix. Dans cette hypothèse, il faudra renvoyer l'affaire devant une autre formation, qui est la formation de départage, présidée par un juge professionnel. On retrouvera donc la règle de la collégialité en nombre impair.

La cour d'assises a aussi une composition très particulière puisqu'elle est composée de 9 juges (12 en appel), 3 magistrats professionnels et 6 jurés (9 en appel), qui sont tirés au sort à partir des listes électorales.

Cette règle de la collégialité connaît cependant de nombreuses entorses. Il existe en effet des juges uniques par tradition. Par exemple le tribunal d'instance qu'il siège en matière civile ou en matière pénale (on l'appelle alors le tribunal de police) a toujours été un juge unique comme les anciennes justices de paix qu'il a remplacées.

Par ailleurs, de nouveaux ***juges uniques*** ont été créés au sein même du tribunal de grande instance, comme le juge de l'exécution ou le juge aux affaires familiales.

Un autre principe important est celui du double degré de juridiction. Nul n'étant infaillible, le double degré de juridiction est donc une garantie d'une meilleure justice puisque presque toutes les affaires peuvent être jugées deux fois, en fait et en droit.

2. Le respect des ***droits de la défense*** est, en second lieu, un principe fondamental de la procédure. Il en résulte un devoir de loyauté qui s'impose aux parties et dont le principe du contradictoire en est la concrétisation. Le ***principe du contradictoire*** implique le respect de certaines obligations, pour les parties et pour le juge. Les parties doivent se faire connaître, en temps utile, les moyens de fait sur lesquels elles fondent leurs prétentions, les éléments de preuve qu'elles comptent produire et aussi les moyens de droit qu'elles invoquent. Cette obligation s'impose également au juge, puisqu'il doit non seulement faire respecter le principe de la contradiction, mais aussi le respecter lui-même.

Le procès est en outre public. Toutefois, dans certains cas, la ***publicité*** sera écartée et les procès seront rendus à huis clos. Les débats pourront avoir lieu à ***huis clos***, si la loi l'exige ou le prévoit, sur demande des parties. Les débats sont obligatoirement à huis clos pour tous les procès concernant la capacité et l'état des personnes, ainsi qu'en matière de divorce. Le huis clos peut aussi être ordonné, lorsque la publicité risque de porter atteinte à la vie privée des personnes ou bien, si en cours d'audience, surviennent des désordres de nature à troubler la sérénité de la justice. En procédure pénale, le huis clos est de droit devant les juridictions pour enfants.

Fiche 8
Les juridictions du fond

A. Les juridictions du fond de droit commun

1. En droit, on appelle ***juges du fond***, les juges statuant en droit et en fait. Il s'agit des juges de ***première instance*** et d'appel.

Le ***tribunal de grande instance*** est la juridiction de droit commun. En droit civil, il est compétent, dans tous les domaines dans lesquels la loi n'a pas expressément attribué compétence, à une autre juridiction. Il a cependant compétence exclusive, en matière de propriété immobilière et en matière d'état des personnes.

En droit pénal, le tribunal de police est compétent pour les contraventions, le tribunal correctionnel pour les délits et la cour d'assises pour les crimes. Il n'y a aucune hiérarchie entre ces juridictions. Les juridictions de proximité sont quant à elles compétentes en matière pénale, pour les contraventions des quatre premières classes, sans qu'il y ait lieu de distinguer entre celles commises par des majeurs ou des mineurs. Seules échappent à leur compétence les contraventions relevant de la loi sur la presse, c'est-à-dire de celles qui sont constituées par les infractions de diffamation et injures non publiques.

2. Les ***cours d'appel*** sont les juridictions compétentes, pour rejuger toutes les affaires, ayant fait l'objet d'un jugement de première instance, lorsque les décisions sont rendues en premier ressort et si une partie interjette appel. Actuellement, il y a trente-six cours d'appel. Les cours d'appel portent le nom de la ville de leur siège. Il s'agit souvent d'anciens parlements.

B. Les juridictions spécialisées

1. Au sein des juridictions civiles, il y a 5 juridictions spécialisées (Les juridictions de proximité sont supprimées depuis le 1er juillet 2017).

Ce sont les juridictions dont le domaine de compétence est strictement déterminé par un texte. Ces juridictions sont :

- le ***tribunal d'instance*** qui est compétent pour tous les litiges civils portant sur une demande d'un montant inférieur à 10 000 euros, et les litiges relatifs à certains domaines, comme les baux d'habitation ou le crédit à la consommation ;
- le ***conseil des prud'hommes*** qui connaît des litiges entre salariés et employeurs ;
- le ***tribunal de commerce*** qui est réservé aux litiges entre commerçants ou concernant des actes de commerce ;

- le ***tribunal des affaires de sécurité sociale*** qui traite le contentieux entre les organismes de sécurité sociale et les assujettis mais dont le contentieux sera transféré à un pôle du tribunal de grande instance, puisqu'il a vocation à disparaître au plus tard au 1er janvier 2019 ;
- le ***tribunal paritaire des baux ruraux*** qui tranche les litiges entre propriétaires et exploitants agricoles.

Les ***juges de proximité*** avaient été instaurés par la loi du 9 septembre 2002, dite loi d'orientation et de programmation pour la justice. Il y avait, en principe, une juridiction de proximité auprès de chaque tribunal d'instance. Ces juridictions avaient été créées pour désengorger les tribunaux d'instance. En droit civil, ils connaissaient de tous les litiges d'une valeur inférieure à 4000 euros. Depuis le 1er juillet 2017, leurs compétences sont transférées au tribunal d'instance.

2. Au sein des juridictions pénales, des juridictions d'exception ou spécialisées existent encore, même si en 1982, le Tribunal permanent des forces armées et la Cour de sûreté de l'État ont été supprimés sous l'influence de M. Badinter (à qui l'on doit aussi la suppression de la peine de mort).

La loi constitutionnelle du 23 février 2007 a substitué la ***Haute Cour***, à la Haute Cour de justice. Cette juridiction est compétente pour juger le président de la République, en cas de manquement à ses devoirs, manquement manifestement incompatible, avec l'exercice de son mandat. Sa destitution est alors prononcée par le Parlement constitué en Haute Cour. La Haute Cour se réunit, sur proposition adoptée par une des assemblées du Parlement et transmise à l'autre qui doit se prononcer dans les 15 jours. Elle peut être saisie uniquement par des parlementaires. Ses décisions ne sont pas susceptibles recours.

La ***Cour de justice de la République*** créée par la loi constitutionnelle du 27 juillet 1993, connaît des crimes et délits commis par les ministres, dans l'exercice de leurs fonctions. Elle est composée de 15 juges dont 12 parlementaires et 3 conseillers à la Cour de cassation dont l'un est le président. Cette juridiction peut être saisie par toute personne, victime d'une infraction commise par un membre du gouvernement.

Parmi les juridictions spéciales, il y a aussi par exemple, le juge pour enfants, et les juridictions militaires.

Enfin, les juridictions répressives comprennent des juridictions particulières, qui sont les ***juridictions d'instruction***.

Le juge d'instruction instruit à charge et à décharge, sur les infractions les plus graves et ***la chambre de l'instruction*** est juge d'appel, des décisions du juge d'instruction. Il s'agit d'une formation spéciale de la Cour d'appel. ***Le juge des libertés et de la détention*** intervient aussi pendant la phase d'instruction, pour toutes les décisions relatives à la mise en détention ou à la remise en liberté, d'une personne mise en examen. Il constitue donc une juridiction autonome.

Fiche 9

La Cour de cassation

A. Sa composition

1. Le ***Tribunal de cassation*** qui a été créé par un décret du 27 novembre 1790 tranchait avec l'ancien conseil du roi, en ce qu'il ne connaissait plus du fond des affaires, mais uniquement de l'application de la règle de droit. Il dépendait cependant toujours du pouvoir législatif, avec l'institution du référé législatif, selon lequel le Tribunal de cassation après deux cassations, et si la décision de la juridiction de renvoi était identique aux précédentes, devait demander au législateur d'interpréter la loi.

La ***Cour de cassation*** comprend 6 formations ordinaires dont :

- 3 chambres civiles ;
- 1 chambre commerciale et financière ;
- 1 chambre sociale ;
- 1 chambre criminelle.

Elle comprend aussi deux formations spéciales qui sont :

- l'assemble plénière ;
- la chambre mixte.

2. Les formations ordinaires sont composées de cinq membres ayant voie délibérative. Elles sont toujours présidées par le président de chambre, et à défaut par le plus ancien des conseillers, devant la Cour de cassation.

L'assemblée plénière est composée de représentants de toutes les chambres de la Cour de cassation et la ***chambre mixte*** de représentants d'au moins 3 chambres.

Il y a aussi, au sein de la Cour de cassation, ***une formation restreinte*** composée de trois magistrats.

B. Son rôle

1. La Cour de cassation n'est pas, contrairement aux apparences, un 3e degré de juridiction.

Elle intervient en dernier recours, mais n'a pas pour rôle de rejuger les affaires. Elle ne peut trancher les litiges opposant les parties. La Cour de cassation contrôle l'application du droit, faite par les juges du fond, mais elle n'a pas à réexaminer les faits. Elle rend des arrêts de rejet ou de cassation. Elle rend un arrêt de rejet, lorsqu'elle estime que le pourvoi en cassation formé par la partie perdante en appel, n'est pas fondé. Si au contraire, elle estime que le pourvoi est fondé, elle rend un arrêt de cassation qui « casse et annule » la décision attaquée. Tout se passe alors comme si les juges, dont la décision a été attaquée, n'avaient jamais statué. L'affaire est en conséquence renvoyée pour être rejugée par une juridiction de même rang et de même nature, que celle dont la décision a été annulée.

L'***assemblée plénière*** est saisie lorsque, après un premier pourvoi en cassation, la décision des juges du fond est cassée, que la juridiction de renvoi statue dans le même sens que la première cour d'appel et qu'un second pourvoi est formé. La décision de l'assemblée plénière s'impose alors à la juridiction de renvoi. Elle peut également être saisie, sur premier pourvoi, lorsque l'affaire porte sur un problème de droit très important.

La ***chambre mixte*** est obligatoirement saisie, en cas de partage des voix, devant la chambre qui a été chargée de connaître de l'affaire ou sur demande du ministère public. Elle peut aussi être saisie si l'affaire soulève un problème de droit relevant de la compétence de plusieurs chambres ou si sa solution peut entraîner une divergence de jurisprudence entre les différentes chambres.

Toutes les décisions de la Cour de cassation ont une valeur particulièrement importante puisque, bien souvent, ce sont les décisions qui feront jurisprudence.

2. La ***formation restreinte*** a été créée en 1979, se réunissait lorsque la solution du pourvoi, selon les termes mêmes des textes, paraissait s'imposer. Le but était donc de faire juger rapidement les petites affaires ne soulevant pas de grosses difficultés. Elle était chargée aussi de connaître des affaires simples. Le rôle de la formation restreinte était également de filtrer les pourvois, apparaissant comme irrecevables ou manifestement infondés, et ce, toujours afin de désengorger la Cour de cassation.

Les compétences de la formation restreinte ont été élargies par une loi du 23 avril 1997. Il s'agit aujourd'hui plus d'une véritable juridiction de jugement que d'une formation restreinte, chargée d'éliminer les petites affaires. La saisine de cette formation de la Cour de cassation constitue la voie normale de l'examen des pourvois, lorsque les pourvois relèvent de l'une ou l'autre des chambres civiles. Elle fait donc fonction de formation ordinaire, au sein de la Cour de cassation. En effet, les textes disposent désormais, qu'après le dépôt des mémoires, les affaires soumises à une chambre civile de la Cour de cassation sont examinées par une formation de trois magistrats, appartenant à la même chambre que celle à laquelle elles ont été distribuées.

Cette formation, qui est donc saisie dès que le pourvoi a été formé, est chargée de statuer lorsque la solution du pourvoi s'impose. Elle peut aussi renvoyer l'examen du pourvoi à l'audience de la chambre. Si la formation restreinte qui a été saisie, constate qu'une difficulté particulière résulte de l'affaire qui lui est soumise, elle peut décider de renvoyer cette affaire à la formation plénière de la chambre, donc à la formation ordinaire composée de cinq magistrats, et non pas à l'assemblée plénière, de la Cour de cassation.

Fiche 10

Les gens de justice

A. Les magistrats

1. Magistrats du siège et du parquet ont la même formation, ils font partie d'un même corps celui de la magistrature. Ce sont des fonctionnaires nommés par décret du président de la République sur proposition du garde des Sceaux. La plupart sont issus de l'École nationale de la magistrature qui se trouve à Bordeaux. L'accès à cette fonction peut se faire aussi sur titre, notamment pour les avocats et les enseignants à l'université, lesquels peuvent après certain nombre d'années d'exercice de leur profession, intégrer le corps des magistrats. La différence d'affectation des magistrats du siège et du parquet, résulte d'un choix personnel, lors de leur entrée dans la magistrature ou pendant de leur carrière.

Les magistrats du siège sont « les juges » et à ce titre, ils participent au jugement ou à l'instruction des affaires. Ils ont des fonctions uniquement judiciaires. Leurs décisions sont des ordonnances, jugements ou arrêts.

Les magistrats du parquet ont en charge la défense des intérêts de la société, mais ils ne jugent pas. Ils interviennent par voie de réquisitions, tant devant les juridictions civiles, que devant les juridictions pénales.

Les magistrats du siège sont indépendants, ils n'ont pas à obéir à un supérieur hiérarchique. Ils sont inamovibles, c'est-à-dire qu'ils ne peuvent se voir imposer une affectation. Ils sont non substituables, ce qui signifie que seuls peuvent juger les magistrats qui ont suivi l'affaire et non des collègues. En cas de faute, ils peuvent être sanctionnés par le conseil supérieur de la magistrature

À l'inverse, les magistrats du parquet sont hiérarchiquement subordonnés et placés sous l'autorité du ministre de la Justice, ils sont amovibles et interchangeables. Les sanctions à leur encontre sont prononcées par le ministre de la Justice, après avis du conseil supérieur de la magistrature. Depuis une loi du 25 juillet 2013, il a cependant été mis fin, à la possibilité pour le ministre de la Justice d'adresser des instructions aux magistrats du parquet en matière pénale.

2. Des ***juges spécialisés*** interviennent principalement devant des juridictions spécialisées. Les juges siégeant au tribunal de commerce sont des commerçants ou des industriels élus par leurs pairs. Ils interviennent bénévolement et continuent leurs activités professionnelles.

L'élection est une élection à deux degrés.

En effet, les juges sont élus par un collège composé :

- Des délégués consulaires élus dans le ressort de la juridiction ;
- Des juges du tribunal de commerce, ainsi que des anciens membres du tribunal.

Les délégués consulaires sont élus pour 5 ans.

Pour être élus en qualité de juge, auprès du tribunal de commerce, il faut être éligible, être inscrit sur les listes électorales, avoir au moins 30 ans, avoir exercé la profession depuis au moins 5 ans et ne pas avoir fait l'objet d'une procédure de redressement ou de liquidation judiciaire.

Le juges sont élus pour un premier mandat de 2 ans, mandat renouvelable trois fois par période de 4 ans.

L'ensemble des juges élit le président du tribunal de commerce, lequel sera désigné pour 4 ans sans pouvoir être réélu.

Pendant longtemps les conseillers prud'homaux étaient élus pour 5 ans en nombre égal, au sein de collèges d'employeurs et de salariés. Les élections avaient lieu par section, selon l'activité professionnelle, soit de l'employeur soit du salarié.

Désormais, en application d'une loi du 18 décembre 2014, relative à la désignation des conseillers prud'hommes et depuis une ordonnance du 31 mars 2016, les conseillers prud'hommes sont nommés conjointement par le garde des Sceaux, Ministre de la justice, et le Ministre chargé du travail, tous les 4 ans, sur proposition des organisations syndicales et professionnelles.

La déclaration des candidatures résulte du dépôt d'une liste de candidats pour chaque conseil de prud'hommes, par les mandataires des organisations syndicales et professionnelles représentatives auxquelles ont été attribués des sièges. Chaque liste de candidats doit être composée alternativement d'un candidat de chaque sexe. Les conseillers prud'homaux siégeant toujours en nombre pair, en cas de partage des voies, l'affaire est renvoyée à une formation de départage qui est présidée par un juge du tribunal de grande instance.

Il ne faut pas non plus oublier les jurés qui sont de simples particuliers, tirés au sort sur les listes électorales et appelés à juger devant les cours d'assises.

B. Les auxiliaires de justice

1. ***Avocats*** et avocats au Conseil d'État et à la Cour de cassation ont pour mission de représenter, assister ou conseiller les justiciables. Leurs professions se distinguent cependant, tant par leur statut, que par leur domaine de compétence. Les avocats au Conseil d'État et à la Cour de cassation sont des officiers ministériels, intervenant devant le Conseil d'État et la Cour de cassation. Les ***avoués*** qui étaient aussi des officiers ministériels représentaient les parties devant la cour d'appel. Cette profession a cependant été supprimée depuis le 1er janvier 2012. Les ***avocats***, que l'on appelle avocats à la Cour ou avocats au barreau, exercent une profession libérale. Ils conseillent et assistent leurs clients lors des audiences. Ils ont aussi compétence pour les représenter.

2. Les ***greffiers*** sont des fonctionnaires, recrutés sur concours interne ou externe et ayant suivi une formation spécifique, à l'École nationale des secrétariats greffe à Dijon. Ils ont des fonctions judiciaires et extra judiciaires.

Les greffiers assistent les magistrats lors des audiences. Ils doivent en retranscrire le contenu dans leur registre d'audience. Ils sont aussi chargés de tenir « le rôle », c'est-à-dire le registre général des affaires. Ils reproduisent et signent, avec le président, les décisions de justice. Ils assurent la conservation des archives et minutes. Ils gardent les pièces mises sous scellés. Enfin, ils délivrent les copies et expéditions des décisions.

À ces fonctions judiciaires générales, s'ajoutent des fonctions judiciaires et extrajudiciaires particulières. Ils recueillent certaines déclarations, comme les renonciations à succession ou les consentements pour les dons d'organe devant le tribunal de grande instance. Ils assurent la notification de certaines décisions.

DES CHIFFRES À RETENIR

2 : ordres de juridiction : l'ordre judiciaire et l'ordre administratif.

1 : juridiction du droit par ordre de juridiction : la Cour de cassation au sein de l'ordre judiciaire et le Conseil d'État au sein de l'ordre administratif.

8 : nombre de chambres composant la Cour de cassation, dont 6 chambres ordinaires, en l'occurrence, les 3 chambres civiles, la chambre commerciale et financière, la chambre sociale et la chambre criminelle. Il faut ajouter les deux formations spéciales que sont l'assemblée plénière et la chambre mixte.

36 : nombre des cours d'appel en France.

164 : nombre des tribunaux de grande instance en France.

DES DATES À RETENIR

27 NOVEMBRE 1790 : décret créant le Tribunal de cassation.

21 JUILLET 1982 : loi supprimant les tribunaux permanents des forces armées et la Cour de sûreté de l'État.

27 JUILLET 1993 : loi constitutionnelle, créant la Cour de Justice de la République, compétente pour juger les crimes et délits commis par les ministres, dans l'exercice de leurs fonctions.

15 JUIN 2000 : loi instaurant l'appel en matière criminelle.

9 SEPTEMBRE 2002 : loi dite d'orientation et de programmation pour la justice, créant les juridictions de proximité.

CHAPITRE 3
LES DROITS SUBJECTIFS

Toute personne a nécessairement un ***patrimoine***. Selon la théorie classique d'Aubry et Rau, le patrimoine est une émanation de la personnalité, il traduit l'aptitude de tout individu, dès sa naissance, à être titulaire de droits et obligations. Le patrimoine, en ce sens, ne se limite donc pas au passif et à l'actif dont est titulaire une personne. Le patrimoine traduit l'ensemble des droits et obligations, de nature patrimoniale, dont une personne est ou peut être titulaire. Il en résulte que, quand bien même une personne ne serait propriétaire d'aucun bien, au sens matériel du terme, elle n'en est pas moins titulaire d'un patrimoine, puisque la personnalité juridique implique nécessairement l'aptitude à avoir des droits et des obligations. Le patrimoine ainsi entendu est intransmissible et indivisible.

Cette conception classique du patrimoine indivisible et intransmissible, tend cependant à être remise en cause. En effet, une partie de la doctrine a défendu une conception moderne du patrimoine, appelé patrimoine d'affectation. Selon cette théorie, il faudrait dissocier le patrimoine de la personnalité juridique. Pourraient ainsi exister, des patrimoines sans sujet de droit. Les exemples en sont assez limités. Il s'agit notamment des fondations. Mais, il pourrait aussi exister des sujets de droit avec plusieurs patrimoines. Cette notion a été consacrée avec l'émergence, en droit français, des sociétés à responsabilité limitée unipersonnelles. Dès lors, une personne privée peut avoir son propre patrimoine privé et un patrimoine professionnel, ce qui lui permet de mettre à l'abri des créanciers, les biens de sa famille, si ses affaires viennent à péricliter.

Les droits subjectifs dépassent cependant la notion de patrimoine, puisqu'ils regroupent des droits de nature patrimoniale et extrapatrimoniale.

Cependant, il ne suffit pas d'être titulaire de droits, il faut être en mesure de les prouver, si ceux-ci sont contestés.

Deux systèmes de preuves sont possibles. Le ***système de la preuve légale***, selon lequel la preuve est réglementée, et celui de la ***preuve morale***, selon lequel la preuve est libre. Le droit civil français a consacré un système mixte. Le système de la preuve légale est celui retenu pour prouver les actes juridiques, d'une valeur supérieure à 1 500 euros, alors que la preuve est libre pour les faits juridiques.

Lorsque la preuve est réglementée, la preuve doit être rapportée par un écrit, ***acte authentique*** ou ***acte sous seing privé***. En l'absence d'un tel écrit, l'acte juridique ne pourra être prouvé. Mais si cet écrit existe, le juge est lié et il est tenu faire droit, aux prétentions de celui qui le produit. On appelle ces écrits des modes de ***preuve parfaits***. L'aveu judiciaire et le serment décisoire sont aussi des preuves parfaites qui lient le juge.

Lorsque ***la preuve est libre***, tous les modes de preuves sont admissibles. On appelle ces preuves, des ***preuves imparfaites***. Ce sont les témoignages, présomptions, indices mais aussi l'aveu extra judiciaire et le serment supplétoire. Le juge n'est pas lié par ces preuves. Il apprécie souverainement leur valeur probante, selon son intime conviction.

La preuve par tous moyens est cependant admise, pour tous les actes et faits juridiques, en droit commercial, en application de l'article 110-3 du code de commerce qui consacre la liberté de la preuve en cette matière. La rapidité des affaires s'accommoderait en effet mal, de l'exigence systématique d'un écrit.

En droit civil, la preuve des faits est toujours libre et les dérogations à l'exigence d'un écrit, pour les actes juridiques, d'une valeur supérieure à 1 500 euros, en matière civile sont nombreuses.

Premièrement, les dispositions de l'article 1359 du Code civil (ancien article 1341) ne sont pas d'ordre public et les parties peuvent renoncer à se prévaloir de la preuve écrite.

Deuxièmement, la preuve par tous moyens est également recevable, si les parties peuvent produire un commencement de preuve par écrit. Le commencement de preuve par écrit est défini à l'article 1362 du Code civil (ancien article 1347) comme étant un écrit, rendant vraisemblable le fait allégué et émanant, de celui auquel on l'oppose, c'est-à-dire en pratique du défendeur. Il s'agit donc d'un écrit, qui aurait pu valoir preuve parfaite, si tous les éléments exigés pour la validité des actes sous seing privé ou des actes authentiques avaient été réunis. À défaut de valoir preuve parfaite, cet écrit incomplet ou irrégulier, vaudra en tant que commencement de preuve par écrit. Par exemple, une lettre comportant la mention, d'une reconnaissance de dette, en chiffres, mais pas en plus en lettres, ne peut pas valoir comme acte sous seing privé. Elle vaut donc comme commencement de preuve par écrit. Celui qui produit un commencement de preuve par écrit est autorisé à prouver ses prétentions, par tous moyens.

Troisièmement, la preuve par tous moyens est encore recevable, si celui, sur lequel pèse la charge de la preuve, peut se prévaloir, d'une impossibilité morale ou matérielle de préconstituer un écrit.

Il y a impossibilité morale lorsque les relations entre les parties, sont telles qu'il était impossible de solliciter la rédaction d'un écrit, pour constater la transaction. Il peut s'agir de relations familiales (ex. : parents-enfants, frères-sœurs, etc.) ou professionnelles (ex. : médecin-patient ou avocat-client). Il y a impossibilité matérielle, si une des parties ne savait pas ou ne pouvait pas écrire.

Quatrièmement, la preuve par tous moyens est aussi admise, en cas de perte ou destruction de l'écrit. La copie qui en serait la reproduction non seulement fidèle mais aussi durable de l'original est admise, à tire de preuve.

Cinquièmement, il y a encore entorse à l'article 1359 du Code civil, en cas de fraude de l'une des parties à l'acte.

Sixièmement et enfin, la preuve par tous moyens est admise, lorsqu'il s'agit de prouver contre et outre le contenu d'un acte.

Seules, les preuves obtenues de manière loyale sont recevables. Des preuves obtenues par fraude ou vol, ne peuvent être produites. De ce fait, l'enregistrement d'une conversation téléphonique, à l'insu de l'interlocuteur est illicite et considéré comme un moyen de preuve déloyal.

Enfin, si les mineurs ne sont pas réellement frappés d'une incapacité de témoigner, ils ne peuvent jamais être entendus sous serment. En outre, des enfants, qu'ils soient majeurs ou mineurs, ne peuvent jamais témoigner, contre ou en faveur, de l'un de leurs parents, dans le cadre d'une procédure de divorce ou séparation de corps.

POUR EN SAVOIR PLUS

- Augustin Aynès, *Droit de la preuve : principes et mise en œuvre processuelle*, coll. « Droit et professionnel », LexisNexis, 2017, 362 pages.
- *www.courdecassation.fr* : sur ce site voir notamment dans la rubrique publications, étude 2012 : la preuve.

LISTE DES FICHES

11. La notion de droits subjectifs
12. La charge de la preuve
13. L'objet de la preuve
14. Les écrits, preuves parfaites
15. Les preuves orales et les preuves imparfaites

Fiche 11

La notion de droits subjectifs

A. Les droits patrimoniaux

1. Les ***droits patrimoniaux*** sont ***évaluables en argent***. En outre, ils sont cessibles, saisissables, transmissibles et prescriptibles.

- cessibles : cela signifie qu'ils peuvent être cédés à titre gratuit ou onéreux, par leur titulaire à un tiers. Ils peuvent être donnés, vendus ou prêtés ;
- saisissables : cela signifie qu'ils peuvent être saisis (pour être vendus) par les créanciers de leur titulaire ;
- transmissibles : cela signifie qu'ils se transmettent aux héritiers de leur titulaire ;
- prescriptibles : cela signifie qu'ils peuvent s'acquérir ou se perdre, suite à l'expiration d'un délai plus ou moins long.

2. Au sein des droits patrimoniaux, il faut distinguer les ***droits réels*** et les ***droits personnels***. Les ***droits réels*** sont ceux qui portement directement ***sur une chose*** corporelle. Ils peuvent donc porter sur des biens meubles ou immeubles. Le droit de propriété est le plus complet des droits réels. Les autres sont appelés droits réels démembrés ou droits réels accessoires. Les droits réels démembrés sont ainsi appelés, car ils sont considérés comme des démembrements du droit de propriété. Ils ne conférèrent à leur titulaire que certaines des prérogatives dévolues au propriétaire. Par exemple, l'usufruit est un droit réel démembré qui confère à son titulaire, les droits d'user et de jouir de la chose et non pas d'en abuser. Les droits réels dits accessoires sont ainsi appelés, car ils sont accessoires, non pas au droit de propriété, mais à une créance, dont ils garantissent le recouvrement. Il en va ainsi, par exemple, de l'hypothèque ou du gage. Ces deux droits confèrent à leur titulaire, un créancier, un droit réel sur une chose appartenant à autrui, en l'occurrence le débiteur. Le créancier a ainsi, le droit de faire vendre la chose et de se faire payer sur le prix. Les droits réels accessoires engendrent au profit de leurs titulaires, des droits de suite et de préférence. Le droit de suite permet à la personne titulaire d'un droit réel sur une chose, de suivre cette chose, entre quelques mains qu'elle se trouve, donc même si elle est transférée, par son propriétaire initial, à un tiers. Le droit de préférence permet, au titulaire du droit réel, d'exercer son droit, en priorité, sans qu'un tiers puisse faire valoir un droit particulier sur la chose.

Les droits réels sont des droits ***opposables à tous***. On dit à ce propos, qu'ils sont absolus, par opposition aux droits personnels ou aux droits de créance, lesquels sont dits relatifs, car opposables seulement aux débiteurs.

Les ***droits personnels*** sont les droits dont une personne est titulaire à l'encontre d'une autre personne. Il s'agit des ***droits du créancier à l'égard de son débiteur***. Les droits personnels sont encore appelés droits de créance.

Enfin, les ***droits intellectuels*** sont des droits patrimoniaux, car évaluables en argent. Ils constituent une troisième catégorie, une catégorie intermédiaire entre les droits réels et personnels. Ils n'entrent en effet dans aucune de ces deux catégories. Ce ne sont pas des droits personnels, car ils ne s'exercent pas contre une personne. Ce ne sont pas non plus des droits réels, car ils ne portent pas sur une chose corporelle. Il s'agit par exemple, des droits de l'auteur sur son œuvre ou des droits attachés à l'existence d'une clientèle pour certains professionnels, comme les médecins ou tous les titulaires d'un fonds de commerce.

B. Les droits extrapatrimoniaux

1. ***Les droits extrapatrimoniaux*** n'ont ***aucune valeur pécuniaire***, même si leur non-respect se traduit souvent, par l'attribution de dommages et intérêts.

Quatre catégories de droits extrapatrimoniaux peuvent être identifiées :

- les droits civiques et politiques comme le droit de vote ;
- les droits de la personnalité, c'est-à-dire l'ensemble des attributs que la loi reconnaît à tout être humain : le droit à la vie, à l'intégrité corporelle, au nom, à l'honneur, à la vie privée, à l'image ;
- les droits familiaux, droits entre époux, tels que les droits et devoirs de fidélité, d'assistance et de cohabitation ou, entre parents et enfants, tels que les droits et devoirs de garde, de surveillance et d'éducation ;
- les droits intellectuels qui ne sont pas susceptibles d'évaluation pécuniaire, par exemple, le droit du créateur de faire respecter son œuvre contre le plagiat.

2. Les droits extrapatrimoniaux à la différence des droits patrimoniaux sont incessibles, insaisissables, imprescriptibles et intransmissibles :

- incessibles et insaisissables : cela signifie que ces droits ne peuvent être transmis ou saisis. Ceci s'explique par le fait que ces droits ne sont pas dans le commerce. Leur titulaire ne peut en être dépossédé par qui que ce soit, ni même de sa propre volonté. Le titulaire de ces droits ne peut y renoncer par convention ou transaction ;
- imprescriptibles : ces droits ne s'éteignent pas avec l'écoulement d'un délai et ils ne peuvent s'acquérir par l'écoulement d'un certain temps ;
- intransmissibles : il en résulte, que les droits et actions y afférent, ne peuvent bénéficier à une personne autre que leur titulaire.

Fiche 12
La charge de la preuve

A. La charge de la preuve et les parties

1. La ***charge de la preu**ve* pèse en principe sur le ***demandeur***. Il appartient en effet, à celui qui fait valoir des prétentions, devant une juridiction, d'apporter la preuve de ses prétentions. Il serait en effet, pour le moins illogique, d'admettre, que le juge puisse être saisi d'une demande reposant sur de simples affirmations et qu'il appartienne, à celui à l'encontre duquel la demande est formée, de prouver qu'elle n'est pas fondée. Ainsi, celui qui se prétend créancier d'une somme d'argent, doit apporter la preuve, par exemple d'une prestation de service ou de la livraison d'une chose, événements en contrepartie desquels cette somme lui serait due.

Cependant, pour s'opposer aux demandes de son adversaire, le défendeur pourra, soit les nier, soit formuler de nouvelles demandes contre le demandeur. Il s'agit dans ce dernier cas de demandes reconventionnelles. Au cours d'un procès, la charge de la preuve va donc peser alternativement sur le demandeur et sur le défendeur. C'est ce que l'on appelle, le va-et-vient de la preuve.

La règle selon laquelle la charge de la preuve pèse sur le demandeur doit ainsi être comprise comme concernant le demandeur à une prétention et non pas systématiquement le demandeur au procès. Le défendeur au procès est en effet demandeur en ce qui concerne ses propres prétentions et il doit les prouver. Il doit, en premier lieu prouver, que ce que le demandeur avance, est erroné et que les preuves rapportées sont fausses. Mais, il doit aussi prouver le bien-fondé de ses demandes, s'il réclame la condamnation du demandeur.

2. Ce principe, selon lequel la charge de la preuve pèse sur le demandeur, connaît cependant des ***dérogations***. Ainsi, les ***présomptions légales*** emportent renversement de la charge de la preuve ou dispense de preuve. Le législateur présume en effet, parfois, l'existence certains faits. Il appartient donc non pas à celui qui s'en prévaut d'en apporter la preuve, mais à son adversaire de prouver la fausseté de ces faits. Par exemple, selon la règle, en fait de meubles, possession vaut titre, le possesseur d'un bien meuble est présumé en être le propriétaire. Le propriétaire doit alors prouver son droit de propriété alors que le possesseur en est dispensé. De même, aux termes de l'article 312 du Code civil, le mari de la mère d'un enfant, conçu ou né pendant le mariage, est présumé être le père de cet enfant. En cas de litige, le mari qui conteste sa paternité, doit apporter la preuve que la présomption ne peut jouer ou qu'il ne peut pas être le père de l'enfant.

B. Les entorses à l'administration de la preuve par les parties

1. Les procédures civiles et pénales sont des ***procédures,*** essentiellement ***accusatoires,*** donc orales, publiques et contradictoires. Seule, la procédure administrative, plutôt ***inquisitoire*** est écrite. Cependant, si l'oralité au cours du procès est considérée comme une garantie pour faire respecter les droits de la défense, l'écrit joue un rôle de plus en plus important, même lorsque la procédure est entièrement orale, comme devant les juridictions d'exceptions, en matière civile.

Du caractère accusatoire de la procédure, devant les juridictions de l'ordre judiciaire, il résulte également, que le procès est aux mains des parties qui doivent administrer elles-mêmes les preuves propres à établir les leurs prétentions.

2. Pour autant, le ***juge*** n'est pas dénué de tous ***pouvoirs***. Ainsi, il peut ordonner des ***mesures d'enquête*** ou l'apport supplémentaire de preuves. Le juge peut aussi, enjoindre aux parties, de produire tel ou tel élément de preuve qui lui apparaît nécessaire à la solution du litige, soit à la demande de l'autre partie, soit spontanément. En effet, il résulte de l'article 11 du code de procédure civile que, chacun est tenu d'apporter son concours à la manifestation de la justice, sauf au juge à tirer toute conséquence d'une abstention ou d'un refus. Ce principe oblige donc, chaque partie, à produire les éléments de preuve en sa possession et elle pourra au besoin y être contrainte sous astreinte. Le juge peut aussi enjoindre à un tiers, la production de pièces essentielles à la solution du litige. Si le juge ordonne ces communications de pièces, il doit s'assurer, qu'elles sont régulièrement communiquées à l'adversaire, pour qu'il puisse organiser sa défense.

Le juge peut aussi, de son propre chef, décider de recourir à des mesures d'instruction s'il s'estime insuffisamment informé par les pièces produites par les parties. Ainsi, en matière de filiation, il peut, même si les parties ne le requièrent pas, ordonner des expertises ADN. Il peut également ordonner la désignation d'un expert. Le rapport d'expertise aura alors la même valeur que toutes les autres preuves dites imparfaites. Il ne liera pas le juge, mais celui-ci pourra asseoir son intime conviction sur ce rapport.

Fiche 13

L'objet de la preuve

A. Le principe : les faits et non le droit

1. Selon l'article 6 code de procédure civile « à l'appui de leurs prétentions, les parties ont la charge d'alléguer les faits propres à les fonder ». Cependant, tous les faits n'ont pas à être prouvés. Seuls, les faits allégués, pertinents et contestés constituent l'objet de la preuve.

Les faits allégués sont ceux invoqués par les parties, au soutien de leurs prétentions.

Il faut en outre, que ces faits soient ***pertinents***, c'est-à-dire de nature à influer sur la solution du litige. Si les faits allégués, sont sans incidence sur l'issue du litige, la preuve n'est pas nécessaire.

Ces faits doivent aussi être ***contestés***. Il ne sert en effet à rien, de prouver des faits admis par l'adversaire. Cette affirmation doit cependant être nuancée car, si le juge peut prendre acte de l'acquiescement de l'adversaire, à la relation des faits émanant de l'autre partie, le juge pourra néanmoins exiger de vérifier personnellement, la réalité de certains faits, de nature à emporter sa conviction.

2. Les justifications de l'exclusion du droit.

La règle de droit dont l'application est demandée n'a pas à être prouvée, car le juge est censé connaître la loi.

La présomption de connaissance de la loi, entrée en vigueur, et régulièrement publiée concerne donc fort logiquement, au premier chef, celui qui est chargé de l'appliquer en l'occurrence le juge.

B. Les exceptions au principe

1. ***Certains faits n'ont pas à être prouvés***. Il s'agit de ceux qui sont présumés car les présomptions légales emportent dispense de preuve pour leur bénéficiaire.

Les différents régimes de responsabilité sans faute prouvée sont également, une excellente illustration de la dispense de preuve de certains faits (voir fiche 12). Ainsi, sont responsables de plein droit sans que la victime ait à prouver une faute de leur part, le propriétaire d'une chose qui cause à autrui un dommage, l'employeur d'un salarié qui cause à autrui un dommage dans l'exercice de ses fonctions ou les parents, du fait des dommages causés par leurs enfants mineurs.

De nombreux professionnels voient également leur responsabilité engagée, dès lors qu'une personne subit un dommage, du fait des prestations de services proposées, même si aucune faute ne peut leur être reprochée. Une obligation de résultat a ainsi été dégagée par la jurisprudence en matière de transport. Il en résulte que, toute personne, victime d'un dommage, dans le cadre de l'exécution d'un contrat de transport, peut engager la responsabilité du transporteur, même si ce dernier n'a commis aucune faute. La faute résulte du simple fait que le contrat n'a pas atteint l'objectif prévu. Par exemple, la SNCF est déclarée responsable, si par exemple, un passager glisse dans un wagon et se blesse. Ce type d'obligation pèse, dans certains cas, sur les médecins qui peuvent voir leur responsabilité engagée dès lors qu'un préjudice a été causé, à la suite d'une intervention, si le médecin était tenu, pour ce type d'intervention d'une obligation de résultat.

2. Enfin, ***parfois le droit doit être prouvé***. Il en va ainsi, quand la règle invoquée est une ***règle de droit étrangère*** ou si elle résulte d'***usages***.

Toutefois, s'agissant de la loi étrangère, cette obligation mise à la charge des parties contredit la règle selon laquelle le juge est censé connaître la loi, donc la présomption de connaissance attachée à la loi. Cependant, cette présomption ne concerne que la loi française. Il n'est en effet, pas question d'exiger du juge français, qu'il connaisse l'ensemble des lois étrangères, susceptibles de recevoir application. La jurisprudence ne manque jamais de rappeler et de préciser, qu'il incombe aux parties, d'apporter la preuve de cette loi, si elles en revendiquent l'application et qu'à défaut, le juge fera application de la loi française.

En application des règles de conflit de lois dans l'espace, une loi étrangère peut être applicable à solution d'un litige. En principe, la preuve de cette loi, c'est-à-dire de sa teneur et de son interprétation peut être faite par tous moyens, par les parties. Cependant, souvent, des certificats de coutume seront produits ou exigés. Ces certificats de coutume peuvent émaner d'autorités diplomatiques, consulaires ou religieuses, si un droit confessionnel doit être appliqué. Cette preuve peut aussi résulter, de la production assortie de la traduction, des textes concernés ou d'avis d'autorités juridiques, reconnues dans le pays dont la législation est applicable. Les juges du fond seront alors souverains, dans leur appréciation de la loi étrangère.

Une jurisprudence récente, a cependant retenu que la preuve de la teneur de la loi étrangère, incombe au juge, lorsque les parties n'ont pas la libre disposition de leurs droits. Elle a ainsi estimé que « l'application de la loi étrangère [...] désignée impose au juge français d'en rechercher la teneur ». Le devoir du juge d'établir la teneur de la loi étrangère, ne vaut que pour les cas dans lesquels la loi concerne des droits indisponibles.

Fiche 14

Les écrits, preuves parfaites

A. Les actes authentiques et les actes sous seing privé

1. Selon l'article 1369 du Code civil (ancien article 1317), ***les actes authentiques*** sont ceux reçus par des officiers publics, ayant le pouvoir d'instrumenter, dans le lieu où l'acte a été rédigé et ce, avec les solennités requises.

Sont ainsi des actes authentiques, ceux rédigés par les notaires. Il convient aussi d'inclure dans cette catégorie les actes dressés par les officiers d'état civil, les décisions judiciaires, les actes des huissiers, et certains actes des préfets ou des maires.

L'acte authentique fait foi jusqu'à inscription de faux. Il en résulte, que la preuve contraire ne peut être rapportée, qu'aux termes d'une procédure pénale longue et coûteuse. Toutefois, ceci ne concerne que les constatations personnelles de l'officier public. Les mentions résultant des déclarations des parties ou de tiers font, quant à elles, foi jusqu'à preuve contraire.

2. La rédaction de ***l'acte sous seing privé,*** à la différence de celle de l'acte authentique, ne requiert pas le concours d'un officier public. L'acte sous seing privé est donc valablement rédigé par les seules parties concernées et ce, de manière manuscrite ou dactylographiée. Toutes les surcharges et ratures n'ont pas à être spécialement approuvées donc paraphées. Si la plus totale liberté est laissée aux parties, une mention est toutefois obligatoire, il s'agit de la signature. Compte tenu de son importance, la signature doit être manuscrite et permettre l'identification de la partie qui s'engage. Si les deux parties s'obligent mutuellement, si en conséquence, elles sont tenues d'obligations réciproques, dans le cadre d'une convention synallagmatique, elles devront toutes les deux apposer leur signature au bas de l'acte. Des mentions spéciales sont en outre exigées, par les articles 1375 et 1376 du Code civil pour qu'un écrit, rédigé et signé par des particuliers, soit valable en tant qu'acte sous seing privé. Conformément aux dispositions de l'article 1376 du Code civil, les actes constatant des engagements unilatéraux doivent comporter la mention en chiffres et en lettre du montant de la somme pour laquelle une des parties s'engage. Les contrats synallagmatiques doivent quant à eux, en application de l'article 1375, être établis en autant d'originaux qu'il y a de parties à l'acte.

Les actes sous seing privé peuvent être, plus facilement contestés, que les actes authentiques.

En premier lieu, une partie peut contester avoir écrit et signé l'acte sous seing privé. Une procédure de vérification d'écriture doit alors être engagée devant le juge saisi. En second lieu, même si l'existence de l'acte n'est pas contestée, ses énonciations ne valent que jusqu'à preuve contraire. La preuve contraire peut être rapportée par la production d'un autre écrit. En troisième lieu, la date de l'acte sous seing privé, qui n'est pas une mention obligatoire, ne vaut également que jusqu'à preuve contraire. L'acte sous seing privé n'aura date certaine que dans 3 cas : s'il est enregistré, si une des parties décède ou s'il est mentionné dans un acte authentique. En cas de contestation sur la date de l'acte, celle retenue sera alors celle des formalités d'enregistrement, celle du décès d'une des parties ou celle de l'acte authentique dans lequel il est mentionné.

B. L'écrit électronique

1. La ***loi du 13 mars 2000*** a profondément modifié le droit de la preuve en consacrant la validité de la preuve électronique. Cette loi a été complétée par le décret du 30 mars 2001 pris pour l'application de l'ancien article 1316-4 du Code civil.

Depuis la loi du 13 mars 2000, l'article 1366 du Code civil dispose que « la preuve littérale, ou preuve par écrit, résulte d'une suite de lettres, de caractères, de chiffres ou de tous autres signes ou symboles dotés d'une signification intelligible, quels que soient leur support et leurs modalités de transmission ».

L'article 1367 du Code civil, qui résulte de la nouvelle loi, énonce que l'écrit sous forme électronique est admis comme preuve, au même titre que l'écrit sur support papier, sous réserve que la personne dont il émane, puisse être dûment identifiée et qu'il soit établi et conservé dans des conditions de nature à en garantir l'intégrité.

L'admissibilité de l'écrit électronique, en tant que preuve parfaite suppose une signature électronique sécurisée. Cette dernière doit répondre aux exigences suivantes :

- être propre au signataire ;
- être créée par des moyens que le signataire puisse la garder sous son contrôle exclusif ;
- garantir avec l'acte auquel elle s'attache, un lien tel, que toute modification ultérieure de l'acte soit détectable.

2. La ***loi du 21 juin 2004*** dite LCEN (loi pour la confiance dans l'économie numérique), a complété utilement la loi du 13 mars 2000, en admettant qu'un écrit, exigé non seulement à titre de preuve, mais aussi à titre de validité d'un acte, puisse être fait par voie électronique et ce, même si l'écrit exigé est un acte authentique. Cette loi a été complétée par deux décrets en date du 10 août 2005, en ce qui concerne les écrits dressés par les huissiers et les notaires, lesquels peuvent donc désormais être faits sous forme électronique.

Fiche 15

Les preuves orales et les preuves imparfaites

A. Les preuves émanant des déclarations des parties

1. L'*aveu* est la déclaration par laquelle une partie reconnaît comme vrai un fait qui lui est défavorable.

L'aveu peut être judiciaire ou extrajudiciaire.

L'*aveu judiciaire* est une preuve parfaite qui lie le juge, en droit civil, mais pas en droit pénal.

L'aveu fait foi contre son auteur sans pouvoir être ultérieurement contesté. Il est indivisible, ce qui signifie que les déclarations de la partie, auteur de l'aveu, forment un tout et que, si plusieurs faits sont allégués, l'adversaire ne peut pas se servir uniquement de la partie de l'aveu qui est en sa faveur. L'aveu est en outre irrévocable.

L'*aveu extrajudiciaire* est celui effectué, hors de la présence d'un juge. Il peut s'agir des déclarations d'une partie devant la police ou encore des allégations contenues dans une lettre. Si cette lettre ne peut valoir en tant qu'acte sous seing privé, les mentions qu'elle comporte peuvent être retenues comme aveu extra-judiciaire, donc comme preuve imparfaite. À la différence de l'aveu judiciaire, il ne lie pas le juge.

2. Le *serment* est la déclaration d'une partie, par laquelle elle affirme, solennellement devant le juge, la réalité d'un fait qui lui est favorable. L'admissibilité du serment comme mode de preuve, constitue ainsi une entorse à la règle selon laquelle nul ne peut se procurer une preuve à soi-même. Le serment peut être décisoire ou supplétoire.

Le *serment décisoire* est celui qui est prêté, par une partie, à la demande l'autre. La partie qui demande de prêter serment est celle qui n'a pas de preuves au soutien de ses prétentions. Elle demande alors à son adversaire de reconnaître sous serment que ses contestations sont fondées. Si l'adversaire prête serment, celui qui a déféré le serment perd, puisque cela signifie que celui qui prête serment reconnaît un fait qui lui est favorable et admet que son adversaire à tort. Cependant, celui qui prête serment, s'expose à des poursuites pour faux serment, s'il a menti et si cela est ultérieurement établi. Le défendeur peut cependant ne pas prêter serment mais référer le serment au demandeur. Il appartient alors à celui-ci, s'il n'a pas suffisamment de preuves, pour étayer sa demande, d'affirmer sous serment que ses prétentions sont fondées. Certes, il gagne son procès, mais il s'expose aux peines du faux serment s'il a menti. Il peut aussi ne pas prêter serment, mais référer le serment à celui auquel il l'avait initialement déféré. Dans ce cas, le défendeur peut prêter serment et gagner le procès, ou refuser, s'il ne veut pas s'exposer à des sanctions, en cas de faux serment. S'il refuse, il perd le procès. Le serment décisoire constitue une preuve parfaite et il lie le juge.

Le ***serment supplétoire*** est le serment déféré, à une partie, par le juge. Le juge demande à une partie, de confirmer ou d'infirmer sous serment, un fait allégué qui n'est pas suffisamment prouvé.

Le juge ne peut déférer le serment à une partie, que s'il existe déjà des preuves, mais que celles-ci lui paraissent insuffisantes. En effet, il ne saurait déférer le serment pour suppléer la carence de preuves des parties. Le serment ne peut en outre, être déféré lorsque la preuve parfaite, par écrit est exigée. Le serment supplétoire, à la différence du serment décisoire, n'est pas une preuve parfaite. Il ne lie pas le juge.

B. Les preuves extérieures aux parties

1. Les ***témoignages*** sont les déclarations orales ou écrites, d'une partie qui relate ce qu'elle a vu ou entendu. La preuve par témoignage se distingue de la preuve par commune renommée. Celle-ci, résulte de la déposition de personnes qui n'ont pas assisté aux faits qu'elles relatent.

Les ***présomptions judicaires (anciennement présomptions du fait de l'homme*** sont aussi des preuves imparfaites. Elles reposent sur des déductions du juge. De nombreux écrits, non signés par les parties, sont visés par le Code civil et peuvent être produits en justice. Il s'agit des copies de titres, des livres de commerce tenus par les commerçants, des registres et papiers domestiques conservés par les particuliers, des lettres missives, et des titres ou quittances. Ils valent également comme preuves imparfaites.

2. Des ***mesures d'instruction*** peuvent s'avérer nécessaires, si une partie ne dispose pas d'éléments suffisants, pour prouver ses propres prétentions. Ces mesures d'instruction peuvent être ordonnées par le juge, soit d'office, soit sur demande d'une partie. Cependant, en aucun cas une mesure d'instruction ne peut être ordonnée en vue de suppléer la carence d'une partie, dans la production des preuves. L'opportunité de faire droit à une demande d'expertise ou de l'ordonner, relève du pouvoir souverain des juges du fond.

Tous les rapports ou procès-verbaux, ainsi dressés, vaudront en tant que preuves imparfaites. Il s'agit d'éléments, permettant de présumer l'existence des faits. Le juge n'est jamais lié par ces modes de preuve.

DES ARTICLES À RETENIR*

1353 : article du Code civil posant le principe selon lequel, la charge de la preuve pèse sur le demandeur.

1354 : article du Code civil réglementant les présomptions légales.

1359 : article du Code civil posant le principe de la preuve par écrit, pour les actes juridiques d'une valeur supérieure à 1 500 euros.

1360 : article du Code civil disposant qu'il peut être dérogé au principe de la preuve par écrit, en cas d'impossibilité morale ou matérielle de préconstituer un écrit.

1362 : article du Code civil définissant le commencement de preuve par écrit, permettant de déroger au principe de la preuve par écrit.

DES CHIFFRES À RETENIR

2 CATÉGORIES DE DROITS SUBJECTIFS : les droits patrimoniaux et les droits extra-patrimoniaux.

2 CATÉGORIES DE DROITS PATRIMONIAUX : les droits réels et les droits personnels.

2 SYSTÈMES DE PREUVE : le système des preuves légales et celui des preuves morales.

2 ÉCRITS VALANT PREUVE PARFAITE : les actes authentiques et les actes sous seing privé.

2 CATÉGORIES DE PRÉSOMPTIONS : les présomptions légales et les présomptions judiciaires.

CHAPITRE 4

LES TITULAIRES DES DROITS SUBJECTIFS

Toute personne est reconnue par le droit, qui lui confère la ***personnalité juridique***. La personnalité juridique est l'aptitude à être titulaire de droits et obligations. Depuis l'abolition de l'esclavage et l'interdiction de la mort civile (peine pénale qui pouvait être prononcée jusqu'en 1854), tout individu a nécessairement la personnalité juridique. Elle commence à la naissance et ne s'éteint qu'avec la mort.

La personnalité juridique est conférée, aux ***personnes physiques*** et ***aux personnes morales***.

Entre les personnes physiques, êtres vivants et les personnes morales, entités abstraites mais dotées de la personnalité juridique, quid des animaux êtres vivants ?

Caligula voulait nommer son cheval Consul ! ! !

Au Moyen Âge, les animaux comme les personnes pouvaient être jugés et avaient droit à un avocat. Certains furent condamnés à mort, d'autre emprisonnés. Aujourd'hui, ils sont relégués parmi les biens.

Entre les personnes et les choses, aucune catégorie intermédiaire n'est donc reconnue par le droit, qui se complaît dans une perpétuelle dualité, pourtant souvent battue en brèche. Ainsi, dans des domaines les plus variés, on distingue, les droits réels et les droits personnels, avec une nouvelle catégorie de droits dits mixtes. En droit des preuves, on parle de présomptions légales simples et de présomptions légales irréfragables, avec des présomptions dites mixtes. Toujours en droit des preuves, on oppose le système des preuves légales au système des preuves morales, mais le droit fait souvent un panachage des deux.

C'est ainsi, qu'entre les objets et les titulaires de droits subjectifs, il n'y a dans l'immédiat, pas d'autre catégorie, même si l'évolution, vers une catégorie intermédiaire est incontestable et correspond à une nécessité.

L'opposition entre les personnes et les choses tient à ce que, les premières sont dotées de la personnalité juridique, les secondes n'ont pas la personnalité juridique et sont aux mains de l'homme, elles sont commercialisables. ***Les animaux*** entrent donc dans cette dernière catégorie impersonnelle des ***biens*** et ils sont soumis au même régime juridique, même si cela peut actuellement, apparaître inapproprié et choquant.

La première loi destinée en France à protéger le monde animal en France date 1791. Cette loi réprimait en tant que crimes, l'empoisonnement par malice, vengeance, dessein de nuire, des animaux, et la peine encourue pouvait aller jusqu'à six années de fers. De nombreuses lois suivront. Il y aura, la loi Grammont de 1850, célèbre quant à la protection de l'animal, puis la loi du 10 juillet 1976 définissant pour la première fois l'animal, comme un être sensible, et la loi du 6 janvier 1999 rendant obligatoire le tatouage et précisant le statut de l'animal.

Une déclaration universelle des droits de l'animal a même été adoptée, par la Ligue internationale des droits de l'animal, lors de la troisième réunion internationale sur les droits de l'animal, tenue à Londres du 21 au 23 septembre 1977. Cette déclaration, proclamée le 15 octobre 1978 énonce dans son préambule « *considérant que tout animal possède des droits. Considérant que la méconnaissance et le mépris de ces droits ont conduit et continuent de conduire l'homme à commettre des crimes envers la nature et envers les animaux. Considérant que la reconnaissance par l'espèce humaine du droit à l'existence des autres espèces animales constitue le fondement de la coexistence des espèces dans le monde. Considérant que des génocides sont perpétrés par l'homme et menacent d'être perpétrés. Considérant que le respect des animaux par l'homme est lié au respect des hommes entre eux. Considérant que l'éducation doit apprendre dès l'enfance à observer, comprendre, respecter et aimer les animaux.*

Il est proclamé ce qui suit :

Article premier : Tous les animaux naissent égaux devant la vie et ont les mêmes droits à l'existence.

Article 2 : Tout animal a droit au respect. L'homme, en tant qu'espèce animale, ne peut exterminer les autres animaux ou les exploiter en violant ce droit ; il a le devoir de mettre ses connaissances au service des animaux. Tout animal a droit à l'attention, aux soins et à la protection de l'homme. »

Belle déclaration, malheureusement dépourvue d'effet juridique !

Le préambule de la Convention européenne pour la protection des animaux de compagnie, du 13 novembre 1987, dispose que le but du Conseil de l'Europe est de réaliser une union plus étroite entre ses membres, que l'homme a une obligation morale de respecter toutes les créatures vivantes et qu'il faut garder à l'esprit, les liens particuliers existant entre l'homme et les animaux de compagnie. Ce préambule témoigne de l'orientation des lois concernant les animaux. Il met en avant, l'importance des animaux de compagnie, en raison de leur contribution à la qualité de la vie et, partant, leur valeur pour la société ; les difficultés découlant de la grande variété des animaux qui sont détenus par l'homme ; les risques inhérents à la surpopulation animale pour l'hygiène, la santé et la sécurité de l'homme et des autres animaux ; le fait que la détention de spécimens de la faune sauvage, en tant qu'animaux de compagnie, ne devrait pas être encouragée ; le fait que les attitudes à l'égard des animaux de compagnie varient considérablement, en raison parfois d'un manque de connaissances ou de conscience et enfin, le fait qu'une attitude et une pratique fondamentales communes aboutissant à une conduite responsable des propriétaires d'animaux de compagnie sont non seulement un objectif désirable mais aussi réaliste.

Lors du Grenelle des animaux qui s'est déroulé du 14 mars à la fin juin 2008, une réflexion sur la protection animale avait été engagée, et trois groupes de travail avaient été formés.

Un premier groupe, présidé par Jean-Louis Étienne, avait pour mission de traiter des régimes juridiques de l'animal, donc de toutes les questions juridiques et scientifiques concernant le respect de l'animal et sa protection contre la maltraitance.

Un deuxième groupe, présidé par Jacques Pradel, devait s'intéresser au rôle et de la place de l'animal en ville et donc s'occuper plus spécialement des animaux de compagnie.

Un troisième groupe, présidé par un député, Jérôme Bignon, devait se pencher sur le sort des animaux élevés pour être consommés et des animaux de spectacle.

Ces réunions ont conduit à l'élaboration d'une charte nationale portant sur l'éthique de l'expérimentation animale et incontestablement renforcé la protection des animaux.

POUR EN SAVOIR PLUS

- Xavier BIOY, *La personnalité juridique* ; coll. « Les travaux de l'IFR », IFR, 2013, 336 pages.
- http://www.vie-publique.fr: sur ce site dans la rubrique actualités, la révision des lois de bioéthique.

LISTE DES FICHES

16. L'existence des personnes physiques
17. Les incertitudes sur l'existence d'une personne
18. La diversité des personnes morales
19. La reconnaissance des personnes morales
20. Les animaux

Fiche 16

L'existence des personnes physiques

A. La naissance

1. Elle marque le début de l'existence de la personne et celui de la reconnaissance de la personnalité juridique. Dès la naissance, l'enfant est une personne. Il est doté de la personnalité juridique qu'il conservera pendant toute sa vie.

La naissance n'est cependant pas une condition suffisante pour que l'enfant acquière la personnalité juridique. Il doit être né vivant et viable.

2. Toutefois, dans certains cas, ***la personnalité juridique*** peut commencer à produire des effets ***avant la naissance***, ce en application d'une maxime célèbre ***Infans conceptus pro nato habetur quoties de commodo ejus agitur***. Cette maxime signifie que l'enfant conçu est considéré comme né, chaque fois que tel est son intérêt. Il en va ainsi, lorsque par exemple, le père d'un l'enfant décède avant la naissance de celui-ci. Lorsque l'enfant naît, il hérite de son père, tout comme s'il était déjà né au moment du décès. La personnalité juridique ainsi reconnue à l'enfant, simplement conçu, n'est cependant pas totale. Elle se limite à l'acquisition de certains droits.

En outre, avant même la naissance l'enfant, l'embryon bénéficie d'une certaine reconnaissance et partant d'une certaine protection. Ainsi, la loi réglemente l'existence des embryons conçus in vitro, en limitant leur utilisation à des fins de procréation et interdisant leur utilisation à des fins d'expérimentation.

Cette reconnaissance est cependant restreinte, puisque d'une part, la loi du 17 janvier 1975 a autorisé l'avortement, ce qui constitue incontestablement une atteinte à l'embryon. D'autre part, les droits de l'embryon ont été limités par la loi et la jurisprudence.

Les droits de l'embryon sont limités, en premier lieu au regard du droit pénal, puisque l'homicide involontaire n'est pas retenu, en cas d'atteinte à la vie d'un enfant à naître. La question a été soulevée à de nombreuses reprises et après des tentatives de certaines juridictions du fond, pour condamner pénalement, le responsable d'un accident, qu'il s'agisse d'un médecin, ayant commis une faute lors d'une intervention ou d'un automobiliste qui avait occasionné un accident à une femme enceinte, la Cour de cassation, réunie en assemblé plénière, par arrêt en date du 29 juin 2001, a définitivement mis un arrêt à cette jurisprudence, en relevant que « le principe de la légalité des délits et des peines, qui impose une interprétation stricte de la loi pénale, s'oppose à ce que l'incrimination prévue par l'article 221-6 du code pénal réprimant l'homicide involontaire d'autrui, soit étendu au cas de l'enfant à naître ».

Les droits de l'embryon sont limités, en second lieu, par les dispositions de la loi du 4 mars 2002 relative aux droits des malades et à la qualité du système de santé, aux termes de laquelle « nul ne peut se prévaloir d'un préjudice du seul fait de sa naissance ». Cette loi a opposé un démenti flagrant à la jurisprudence Perruche. L'assemblée plénière de la Cour de cassation, le 17 novembre 2000 avait admis le droit à réparation, d'un enfant né gravement handicapé. Cet arrêt qui avait été interprété, comme consacrant un droit de ne pas naître, dès lors qu'était admis le droit à indemnisation d'un enfant du fait de sa naissance, devait susciter de vives réactions qui ont justifié les dispositions la loi du 4 mars 2002. L'enfant ne peut dorénavant se prévaloir d'un préjudice, subi alors qu'il n'était pas né, et avoir ainsi dès ce moment, la personnalité juridique lui ouvrant des droits particuliers. Il ne peut pas plus, après sa naissance, invoquer un préjudice du fait de celle-ci et donc revendiquer un droit de ne pas naître.

B. La mort

1. ***La mort*** ne peut être que la ***mort physique***, puisque notre droit a définitivement écarté la mort civile qui frappait, le clergé sous l'Ancien Régime, les condamnés à mort et les esclaves.

En cas de mort civile, l'individu était déchu de tous ses droits civils et politiques et il était dépossédé de ses biens qui étaient répartis, en fonction des règles du droit successoral.

Seule la mort physique peut dorénavant mettre fin à la personnalité juridique.

La mort est constatée dans l'acte de décès dressé par l'officier de l'état civil de la commune où le décès est intervenu et ce, sur déclaration d'un parent du défunt ou sur celle d'une personne possédant les renseignements nécessaires pour effectuer cette déclaration et notamment connaissant l'état civil du défunt.

La date du décès et l'heure du décès sont précisées par le certificat médical délivré pour autoriser la fermeture du cercueil.

La date et l'heure peuvent cependant donner lieu à des contestations et dans ce cas, une expertise ou une autopsie pourront être nécessaires pour les déterminer avec précision. L'intérêt est essentiellement d'ordre successoral.

2. Si la personnalité cesse avec le décès, toute atteinte à l'intégrité du cadavre constitue une infraction pénale et une faute civile. Le cadavre est donc juridiquement protégé, afin qu'il ne soit pas porté atteinte à la dignité du défunt, ni à sa vie privée. C'est ainsi qu'est protégé le droit à l'image d'une personne décédée, s'il constitue une atteinte à sa vie privée et à celle de sa famille.

Fiche 17

Les incertitudes sur l'existence d'une personne

A. La situation juridique du non-présent

1. ***L'absent*** est celui dont on ignore les circonstances de la disparition. L'absence se manifeste par la non-présence physique, par l'absence de nouvelles et l'impossibilité de localiser une personne. Rien ne laisse supposer *a priori* la mort de cette personne. L'absence doit être distinguée de situations de non-présence volontaire, comme par exemple, le refus de donner des nouvelles, le refus de se présenter à une convocation pour satisfaire à des obligations. La personne qui décide de refaire sa vie, loin des siens, n'est pas non plus absente au sens juridique du terme, même si sa non-présence peut susciter des problèmes.

La personne retenue contre son gré ne pouvant donc manifester sa volonté n'est pas non plus déclarée absente. Il s'agit par exemple des personnes retenues en tant qu'otages et ce même si le lieu de leur détention est inconnu.

L'absent est donc celui qui sans raison, cesse d'apparaître à son domicile ou à son lieu de résidence habituel et dont les proches ignorent ce qu'il est devenu.

Lorsqu'une personne cesse de paraître à son domicile et qu'elle n'est plus localisable ses proches ou le ministère public peuvent saisir le juge des tutelles qui rendra une décision constatant simplement l'absence. ***L'absent sera présumé être toujours en vie***. Il en sera ainsi, jusqu'au ***jugement de déclaration d'absence***. L'absent quant à lui, ne sera ***présumé mort que 10 ans après le jugement constatant l'absence ou 20 ans après le jour où il a cessé de paraître***, s'il n'y a pas eu de jugement constatant l'absence. À l'expiration de l'un ou l'autre de ces délais, les proches de l'absent ou le ministère public devront saisir le tribunal de grande instance qui rendra un jugement déclaratif d'absence et l'absent sera présumé mort comme le disparu.

2. Par contre, ***la disparition*** au sens juridique du terme se caractérise, par le fait qu'une personne a disparu, dans des circonstances de nature à mettre sa vie en péril, par exemple un naufrage en mer, un séisme, un accident d'avion. Le décès ne peut cependant pas être médicalement constaté puisque le corps n'est pas retrouvé.

Le disparu est présumé mort, dès que sa disparition est constatée et ce, bien que le décès ne puisse pas être médicalement établi. Les proches de la personne disparue ou le ministère public peuvent alors saisir le tribunal de grande instance qui prononcera un jugement déclaratif de décès.

B. Les conséquences de la non-présence

1. En cas d'absence, tant que le décès n'est pas constaté, ***la personnalité juridique de l'absent se poursuit***. Cependant, il n'effectue plus aucun acte juridique, il ne gère plus ses biens s'il est propriétaire, il ne satisfait plus à ses obligations familiales, s'il est marié ou s'il a des enfants. Enfin, il n'est plus en mesure de faire valoir ses droits. Il faut donc protéger les intérêts de l'absent et des tiers, notamment de ses proches. Le juge des tutelles qui constatera l'absence va organiser un régime de représentation et désigner une ou plusieurs personnes chargées d'administrer le patrimoine de l'absent.

Dès le jugement déclaratif de décès, pour le disparu et dès le jugement déclaratif d'absence pour l'absent, le décès étant présumé, la personnalité juridique du disparu ou de l'absent s'éteint et tous les effets normaux du décès s'appliquent. La succession est ouverte et les biens de la personne concernée vont à ses héritiers. Si l'absent ou le disparu était marié, son conjoint devenant veuf ou veuve peut contracter une nouvelle union.

Dans le cas d'une disparition, seule la transcription du jugement déclaratif de décès en marge de l'acte de naissance de la personne concernée est obligatoire.

Pour l'absent, les mesures de publicité sont plus larges. Lorsque 10 ans se sont écoulés, le jugement constant l'absence ou 20 ans après l'absence, s'il n'y a pas eu de jugement, le tribunal de grande instance peut être saisi pour rendre un jugement constatant l'absence. Cette requête doit faire l'objet d'une publicité, dans deux journaux différents du département ou du pays du domicile de l'absent. Le jugement déclaratif d'absence ne pourra alors être rendu, moins d'un an après que cette publicité ait été effectuée. Le jugement lui-même, devra être transcrit en marge des actes d'état civil de l'absent.

2. ***Si l'absent ou le disparu revient***, il faudra opérer une modification sur ses actes d'état civil. Il retrouvera alors la personnalité juridique qu'il n'aurait jamais dû perdre. Cependant, son retour ne peut anéantir rétroactivement toutes les conséquences de la disparition ou de l'absence. Par exemple, si son conjoint s'est remarié, le disparu ou l'absent qui réapparaît ne pourra se prévaloir de son mariage initial, lequel demeure dissout par l'effet du jugement déclaratif de décès, rendu par le tribunal de grande instance. S'agissant de ses biens, il ne pourra récupérer que ceux subsistant au jour de son retour, mais ne pourra prétendre recouvrer l'intégralité de son patrimoine dans l'état où il se trouvait au jour de son absence ou de sa disparition.

Fiche 18

La diversité des personnes morales

A. Les différentes personnes morales de droit public et de droit privé

1. Les personnes morales de droit public sont, outre l'État, les différentes collectivités publiques et les établissements publics.

2. Parmi les ***personnes morales de droit privé***, on distingue les groupements de biens ou de personnes.

Les groupements de biens les plus caractéristiques sont les ***fondations***. Réglementées par la loi du 23 juillet 1987, elles résultent de l'affectation de biens par testament ou par donation, à la réalisation d'une œuvre d'intérêt général et non lucrative.

Les ***groupements de personnes*** peuvent être à but lucratif ou non.

Les groupements sans but lucratif comprennent les associations, les congrégations religieuses et les syndicats.

Les associations, régies par la loi du 1er juillet 1901, sont des groupements dont les membres mettent en commun, d'une façon permanente, leurs connaissances ou leurs activités dans un but autre que le partage des bénéfices.

Les congrégations sont des groupements religieux de personnes, qui tout comme les associations ont été créées par la loi du 1er juillet 1901. Leur reconnaissance est soumise à un décret pris après avis du conseil d'État.

Les syndicats professionnels, réglementés par la loi Waldeck-Rousseau du 21 mars 1884, sont des groupements de personnes exerçant la même profession, des métiers similaires ou connexes, et ayant exclusivement pour objet, la défense des intérêts matériels et moraux, collectifs et individuels de la profession qu'ils représentent.

Les groupements à but lucratif comprennent les groupements d'intérêt économique et les sociétés.

Les groupements d'intérêt et économique (GIE) ont été créés par une ordonnance du 23 septembre 1967. Leur objet peut être civil ou commercial. Ils ont pour but la mise en commun de moyens propres à l'activité de leurs membres. Ils ont la particularité d'être des groupements à but lucratif, comme les sociétés, mais désintéressé comme les associations.

Les GIE jouissent la personnalité morale, à compter de leur immatriculation au registre du commerce.

Les sociétés peuvent être commerciales ou civiles selon leur objet. Les premières sont très diversifiées.

B. Les sociétés commerciales

1. ***Certaines sociétés commerciales*** sont des sociétés ***de capitaux***. Il s'agit des ***sociétés par actions simplifiées*** (SAS) qui comprennent au minimum, deux associés ou des ***sociétés par actions simplifiées unipersonnelles*** dans lesquelles il y a un seul associé (SASU). La responsabilité des associés est limitée au montant de leur apport. Font également partie de cette catégorie, les ***sociétés anonymes*** (SA) qui concernent en principe, des groupements ayant beaucoup de moyens financiers. Elles comprennent au moins sept associés et le capital social minimum est de 37 000 euros. Les associés ne sont responsables des dettes qu'à concurrence de leurs apports. Les sociétés anonymes peuvent être gérées par un président-directeur général et un conseil d'administration ou par un directoire et un conseil de surveillance.

Une ***société européenne*** créée par un décret du 14 avril 2006 fonctionne sur des règles similaires à celles des sociétés anonymes. Le capital social minimum est de 120 000 euros

On trouve aussi dans cette catégorie, les ***sociétés en commandite par actions*** (SCA) qui doivent comporter au moins quatre associés : un commandité et trois commanditaires et un capital social minimum de 37 000 euros est exigé. Les commandités ont la qualité de commerçant. Ils répondent indéfiniment et solidairement, des dettes sociales, sur tous leurs biens. Leur statut est celui des associés en nom. Les commanditaires ne sont responsables, que dans la limite de leurs apports.

2. D'autres sociétés sont des ***sociétés de personnes***. Cela signifie que la qualité des personnes qui les composent est un élément essentiel lors de leur constitution. Ce sont les sociétés en nom collectif et les sociétés en commandite simple. Les ***sociétés en nom collectif*** (SNC) comportent au moins deux associés. Il n'y a pas besoin d'un capital social minimum pour les constituer. Tous les associés sont commerçants. Ils sont tenus indéfiniment et solidairement des dettes. ***Les sociétés en commandite simple*** (SCS) sont constituées d'au moins deux associés, un commandité et un commanditaire. Il n'y a pas de capital social minimum. Les commandités sont indéfiniment et solidairement responsable des dettes sociales. Ils sont commerçants. La responsabilité des commanditaires est limitée à leurs apports.

Enfin, certaines ***sociétés sont mixtes***, c'est-à-dire, à la fois des sociétés de capitaux et de personnes. Il s'agit des sociétés à responsabilité limitée (SARL) et des entreprises unipersonnelles à responsabilité limitée (EURL).

Les ***sociétés à responsabilité limitée*** comprennent deux à cent associés. Au-delà de cent associés, elles doivent être transformées en société anonyme. Aucun capital social minimum n'est exigé : pour leur constitution. Elles sont gérées par un ou plusieurs gérants, personnes physiques, associés ou non. Les associés ne sont pas tenus au passif social que dans la limite du montant de leurs apports.

Les ***entreprises unipersonnelles à responsabilité limitée*** sont des SARL composées d'un associé. Aucun capital social minimum n'est exigé.

Fiche 19

La reconnaissance des personnes morales

A. La reconnaissance de leur existence

1. Selon la théorie de la fiction, défendue par PLANIOL, les personnes morales résulteraient d'une construction artificielle de la loi, donc d'une fiction, dans la mesure où, seules des personnes physiques pourraient se voir conférer la personnalité juridique.

Selon la théorie de la réalité, loin de correspondre à une fiction, émanant de la volonté du législateur, les personnes morales existent, indépendamment de toute volonté législative et correspondent à une réalité sociale. La théorie de la réalité a été adoptée par la jurisprudence dans un arrêt de principe du 28 janvier 1954 (comité d'établissement de Saint Chamond) qui a retenu que « la personnalité civile n'est pas une création de la loi ; … elle appartient, en principe, à tout groupement pourvu d'une possibilité d'expression collective pour la défense d'intérêts licites, dignes, par suite, d'être juridiquement reconnus et protégés… si le législateur a le pouvoir, dans un but de haute police, de priver de la personnalité civile telle catégorie déterminée de groupements, il en reconnaît, au contraire, implicitement mais nécessairement, l'existence en faveur d'organismes créés par la loi elle-même avec mission de gérer certains intérêts collectifs présentant ainsi le caractère de droits susceptibles d'être déduits en justice ».

2. La reconnaissance de la personnalité morale aux groupements a généré un problème important concernant la recevabilité de leur action en justice.

Sociétés, syndicats et associations peuvent toujours agir en justice pour défendre leurs intérêts personnels, patrimoniaux et moraux. Ils sont notamment recevables à agir, contre un de leurs débiteurs, pour recouvrer les sommes qui leur sont dues. Il a été cependant plus difficile d'admettre que les syndicats et les associations puissent agir en justice pour défendre un intérêt général, correspondant non seulement à l'intérêt de leurs membres, mais aussi à l'intérêt plus général des non-adhérents. Une loi de 1912, a reconnu aux syndicats le droit d'agir en justice pour défendre l'intérêt collectif de la profession qu'ils représentent. Une telle loi n'existe cependant pas pour les associations. Une difficulté est donc apparue, lorsque des associations voulurent défendre un intérêt général, correspondant, certes à l'intérêt individuel de leurs membres, mais aussi à l'intérêt de tiers. Ainsi, en 1954, une association de résistants et déportés a été déclarée, irrecevable à agir en justice, contre un individu accusé d'apologie de crimes de guerre, au motif que l'association n'avait pas été personnellement injuriée. La jurisprudence a fini par admettre que les associations puissent agir en justice pour défendre les intérêts individuels de leurs membres, lorsqu'elles se sont constituées entre des personnes privées ayant un intérêt commun à préserver, comme, les associations de défense des habitants d'un quartier. D'autres associations sont déclarées recevables à agir en justice, pour la défense des intérêts collectifs qu'elles représentent, lorsqu'elles ont reçu une habilitation législative. Il en va ainsi par exemple, des associations de défense des consommateurs ou des associations de lutte contre le racisme. Enfin, une loi du 17 mars 2014 a consacré l'action de groupe, action ouverte au profit des associations de défense des consommateurs représentatives au niveau national et agréées. Ces dernière peuvent désormais agir, devant les juridictions civiles, pour obtenir la réparation des préjudices matériels subis par des consommateurs placés dans une situation similaire ou identique et ayant pour cause commune un manquement d'un ou des mêmes professionnels, à leurs obligations légales ou contractuelles

B. Les éléments d'identification

1. Résultant de la volonté individuelle des personnes décidant de les constituer, les groupements se voient reconnaître la personnalité morale, le plus souvent après s'être soumis à des formalités de publicité. Ainsi, les associations doivent être déclarées auprès des préfectures, les syndicats auprès des mairies et les sociétés auprès du tribunal de commerce. À défaut, les unes et les autres ne sauraient se voir reconnaître la personnalité morale.

2. Tout comme les personnes physiques, les personnes morales ont un nom, un domicile une nationalité et un patrimoine. La date de création de la personne morale est sans importance. Il n'est jamais nécessaire de calculer son âge. La durée de vie des personnes morales, en dehors des cas de dissolution volontaire ou judiciaire est variable. Celle des sociétés est limitée à 99 ans. Elle est indéterminée pour les associations. La nationalité dépend de leur siège social et non de la nationalité de leurs dirigeants ou de leur lieu effectif d'activité. Elles ont un patrimoine qui peut être plus ou moins étendu, selon leur nature. Ce patrimoine est indépendant de celui de leurs membres et il ne saurait avoir confusion.

Enfin, tout comme les personnes physiques, les personnes morales ont nécessairement un domicile. Cependant, le principe de l'unité du domicile ne leur est pas applicable. Le domicile des personnes morales est en principe, celui figurant dans leurs statuts, comme étant leur siège social. Mais, la jurisprudence a dégagé la notion de « gares principales » pour désigner les établissements secondaires des personnes morales. Ces établissements secondaires peuvent être choisis comme étant aussi leur domicile, par exemple, pour les besoins d'une procédure judiciaire.

Fiche 20
Les animaux

A. L'animal : un bien

1. Les animaux sont assimilés aux meubles, car ils peuvent se déplacer ou être déplacés, par la main de l'homme. Ils deviennent cependant, des immeubles par destination, lorsqu'ils sont affectés au service ou l'exploitation d'un fond.

L'article 524 du Code civil précise même, que sont immeubles par destination, quand ils ont été placés par le propriétaire pour le service et l'exploitation du fonds.

L'ancien article 524 du Code civil visait dans cette catégorie :

- les animaux attachés à la culture ;
- les pigeons des colombiers ;
- les lapins des garennes ;
- les ruches à miel ;
- les poissons des eaux.

Cette liste a cependant été supprimée par la loi du 16 février 2015

La qualification de bien meuble ou immeuble donnée aux animaux n'est pas dénuée d'intérêt, dans la mesure où, le régime juridique des biens, découle de la qualification de biens meubles ou immeubles (voir fiche 66).

Ainsi, les modalités de transfert de propriété ne sont pas les mêmes pour les meubles et pour les immeubles. Les garanties qui peuvent résulter de la propriété d'un meuble ou d'un immeuble sont aussi différentes. Par exemple, les meubles peuvent être donnés gage, alors que la garantie sur un immeuble ne peut être qu'une hypothèque.

2. Indépendamment de sa qualification juridique de bien, l'animal, au sein de cette catégorie fait l'objet d'une réglementation spécifique, contenue dans des textes épars, codifiés ou non et largement insuffisants.

C'est ainsi que l'on trouve dans le code rural, des dispositions relatives aux animaux domestiques, alors que les animaux sauvages sont essentiellement pris en considération dans le code l'environnement.

Le Code civil s'intéresse à leur statut de bien meuble ou immeuble et réglemente la responsabilité de leur gardien, s'ils causent un préjudice à un tiers. La responsabilité du fait des animaux est un régime de responsabilité, calqué sur la responsabilité du fait des choses. En droit civil, la jurisprudence a également statué sur le sort des animaux, notamment, en cas de séparation d'un couple, propriétaire d'un animal. Cependant, après avoir statué sur la garde des animaux de compagnie et sur l'exercice du droit de visite et d'hébergement, de celui qui n'en a pas la garde, les juges préfèrent les laisser dans la catégorie des biens meubles, objets du partage et refusent de statuer en relevant, qu'ils n'ont pas à réglementer, s'agissant d'un chien (ou de tout autre animal), des droits de visite et d'hébergement, imaginés par une référence abusive à la législation sur l'enfance.

La loi s'est aussi intéressée aux animaux, pour protéger l'homme contre les animaux et assurer une bonne cohabitation, en réglementant les animaux dangereux.

Enfin, de nombreuses lois ou conventions européennes, sur la protection animale, réglementent le transport des animaux, les expérimentations, les conditions d'abattage, les espèces protégées, la chasse, la pêche, etc.

B. L'animal : un être vivant

1. L'article L 214-1 du code rural a été le premier, a qualifier l'animal domestique, d'être vivant et sensible. Il en résulte, qu'une législation particulière, devrait lui être réservée et que, la référence aux droits des biens ne s'avère plus satisfaisante.

Le 5 novembre 2013 une proposition de loi a été déposée à l'assemblée nationale pour qu'un statut spécifique de l'animal soit établi. Aucune suite ne semble pour le moment devoir y être donnée. Néanmoins, une loi du 16 février 2015 a ajouté dans le Code civil, l'article 515-14 disposant « Les animaux sont des êtres vivants doués de sensibilité. Sous réserve des lois qui les protègent, les animaux sont soumis au régime des biens corporels ».

2. Le droit pénal assure depuis longtemps, une protection de l'animal, dépassant celle accordée à de simples biens, en prenant en compte, le fait que l'animal est un être vivant.

C'est ainsi, que sont pénalement sanctionnés de 2 ans d'emprisonnement et de 30 000 euros d'amende, tous les actes de cruauté, envers un animal domestique ou apprivoisé, ou tenu en captivité.

Une loi, du 9 mars 2004, a renforcé cette protection, en sanctionnant des mêmes peines, les sévices de nature sexuelle, commis envers les animaux.

Des pratiques, considérées par certains, comme des actes de cruauté, défendues par d'autres comme correspondant à des traditions locales, sont en outre très restrictivement admises. Par contre, ne tombent pas sous le coup de la loi pénale, les corridas, courses de taureaux ou combats de coqs, lorsqu'une tradition locale, ininterrompue peut être invoquée.

Outre les actes de cruauté envers les animaux, la loi pénale sanctionne également l'abandon d'un animal domestique, apprivoisé ou tenu en captivité, le fait de pratiquer des expériences ou recherches scientifiques ou expérimentales sur les animaux sans se conformer aux prescriptions fixées par décret, le fait, sans nécessité, publiquement ou non, d'exercer volontairement des mauvais traitements, envers un animal domestique, apprivoisé ou tenu en captivité et le fait, sans nécessité, publiquement ou non, de donner volontairement la mort à un animal domestique ou apprivoisé.

La loi pénale prévoit enfin que constitue un acte de terrorisme, le fait d'introduire dans l'atmosphère, sur le sol, dans le sous-sol, dans les aliments ou les composants alimentaires ou dans les eaux, une substance de nature à mettre en péril la santé de l'homme, des animaux ou le milieu naturel.

L'animal n'est donc pas, pour le législateur pénal, un simple bien et la réglementation le concernant est distincte des atteintes aux biens.

DES CHIFFRES À RETENIR

3 JOURS : délai pour déclarer un accouchement.

10 ANS : délai à partir du jugement constatant l'absence, permettant de présumer la mort de l'absent.

20 ANS : délai à partir duquel l'absent sera présumé mort, s'il n'y a pas eu de jugement constatant l'absence.

515-14 : article du Code civil qui précise que les animaux sont des êtres vivants doués de sensibilité, mais que sous réserve des lois qui les protègent, ils restent soumis au régime des biens corporels.

L 214-1 : article du code rural qui a le premier qualifié l'animal domestique, d'être vivant et sensible.

DES DATES À RETENIR

21 MARS 1884 : loi Waldeck-Rousseau réglementant, les syndicats professionnels.

1ER JUILLET 1901 : loi réglementant les associations.

29 JUIN 2001 : date de l'arrêt de l'assemblé plénière de la Cour de cassation refusant d'étendre l'infraction d'homicide involontaire, au cas de décès de l'enfant à naître.

4 MARS 2002 : loi relative aux droits des malades et à la qualité du système de santé.

9 MARS 2004 : loi renforçant la protection des animaux en sanctionnant les sévices de nature sexuelle dont ils sont victimes.

CHAPITRE 5
L'IDENTIFICATION DES TITULAIRES DE DROITS SUBJECTIFS

L'état civil d'une personne englobe l'ensemble des éléments que la loi prend en considération, pour y attacher des effets juridiques. L'état est en principe, immuable et indisponible. Il est constaté dans différents actes.

L'état civil fait l'objet d'un contentieux particulier. Les actions dites d'état, sont les actions qui ont pour but de faire reconnaître ou de contester un état. La plupart des actions d'état tendent à faire reconnaître, l'existence d'un élément d'état civil antérieur. Le jugement rendu sur ces actions, dès lors qu'il déclare un état civil préexistant, est dit déclaratif. C'est le cas des actions en réclamation d'état, comme les actions en recherche de maternité ou de paternité. C'est le cas également, des actions en contestation d'état qui ont pour objet de contester l'état que l'on a, comme par exemple, l'action en contestation d'une reconnaissance d'enfant.

Des actions en rectification peuvent aussi être exercées. L'officier d'état civil est pénalement et civilement responsable, des irrégularités commises, dans la tenue des actes d'état civil.

En cas d'erreur, les actes état civil ne peuvent en principe, être rectifiés, qu'à la suite d'une procédure. S'ils sont entachés d'une ***simple erreur matérielle***, la rectification est cependant très simple et relève d'une formalité administrative. Elle doit être autorisée par le procureur de la République.

S'il ne s'agit pas d'une erreur purement matérielle, la rectification intervient aux termes d'une procédure judiciaire ou d'une procédure administrative.

Les conditions de modification sont limitativement prévues, ce en vertu du principe de l'immutabilité de l'état civil.

La ***procédure de changement de nom*** est prévue par l'article 61 du Code civil selon lequel, le changement de nom est possible, si celui qui le réclame justifie d'un intérêt légitime. La demande de changement de nom peut être formée par une personne qui souhaite franciser son nom ou tout simplement se débarrasser d'un nom ridicule. Le changement de nom nécessite une procédure administrative formée devant le garde des Sceaux. Il est autorisé par décret. La demande peut aussi être une ***demande de relèvement de nom*** qui a pour objet d'éviter l'extinction du nom porté par un ascendant ou un collatéral du demandeur, jusqu'au quatrième degré. Dans ce cas, la ***procédure est judiciaire***, tout comme lorsque le changement de nom est consécutif à un changement du lien de filiation d'un enfant.

Les prénoms, comme les noms, sont en principe immuables. Personne ne peut solliciter un changement de prénom pour des raisons de convenance personnelles, c'est-à-dire uniquement parce que son prénom ne lui agrée pas. Seule, l'existence d'un intérêt légitime peut justifier un ***changement de prénom***. La procédure de changement de prénom est généralement couronnée de succès, lorsque le prénom que l'on veut modifier est un prénom ridicule ou, lorsque la personne, dans un but de meilleure intégration, souhaite franciser son prénom. Enfin, les transsexuels peuvent aussi obtenir un changement de leur prénom et leur sexe sur l'état civil, ce aux fins d'une féminisation ou masculinisation.

Depuis la loi du 18 novembre 2016, la demande en changement de prénom a été déjudiciarisée. Elle doit être formée, auprès de l'officier de l'état civil du lieu de résidence ou du lieu où l'acte de naissance a été dressé. Elle nécessite le consentement de l'enfant, si celui-ci est âgé de plus de 13 ans.

Enfin, les demandes de changement de sexe et, par voie de conséquence, de prénom doivent être portées devant le tribunal de grande instance. Les dangers des modifications de l'état civil sont parfaitement illustrés par le problème du transsexualisme.

Une des premières questions découlant de cette situation, concernait la date à partir de laquelle ***la rectification de l'acte d'état civil*** devait prendre effet. Il s'agissait ainsi de savoir, si la rectification devait être rétroactive, ou si elle ne valait qu'à compter de la décision autorisant le changement d'état civil. Il est cependant maintenant admis que, le jugement étant un jugement constitutif d'état, la rectification ne vaut que pour l'avenir.

Un autre problème devait rapidement apparaître, il s'agissait du ***sort réservé au mariage d'un transsexuel***. En effet, le droit prohibait pendant longtemps le mariage entre deux personnes de même sexe. Or, suite à l'opération et aux rectifications d'état civil d'un transsexuel, deux personnes de sexes identiques se trouvaient engagées dans les liens du mariage. Le mariage ne pouvait être déclaré nul, car les causes de nullité doivent exister, au jour de la conclusion de l'acte, dont la nullité est réclamée. Certaines juridictions avaient alors fait droit à des demandes en divorce pour faute, formées par l'autre conjoint. Cette solution présentait l'inconvénient de considérer le transsexualisme comme une faute, cause de divorce alors qu'il est médicalement et juridiquement légal, et qu'il justifie une demande de changement d'état civil. La reconnaissance du mariage homosexuel, par la loi du 17 mai 2013, a cependant mis fin à cette problématique.

Le mariage de l'intéressé suscite toujours, aussi la controverse, notamment sur le fait de savoir si la non-information du conjoint, du transsexualisme de son époux, peut être une cause de nullité du mariage.

Enfin, ***le changement d'état civil du transsexuel concerne incontestablement les enfants de ce dernier***. Le lien de filiation paternel ou maternel ne peut cependant pas être remis en cause par ce changement d'état civil. L'enfant aura toujours pour père, M. X devenu Mme Y. Cependant, il convient de se demander, si le transsexuel peut avoir recours à la procréation médicalement assistée (PMA) ou à l'adoption et quelle sera alors, la nature de son lien filiation avec les enfants, surtout s'il a déjà des enfants d'une première union.

L'état civil doit être protégé et les possibilités de sa modification très strictement encadrées, car il permet l'identification des personnes. Il relève à la naissance, pour les noms et prénoms, du choix des parents. Ainsi, même si une mère accouche sous X, et que donc elle désire garder l'anonymat, elle peut néanmoins choisir le nom et les prénoms de cet enfant. L'article 57 al. 2 du Code civil prévoit à cet égard, qu'elle peut choisir les trois prénoms qu'elle souhaite lui donner. À défaut de choix par la mère, l'officier de l'état civil choisira les trois prénoms de l'enfant. Le dernier prénom tient alors lieu de nom de famille. Le respect de cet ordre de priorité est indispensable, afin de permettre à une mère qui le souhaiterait, de reconnaître son enfant grâce au nom et aux prénoms, qu'elle a elle-même choisis et qui figurent sur l'acte de naissance de l'enfant.

POUR EN SAVOIR PLUS

- Marguerite Quidelleur et Martial Guarinos, *Questions-Réponses état civil*, coll. « Les indispensables », Berger-Levrault, 2017, 382 pages.
- *www.vosdroits.service-public.fr* : sur ce site voir le choix du nom de famille d'un enfant.

LISTE DES FICHES

21. Les actes de l'état civil

22. Le prénom

23. Le nom et ses accessoires

24. Le sexe

25. Les autres éléments d'identification

Fiche 21

Les actes de l'état civil

A. Les différents actes

1. ***L'état civil*** a été mis en place par un décret du 20 septembre 1792. Il a pour vocation de regrouper tous les actes, relatifs à la vie d'une personne, notamment sa naissance, son mariage et son décès. Les actes d'état civil sont des actes instrumentaires, constatant les principaux faits ou actes juridiques relatifs à l'état civil d'une personne. Ils sont le mode essentiel de preuve de ces faits ou actes. Ils sont tenus dans chaque commune et relèvent de la compétence du maire. Ce dernier peut déléguer ses compétences, à son adjoint, un conseiller municipal ou éventuellement, sauf en ce qui concerne les actes de mariage, à un agent communal. La mauvaise tenue des actes d'état civil peut être de nature à engager la responsabilité civile et pénale du maire. Ainsi, constituent des contraventions de la 5e classe punies d'une amende de 1 500 euros maximum (3 000 euros en cas de récidive), le fait pour l'officier d'état civil, célébrant le mariage de contrevenir aux dispositions réglementaires concernant la tenue des registres et la publicité des actes d'état civil.

Ces actes sont rédigés sur des registres, tenus en double exemplaire, l'un étant transmis au greffier du tribunal d'instance, le premier restant à la mairie du lieu de leur établissement où ils sont conservés. Les actes d'état civil, établis dans une autre mairie, pourront faire l'objet d'une transcription en marge. Ainsi, les actes de mariage seront transcrits en marge des actes de naissance de chacun des intéressés. Il n'y a en effet pas de centralisation des actes d'état civil, sauf en ce qui concerne les actes d'état civil des étrangers, lesquels relèvent d'un fichier spécial tenu à Nantes, dans un service relevant du ministère des Affaires étrangères.

Beaucoup d'événements de la vie d'une personne sont retranscrits en marge de l'acte de naissance. Il en va ainsi des actes de reconnaissance, du mariage, des jugements de divorce ou des jugements relatifs à la filiation. Il en va de même du jugement constatant l'absence ou déclaratif d'absence, d'une personne. Dans le cas d'une disparition, la transcription du jugement déclaratif de décès, en marge de l'acte de naissance de la personne concernée, est également obligatoire. Enfin, le PACS fait aussi l'objet d'une inscription en marge de l'acte de naissance de chaque partenaire ce, depuis la loi du 23 juin 2006.

2. D'autres actes relatifs à l'état civil sont tenus.

Le répertoire civil a été créé par un décret du 2 décembre 1968. Il a pour vocation de recueillir certains événements intéressant la vie d'une personne. Il s'agit par exemple, des jugements de présomption d'absence, des décisions d'homologation d'un changement de régime matrimonial ou des jugements de mise sous tutelle.

Tous ces événements doivent être portés à la connaissance des tiers et doivent donc faire l'objet d'une mesure d'une publicité qui est ainsi assurée, par leur inscription sur le répertoire civil.

Le répertoire civil peut être consulté au greffe du tribunal de grande instance, du lieu de naissance de la personne concernée.

Les fiches d'état civil, encore appelées fiches individuelles d'état civil, ont été supprimées par un décret du 26 décembre 2000. Elles relataient l'état civil d'une personne, de manière plus sommaire, que les actes de naissance.

Le livret de famille a été institué le 18 mars 1877. Il comporte un extrait, de l'acte de mariage, des actes de naissance des enfants, des actes de décès des enfants morts avant leur majorité, des actes de décès des époux, ainsi que la mention des actes et jugements modifiant ces extraits, comme les jugements de divorce. Il est délivré aux conjoints, le jour de leur mariage, ainsi qu'aux parents d'un enfant, lors de sa naissance. Un second livret de famille peut être délivré à celui des parents qui ne l'aurait plus en sa possession, suite à une procédure de divorce ou de séparation de corps.

B. La portée des actes d'état civil

1. L'intérêt des actes d'état civil tient à leur valeur probante. Les actes d'état civil sont des ***actes authentiques*** et à ce titre valent jusqu'à inscription de faux, pour les faits que l'officier d'état civil a personnellement constatés. Pour les autres mentions, ils valent jusqu'à preuve contraire et peuvent être contestés par tous moyens. Il suffit d'apporter, devant le tribunal compétent, la preuve des allégations mensongères de l'acte.

2. La communication des actes d'état civil est très réglementée. Les actes de l'état civil sont en principe publics. Néanmoins, tout le monde ne peut pas prendre connaissance de toutes les informations qu'ils contiennent. Il est ainsi interdit à tout un chacun, de consulter les registres datant de moins de cent ans. Seuls, les agents de l'État habilités à cet effet, ou toute personne autorisée par le procureur de la République peuvent procéder à cette consultation.

Si la copie intégrale d'un acte de décès peut être délivrée à toute personne qui en ferait la demande, les actes de mariage ou de naissance ne sont délivrés qu'à la personne intéressée, ses ascendants ou descendants, son conjoint, son représentant légal, par exemple un avocat, ou enfin, au ministère public.

Fiche 22

Le prénom

A. L'évolution de la législation

1. Selon ***la loi du 11 germinal an XI***, réglementant strictement le choix des prénoms, « … les noms en usage dans les différents calendriers, et ceux des personnages connus dans l'histoire ancienne pourront seuls être reçus, comme prénoms, sur les registres de l'état civil destinés à constater la naissance des enfants ; et il est interdit aux officiers publics d'en admettre aucun autre dans leurs actes ».

Une instruction ministérielle du 12 avril 1966 publiée au *Journal officiel* du 3 mai 1966 a précisé le choix de prénoms en relevant :

« a) Il y a cependant lieu d'observer que la force de la coutume, en la matière, a sensiblement élargi les limites initialement assignées à la recevabilité des prénoms par les prescriptions littérales de la loi du 11 germinal an XI.

Celles-ci présentent certes l'intérêt pratique d'offrir un rempart aux officiers de l'état civil contre des innovations qui leur paraîtraient de nature à nuire plus tard aux intérêts des enfants et seraient dès lors inadmissibles.

En fait, on voit mal les officiers de l'état civil, en tant que juges immédiats de la recevabilité des prénoms, chercher à inventorier les ressources exactes des calendriers et de l'histoire ancienne afin de déterminer si tel prénom figure ou non parmi ceux de ce patrimoine du passé. Il leur appartient, en réalité, d'exercer leur pouvoir d'appréciation avec bon sens afin d'apporter à l'application de la loi un certain réalisme et un certain libéralisme, autrement dit de façon, d'une part, à ne pas méconnaître l'évolution des mœurs lorsque celle-ci a notoirement consacré certains usages, d'autre part, à respecter les particularismes locaux vivaces et même les traditions familiales dont il peut être justifié. Ils ne devront pas perdre de vue que le choix des prénoms appartient aux parents et que, dans toute la mesure du possible, il convient de tenir compte des désirs qu'ils ont pu exprimer.

b) Outre les prénoms normalement recevables dans les strictes limites de la loi de germinal, peuvent donc, compte tenu des considérations qui précèdent et, le cas échéant, sous réserve des justifications appropriées, être éventuellement admis :

1. Certains prénoms tirés de la mythologie (tels : Achille, Diane, Hercule, etc.) ;
2. Certains prénoms propres à des idiomes locaux du territoire national (basques, bretons, provençaux, etc.) ;
3. Certains prénoms étrangers (tels : Ivan, Nadine, Manfred, James, etc.) ;
4. Certains prénoms qui correspondent à des vocables pourvus d'un sens précis (tels : Olive, Violette, etc.) ou même à d'anciens noms de famille (tels : Gonzague, Régis, Xavier, Chantal, etc.) ;

5. Les prénoms composés, à condition qu'ils ne comportent pas plus de deux vocables simples (tels : Jean-Pierre, Marie-France, mais non par exemple : Jean-Paul-Yves, qui accolerait trois prénoms).

c) Exceptionnellement, les officiers de l'état civil peuvent encore accepter, mais avec une certaine prudence :

1. Certains diminutifs tirés des prénoms féminins ;
6. Certaines contractions de prénoms doubles ;
7. Certaines variations d'orthographe... »

2. Le 10 juin 1981, la première chambre civile de la Cour de cassation a eu l'occasion de préciser que « les parents peuvent notamment choisir comme prénom, sous la réserve générale que dans l'intérêt de l'enfant ils ne soient jugés ridicules, les noms en usage dans les différents calendriers et, alors qu'il n'existe aucune liste officielle des prénoms autorisés, il n'y a pas lieu d'exiger que le calendrier invoqué émane d'une autorité officielle » (Civ. 1re 10 juin 1981 *D.* 1982, JP p. 160).

La plus grande ***liberté*** est donc laissée, en principe, aux parents, quant au choix, du ou des prénoms de leurs enfants.

B. La législation actuelle

1. La législation actuelle résulte de la ***loi du 8 janvier 1993***. Aux termes de cette loi, les parents choisissent librement le ou les prénoms de leur enfant. La possibilité de choix est même donnée à la mère qui souhaite accoucher sous X. Si les parents sont inconnus, l'officier de l'état civil choisit trois prénoms dont le dernier va tenir lieu de nom de famille à l'enfant. Si plusieurs prénoms sont attribués à l'enfant, l'un ou l'autre des prénoms inscrits dans l'acte de naissance peut être choisi comme prénom usuel, sans que la loi ne mentionne de préférence quant à l'ordre des prénoms.

2. La liberté des parents a toutefois ***une limite***. En effet, la loi prévoit expressément que l'officier d'état civil doit aviser le procureur de la République lorsque les prénoms ou l'un des prénoms, seul ou associé aux autres prénoms ou au nom, lui paraissent contraires à l'intérêt de l'enfant. Le procureur de la République pourra alors saisir le juge aux affaires familiales qui ordonnera la suppression sur les registres de l'état civil, du ou des prénoms qu'il estime non conformes à l'intérêt de l'enfant. Il peut aussi, attribuer d'office, à l'enfant, un autre prénom ou laisser aux parents, la possibilité de faire un nouveau choix qui soit conforme aux intérêts de l'enfant.

Fiche 23

Le nom et ses accessoires

A. Le nom

1. Lorsque ***la filiation est établie simultanément à l'égard des 2 parents***, que les parents soient ou non mariés, ils disposent d'un quadruple choix. Ils peuvent décider de donner à l'enfant, le nom du père, celui de la mère ou les deux noms accolés, dans l'ordre qu'ils désirent. Si un enfant fait l'objet d'une ***adoption simple***, ses parents adoptifs pourront demander à joindre au nom de l'un de ses parents biologiques, le nom de l'un d'entre eux. Le choix du nom de l'adopté appartient à l'adoptant, qui doit recueillir le consentement de l'adopté âgé de plus de treize ans et en cas de désaccord ou à défaut de choix, le nom conféré à l'adopté résulte de l'adjonction du premier nom de l'adoptant, au premier nom de l'adopté, si l'un ou les deux étaient des doubles noms. Le tribunal peut, toutefois, à la demande de l'adoptant, décider que l'adopté ne portera que le nom de l'adoptant. Enfin, cas ***d'adoption plénière*** par deux époux, le nom de famille substitué à celui de l'adopté peut être, celui de l'un ou l'autre des époux, dans l'ordre choisi par eux et dans la limite d'un seul nom pour chacun d'eux. Si l'adopté est âgé de plus de treize ans, son consentement est nécessaire. En tout état de cause, l'enfant ne pourra avoir plus de deux noms accolés.

Lorsque ***la filiation est établie successivement à l'égard du père et de la mère***, et cela concerne l'enfant dont la filiation est établie, alors que les deux parents ne sont pas mariés, puisque la filiation est établie systématiquement en même temps et de manière indivisible, à l'égard des 2 parents, quand ils sont mariés, l'enfant porte le nom du premier des parents, à l'égard duquel la filiation est établie. Cependant, ultérieurement, c'est-à-dire après la seconde reconnaissance, ils pourront décider de changer le nom ou de joindre les deux noms ce, par déclaration conjointe auprès de l'officier d'état civil.

Une circulaire du 6 décembre 2004 avait précisé que lorsque les parents choisissent de donner les deux noms à l'enfant, ces noms doivent être séparés par deux traits d'union accolés et non superposés. Dans une décision du 4 décembre 2009, le Conseil d'État a censuré cette solution. Dorénavant, les deux noms sont accolés sans signe distinctif.

Le nom des père et mère ne figure cependant, que si le lien de filiation est établi. Ainsi, lorsqu'une mère choisit d'accoucher sous X, son identité ne figure pas et son nom ne peut pas être transmis à l'enfant. De même, le père biologique d'un enfant, non marié avec la mère, peut ne pas reconnaître l'enfant. Le lien de filiation entre l'enfant et cet homme ne sera donc pas établi et l'enfant ne peut porter son nom.

2. Seuls sont concernés par la liberté de choix, les parents dont les enfants sont nés après l'entrée en vigueur de la loi. Les enfants nés antérieurement pouvaient cependant bénéficier des choix offerts par la nouvelle législation, si leurs parents en avaient fait la demande avant le 30 juin 2006. Si les enfants étaient âgés de plus de 13 ans, leur consentement devait être obtenu.

Lorsque des parents ont plusieurs enfants, le choix opéré pour l'aîné des enfants vaut pour tous les autres, ce afin d'éviter que tous les enfants d'une même famille n'aient des noms de famille différents.

Le choix du nom suppose une déclaration conjointe des parents, auprès de l'officier d'état civil du lieu de naissance de l'enfant. En l'absence de déclaration conjointe ou si aucun consensus n'est trouvé entre les parents, pour déterminer le nom de famille de l'enfant, celui du père n'est plus attribué d'office. Les noms des deux parents sont accolés selon leur ordre alphabétique, dans la limite d'un seul nom par parent, avec sur ce point encore, la priorité donnée au premier dans l'ordre alphabétique.

B. Les autres éléments d'identification

1. ***Surnom*** et ***pseudonyme*** ne font pas partie des éléments d'identification de l'état civil. Le surnom est une appellation fantaisiste et familière d'une personne, appellation qui lui est souvent donnée par ses proches, sa famille ou ses amis, en raison de sa personnalité ou d'un événement particulier. Le pseudonyme est une appellation distincte des éléments d'état civil, souvent choisie par des personnalités du milieu artistique et leur permettant d'exercer sans donner leur véritable d'identité. Si l'utilisation d'un pseudonyme est tolérée, des textes l'interdisent pour l'exercice de certaines professions, notamment pour les professions médicales et paramédicales.

2. ***Titres, armoiries*** et ***particules*** viennent parfois s'ajouter au nom. Contrairement au pseudonyme et surnom, les titres nobiliaires font partie du nom. Ils datent de la monarchie ou de l'empire. Ce sont des accessoires honorifiques du nom qui sont protégés contre toute usurpation, bien qu'ils ne confèrent plus aucun privilège. Il en va de même des armoiries qui sont des marques de reconnaissance, des accessoires du nom de famille auquel elles se rattachent indissolublement, que cette famille soit ou non d'origine noble. Enfin, les particules font partie du nom mais ne traduisent pas une quelconque qualification nobiliaire.

Fiche 24

Le sexe

A. La détermination du sexe

1. L'acte de naissance doit obligatoirement porter la mention du ***sexe***, masculin ou féminin. Cet élément d'identification, outre le fait qu'il correspond à une identification physique, est de nature à produire des effets juridiques.

2. En l'état actuel de notre droit, la détermination du sexe est importante pour l'établissement du lien de filiation des enfants.

En dehors du droit de la famille, le droit fait aussi parfois référence au sexe, pour protéger les personnes, en ce qu'il interdit par exemple, les discriminations fondées sur le sexe.

De même la notion de parité entre homme et femme repose une volonté d'égalité de traitement entre les deux sexes.

B. Le changement de sexe

1. ***Le transsexualisme*** a suscité en droit, une importante controverse doctrinale et jurisprudentielle à laquelle l'assemblée plénière de la Cour de cassation a mis fin par arrêt du 11 décembre 1992. Dans cette affaire, René, né en 1957, avait été déclaré à l'état civil comme étant de sexe masculin. À l'âge de trente ans, à la suite d'un traitement médical et après s'être considéré pendant toute son enfance comme de sexe féminin, il avait subi une opération médicale entraînant l'ablation de ses organes génitaux. À la suite de cette transformation, il avait demandé en justice, devant le tribunal de grande instance, la modification de son prénom pour s'appeler « Renée » et la rectification de la mention « sexe masculin » sur son état civil en mention « sexe féminin ». Les juges du fond avaient fait droit à sa demande de changement de prénom, mais l'avaient débouté de sa demande en changement d'état civil. René s'était alors pourvu en cassation. Pour le débouter de sa demande en rectification de son état civil, les juges du fond avaient considéré que la conviction de l'intéressé d'appartenir au sexe féminin ne pouvait suffire à faire reconnaître qu'il était devenu une femme, et qu'en tout état de cause, le principe de l'indisponibilité de l'état des personnes s'opposait à cette rectification. Le demandeur au pourvoi, s'appuyant sur l'article 8 de la convention européenne de sauvegarde des droits de l'homme et sur les articles 9 et 57 du Code civil, avait fait valoir que cette rectification devait être opérée en application, tout particulièrement du principe du respect à la vie privée.

La Cour de cassation se trouvait donc saisie du problème de savoir si le transsexualisme pouvait justifier la modification des actes d'état civil. Cassant l'arrêt de la cour d'appel, la Cour de cassation avait fait droit à cette demande sur le fondement des textes susvisés. Cette décision de la Cour de cassation fut particulièrement importante, puisque la Cour de cassation admettait pour la première fois, la rectification des actes d'état civil d'un transsexuel et que depuis lors, cette solution n'a jamais été remise en cause. Un long débat était ainsi clos.

2. Le changement d'état civil des transsexuels est désormais incontesté.

Pendant longtemps, les juges français ont considéré que le principe de l'indisponibilité de l'état des personnes s'opposait à la rectification des actes d'état civil des transsexuels.

La modification du sexe n'est, en effet, expressément admise par les textes, qu'en cas d'erreur matérielle, lors de la déclaration de naissance ou en cas d'incertitude médicale du sexe d'un enfant. Lors de la déclaration de naissance d'un enfant, son sexe doit obligatoirement être précisé. Or, dans le cas d'hermaphrodisme, il se peut que le sexe déclaré, ne soit finalement pas le sexe qui sera véritablement retenu après intervention médicale. Cas de force majeure, l'hermaphrodisme permet donc une modification du sexe déclaré, considéré comme résultant d'une erreur matérielle du fait de l'incertitude initiale.

En dehors de ce cas très particulier, la Cour de cassation adoptait une position restrictive et n'acceptait les demandes en rectification que dans le cas de circonstances exceptionnelles, notamment lorsqu'une personne avait été victime de mutilations ayant conduit à un changement de sexe en période de guerre. Avant cette décision, la Cour de cassation avait semblé infléchir sa position en admettant des rectifications en cas de « transsexualisme vrai ». Cette notion ne devait cependant pas permettre de faire droit aux demandes des intéressés.

Seule, la cour d'appel de Paris devait adopter une position plus libérale, position que la Cour de cassation se trouva contrainte de rallier après l'arrêt de la Cour européenne des droits de l'homme.

Par une ***décision en date du 25 mars 1992***, la Cour européenne des droits de l'homme devait en effet condamner la position adoptée par la jurisprudence française en relevant, que le refus de changement de sexe, constituait une atteinte au respect de la vie privée. Le revirement de jurisprudence de la Cour de cassation s'imposait donc. Certes, le principe de l'indisponibilité de l'état des personnes subit, dans cette hypothèse, une entorse, fondée toutefois sur une nécessité thérapeutique.

Fiche 25
Les autres éléments d'identification

A. Le domicile

1. ***Résidence*** et ***domicile*** sont deux notions distinctes en droit. Ainsi, si toute personne a un domicile et nécessairement un domicile, elle peut avoir plusieurs résidences. Le domicile est le lieu où une personne a son principal établissement. Le droit entend ainsi, le lieu où une personne fixe le centre de ses activités et de ses intérêts, même si elle n'y vit pas de manière continue. Le domicile étant un élément de fait, sa preuve peut être rapportée par tous moyens.

Un certain nombre d'éléments, seront à ce titre, pris en compte par les juges, tels que le lieu d'exercice des activités professionnelles des personnes, le lieu de paiement des impôts, le lieu d'inscription sur les listes électorales ou/et encore les attaches familiales, professionnelles et affectives.

Le domicile est unique. Chaque personne doit avoir un et un seul domicile et le choix du domicile est en principe volontaire. Il s'agit du ***domicile familial***.

La ***résidence*** n'est cependant pas dénuée d'intérêt juridique. En effet, par exemple, l'article 655 du code de procédure civile prévoit, concernant les actes d'huissier, que si la signification à personne s'avère impossible, l'acte peut être délivré soit à domicile, soit, à défaut de domicile connu, à résidence.

2. Les domiciles particuliers existent cependant à côté du domicile familial.

Une personne peut ainsi, avoir un ***domicile élu***, distinct du domicile familial. Le domicile élu est celui dont certaines personnes font le choix, pour les besoins d'une procédure. Le domicile élu est le plus souvent de celui de l'avocat de la personne concernée, lequel reçoit les actes de procédure, aux lieux et place de son client.

Le ***domicile fiscal*** est en principe, celui du lieu du principal établissement de la famille.

Si le choix du domicile est volontaire, certains domiciles sont prévus par la loi. Le ***domicile légal*** est imposé par la loi. Ainsi, les mineurs ont en principe leur domicile chez leurs parents. Certains employés ont leur domicile chez leur employeur.

Toute personne devant avoir un domicile, les itinérants doivent avoir un domicile de rattachement, malgré leurs déplacements. Il faut en effet, qu'ils puissent être joints, par exemple par des convocations administratives ou judiciaires. Il faut en conséquence, pouvoir les localiser. Ils doivent alors choisir une commune de rattachement. L'article 102 al. 2 du Code civil prévoit à cet égard, que les bateliers et autres personnes vivant à bord d'un bateau de navigation ont leur domicile au lieu d'immatriculation de leur bateau. Les personnes sans domicile fixe (SDF) n'ont aucun domicile et dérogent ainsi à l'obligation pour tout individu d'avoir un domicile. Cette absence de domicile est cependant incompatible avec l'accomplissent de certaines formalités ou la revendication de certains droits. Ainsi par exemple, ils ne peuvent avoir une carte d'identité. Pour pouvoir en bénéficier, ils doivent s'inscrire dans un centre d'accueil, figurant sur une liste établie par le préfet, lequel leur délivre une attestation de domiciliation, pour les besoins de l'établissement de la carte d'identité.

B. La nationalité

1. ***La nationalité française par origine*** est attribuée automatiquement, en vertu du droit du sang, à l'enfant, dont l'un des parents est français à sa naissance, quel que soit son lieu de naissance et, en vertu du droit sol, à l'enfant né en France, de parents inconnus ou apatrides, ou de parents étrangers, mais auquel aucune des lois étrangères n'accorde la nationalité de l'un des parents. Si l'enfant dont l'un des parents est français a la nationalité française, qu'il soit né en France ou à l'étranger, il peut renoncer à cette nationalité, dans les six mois précédant sa majorité et dans les douze mois la suivant, sauf si son parent de nationalité étrangère est devenu français.

L'enfant né en France de parents étrangers acquiert aussi automatiquement, la nationalité française à sa majorité, à condition qu'il réside en France au moment de sa demande et qu'il justifie qu'il a eu sa résidence habituelle en France, pendant une période continue ou discontinue d'au moins 5 ans, depuis l'âge de 11 ans.

La nationalité peut aussi s'obtenir par déclaration ou naturalisation.

En premier lieu, peut obtenir **la nationalité française par déclaration**, **l'enfant né en France** de parents étrangers. Cette déclaration peut être effectuée par les parents, avec le consentement de l'enfant, si l'enfant est âgé **de 13 à 16 ans**. Il faut en outre, **qu'il réside habituellement en France, depuis l'âge de 8 ans**.

À partir de l'âge de 16 ans, l'enfant peut faire cette demande lui-même, dès lors qu'il réside en France lors de cette déclaration et **qu'il a eu en France, sa résidence habituelle, pendant une période continue ou discontinue d'au moins 5 ans, depuis l'âge de 11 ans.**

La nationalité peut aussi être obtenue par déclaration, **par l'ascendant d'une personne française, ayant plus 65 ans** et résidant en France de manière régulière et habituelle depuis au moins 25 ans.

Enfin, la nationalité française ne s'obtient pas automatiquement du fait du mariage. Cependant, elle peut être obtenue par déclaration **après un délai de 4 ans à compter du mariage**, à condition qu'à la date de la déclaration, la communauté de vie, tant affective que matérielle n'ait pas cessé entre les époux depuis le mariage et que le conjoint français ait conservé sa nationalité

La naturalisation est le fruit d'une procédure administrative, non contentieuse diligentée auprès de la préfecture. Le demandeur doit résider en France au moment de demande et justifier d'une résidence habituelle en France, pendant les 5 années précédant le dépôt de la demande (dans certains cas, ce délai peut être réduit ou supprimé).

Il faut en outre, qu'il témoigne de son adhésion aux principes et valeurs essentiels de la République, et d'une connaissance suffisante de l'histoire, de la culture et de la société françaises, conditions appréciées lors d'un entretien individuel. Enfin, toute condamnation, pour des crimes ou délits constituant une atteinte aux intérêts fondamentaux de la Nation ou un acte de terrorisme, ou à une peine égale ou supérieure à 6 mois de prison sans sursis rend la demande irrecevable.

2. Le certificat de nationalité française est un document officiel qui sert à prouver la nationalité française. Il indique que le demandeur a la qualité de Français, ainsi que les documents qui ont permis de l'établir. Le greffe du tribunal d'instance est seul habilité à délivrer ce certificat.

DES CHIFFRES À RETENIR

1 LIEU D'ÉTABLISSEMENT DES ACTES D'ÉTAT CIVIL : la maire de lieu de leur établissement.

1 LIEU DE CONSERVATION DU RÉPERTOIRE CIVIL : le greffe du tribunal de grande instance.

3 ÉLÉMENTS D'ÉTAT CIVIL : les noms, prénoms et sexe.

1 NOM DE FAMILLE : le nom du père, celui de mère ou les deux accolés, dans la limite de 2 noms.

1 DOMICILE : toute personne a un et un seul domicile, alors qu'elle peut avoir plusieurs résidences.

DES DATES À RETENIR

20 SEPTEMBRE 1792 : décret mettant en place l'état civil.

2 DÉCEMBRE 1968 : décret créant le répertoire civil.

11 DÉCEMBRE 1992 : date de l'arrêt de l'assemblée plénière de la Cour de cassation autorisant le changement d'état civil des transsexuels.

26 DÉCEMBRE 2000 : décret supprimant les fiches individuelles d'état civil.

4 MARS 2002 : loi réformant les conditions de dévolution du nom.

CHAPITRE 6
LA PROTECTION DE LA PERSONNE

Indisponibles, incessibles et intransmissibles, les droits extrapatrimoniaux des personnes font l'objet d'une protection particulière, que ces droits concernent le corps ou la personnalité. Mais l'individu est aussi protégé à travers sa vie et sa mort.

Le droit à la vie est consacré par de nombreuses dispositions internes et internationales.

Ainsi, la loi du 17 janvier 1975, relative à l'interruption volontaire de grossesse, pose le principe du respect de l'être humain dès le commencement de sa vie. L'article 16 du Code civil dispose également que « la loi assure la primauté de la personne, interdit toute atteinte à la dignité de celle-ci et garantit le respect de l'être humain dès le commencement de sa vie ». Il en va de même, de l'article 2 de la convention européenne des droits de l'homme et l'article 6 du Pacte international de New York du 19 décembre 1966 lequel précise « le droit à la vie est inhérent à la personne humaine. Ce droit doit être protégé par la loi. Nul ne peut être arbitrairement privé de la vie ».

Le droit à la vie ne semble cependant pas comprendre celui de naître. En effet, si cela était, l'avortement serait interdit en toutes circonstances, la destruction des embryons surnuméraire toujours prohibée et l'atteinte à la vie d'un enfant à naître serait pénalement sanctionnée. Au surplus, personne ne peut se plaindre du fait d'être né.

Il n'existe pas de ***droit à la mort*** et la liberté de chacun est sur ce point restreinte.

Condamné pénalement sous l'Ancien Régime, en application de l'ordonnance de 1670, ***le suicide*** n'est plus sanctionné depuis la révolution et ne peut être considéré comme constituant l'exercice d'un droit, le droit de mettre fin à sa propre vie, le droit de mourir. Cependant, si le suicide n'est plus sanctionné, ***l'incitation au suicide*** est passible de sanctions pénales. Pendant longtemps, une personne pouvait simplement être poursuivie pour non-assistance à personne en danger, quand elle n'avait pas mis tout en œuvre pour empêcher une personne de se suicider. Depuis la loi du 31 décembre 1987, l'incitation au suicide constitue une infraction punie de trois ans d'emprisonnement et de 45 000 euros d'amende. Par contre, ***le suicide*** est indirectement sanctionné par le droit civil, en ce qu'il est une cause d'exclusion du bénéfice de certaines assurances. Il est en effet prévu dans le code des assurances, qu'une assurance est sans effet, si l'assuré se donne volontairement la mort, au cours de la première année du contrat.

Le choix par un individu de sa fin de vie, donc de sa mort et du moment de celle-ci relève d'un autre problème juridique qui est celui de la légalisation ou non de l'euthanasie. ***L'euthanasie active*** est toujours illicite, nonobstant, de nombreuses pressions pour qu'une loi l'autorisant soit votée. ***L'euthanasie passive***, c'est-à-dire le fait de laisser mourir une personne en ne lui prodiguant plus de soins trouve cependant une justification juridique, avec la loi du 22 avril 2005 qui prévoit que les soins ne doivent pas être poursuivis avec une obstination déraisonnable. En outre, si les soins apparaissent inutiles, disproportionnés ou n'ayant d'autre effet que le seul maintien artificiel de la vie, ils peuvent être suspendus ou ne pas être entrepris. Cette loi précise que dans ce cas, le médecin sauvegarde la dignité du mourant et assure la qualité de sa vie.

Les droits de la personnalité sont vastes et si les plus connus sont le droit à l'image et le respect dû à la vie privée, les droits à la dignité, l'honneur, la réputation et la présomption d'innocence ne doivent pas être oubliés.

La Déclaration universelle des droits de l'homme de 1948 prévoit que « la reconnaissance de la dignité inhérente à tous les membres de la famille humaine et de leurs droits égaux et inaliénables constitue le fondement de la liberté, de la justice et de la paix dans le monde ». À ce titre, sont donc sanctionnées, toutes les discriminations fondées notamment sur la race, l'ethnie, la religion ou le sexe, sans que cette liste soit limitative. Le respect de la dignité des personnes a été renforcé par la loi du 4 mars 2002 qui a consacré le droit au respect de la dignité de la personne malade et l'interdiction des discriminations dans l'accès aux soins et à la prévention.

La loi du 30 décembre 2004, modifiée par la loi du 2 avril 2006, avait créé la haute autorité de lutte contre les discriminations et pour l'égalité (HALDE). Cet organisme connaissait de toutes les discriminations prohibées par une loi interne ou un engagement international auquel la France est partie.

Elle pouvait être saisie, par toute personne qui s'estime victime de discrimination. Elle pouvait aussi se saisir d'office de tous les cas de discrimination directe ou indirecte, dont elle avait connaissance, sous réserve que la victime, lorsqu'elle était identifiée, ait été avertie et qu'elle ne s'y soit pas opposée.

Supprimée depuis la loi du 29 mars 2011, ses compétences ont été dévolues au ***Défenseur des droits***.

En outre, le Pacte international de New York du 19 décembre 1966 dispose que toute personne a droit à l'honneur, au respect de sa dignité et de sa réputation. Honneur et réputation sont surtout protégés pénalement à travers la répression des infractions de diffamation, dénonciation calomnieuse et injures.

Par ailleurs, ***la présomption d'innocence*** consacrée par la Déclaration des droits de l'homme et du citoyen, constituant donc, un principe à valeur constitutionnelle, a été introduite à l'article 9-1 du Code civil par la loi du 4 janvier 1993, lequel dispose maintenant que, « chacun a droit au respect de la présomption d'innocence ».

La présomption d'innocence se trouve également consacrée dans de nombreux textes parmi lesquels :

- le préambule de la Constitution ;
- la convention européenne de sauvegarde des droits de l'homme ;
- le pacte international relatif aux droits civils et politiques ;
- le troisième paragraphe de l'article préliminaire du code de procédure pénale et ce depuis la loi du 15 juin 2000.

Enfin, si les droits de la personne s'entendent des droits de la personnalité, les personnes sont protégées aussi dans l'exercice de leurs droits. Ainsi, bien que toute personne soit dotée de la personnalité juridique et donc apte à avoir des droits et obligations et à pouvoir exercer ses droits, certaines personnes, en l'occurrence, les mineurs et certains majeurs voient cette capacité d'exercice restreinte, en application d'un régime mis en place le 3 janvier 1968 et reformé par la loi du 5 mars 2007, dont pour l'essentiel les dispositions sont entrées en vigueur, le 1er janvier 2009.

POUR EN SAVOIR PLUS

- Patricia Vannier, *Le droit des personnes en schémas*, coll. « Ellipses Marketing - Le Droit En Schémas », 2017, Ellipses, 224 pages.
- *www.justice.gouv.fr* : sur ce site voir à la rubrique justice civile, l'espace tutelle.

LISTE DES FICHES

26. La protection relative au corps
27. La vie privée et l'image
28. La protection des mineurs
29. La protection des majeurs
30. La situation des majeurs non protégés aliénés ou vulnérables

Fiche 26

La protection relative au corps

A. Le respect de l'intégrité du corps

1. *Le corps humain est hors commerce juridique*. Ce principe a été, depuis longtemps, dégagé par la jurisprudence, sur la base de l'ancien article 1128 du Code civil, aux termes duquel « il n'y a que les choses qui sont dans le commerce qui puissent être l'objet des conventions ».

Cette interdiction trouve actuellement son fondement dans l'article 1162 du Code civil selon lequel « le contrat ne peut déroger à l'ordre public ni par ses stipulations, ni par son but, que ce dernier ait été connu ou non par toutes les parties ». L'article 16-1 du Code civil, introduit par la loi du 29 juillet 1994, énonce maintenant clairement que « chacun a droit au respect de son corps. Le corps humain est inviolable. Le corps humain, ses éléments et ses produits ne peuvent faire l'objet d'un droit patrimonial ». L'article 16-3 du Code civil dispose également qu'« il ne peut être porté atteinte à l'intégrité du corps humain qu'en cas de nécessité médicale pour la personne ou à titre exceptionnel dans l'intérêt thérapeutique d'autrui ». De tous ces articles, il résulte que le corps humain n'est pas commercialisable et que chaque élément le composant fait l'objet de la même protection.

L'article 16-1-1 du Code civil précise même que « Le respect dû au corps humain ne cesse pas avec la mort. Les restes des personnes décédées, y compris les cendres de celles dont le corps a donné lieu à crémation, doivent être traités avec respect, dignité et décence ».

2. Les atteintes au corps dans son ensemble sont prohibées. Nul ne peut à sa guise disposer de son corps. Les pratiques médicales effectuées en dehors de toute indication thérapeutique, sont donc très encadrées par la loi ou interdites. Ainsi, la loi Huriet du 20 décembre 1988, dite loi Huriet-Sérusclat, modifiée le 9 août 2004 réglemente les conditions de l'expérimentation médicale. Selon cette loi, les expérimentations médicales sur les êtres humains sont possibles, mais différentes conditions doivent être remplies. Elles doivent se fonder sur le dernier état des connaissances scientifiques et sur une expérimentation préclinique suffisante. Le risque prévisible encouru par les personnes qui se prêtent à la recherche doit être proportionné avec le bénéfice escompté pour les personnes ou l'intérêt de la recherche. Ces expérimentations doivent avoir pour but, d'étendre la connaissance scientifique de l'être humain et les moyens susceptibles d'améliorer sa condition. La douleur, les désagréments, la peur et tout autre inconvénient prévisible lié à la maladie ou à la recherche, doivent être réduits au maximum.

L'expérimentation sur le corps humain, en dehors du cadre légal, est pénalement répréhensible. Cette réglementation concerne aussi l'embryon. Ainsi, par exemple, le fait de procéder à une étude ou à une expérimentation sur un embryon est puni de sept ans d'emprisonnement et de 100 000 euros d'amende.

Toutefois, cette expérimentation est exceptionnellement autorisée à des fins médicales à condition qu'elle ne porte pas atteinte à l'embryon et qu'elle concerne un embryon issu d'un couple ayant donné son consentement par écrit, après avis conforme d'une commission constituée dans les conditions fixées par décret en Conseil d'État.

B. La protection des organes

1. Si en application des articles 16-5 et 16-6 du Code civil, toutes les conventions portant sur le corps humain, que ce soit à titre gratuit ou onéreux, sont déclarées nulles de nullité absolue, ce principe connaît des entorses, mais seulement en ce qui concerne certains éléments ou produits du corps humain. C'est à ce titre, que les dons d'organe sont possibles mais réglementés.

L'article 1232-1 du code de la santé publique prévoit que le ***prélèvement d'organes sur une personne décédée*** ne peut être effectué qu'à des fins thérapeutiques ou scientifiques. Ce prélèvement peut être pratiqué dès lors que la personne n'a pas fait connaître son refus de son vivant. Ce refus peut être exprimé par tout moyen et est révocable à tout moment. La difficulté réside dans la preuve du refus. Celui-ci peut faire l'objet d'une l'inscription sur un registre national automatisé prévu à cet effet. Cependant, en l'absence d'une volonté écrite de la part du défunt, que cette volonté soit ou non retranscrite sur le fichier, le consentement n'est pas systématiquement retenu. Ainsi, le médecin doit toujours s'efforcer, avant de procéder à un prélèvement d'organe, de recueillir auprès des proches du défunt, la volonté de ce dernier et son éventuelle opposition au don d'organes. Le médecin doit également informer la famille de la finalité des prélèvements envisagés et de leur droit à connaître les prélèvements effectués. L'agence de la biomédecine doit être avisée, préalablement à la réalisation, de tout prélèvement à fins thérapeutiques ou à fins scientifiques.

2. ***Le prélèvement d'organes sur une personne vivante*** est autorisé quand il est effectué à des fins thérapeutiques directes, au profit d'un receveur. La qualité de donneur est cependant réservée aux personnes suivantes :

- le père ou la mère du receveur ;
- le conjoint ;
- les frères ou sœurs, fils ou filles, grands-parents, oncles ou tantes, cousins germains et cousines germaines du receveur ;
- le conjoint du père ou de la mère du receveur ;
- toute personne apportant la preuve d'une vie commune ou d'un lien affectif étroit et stable d'au moins 2 ans avec le receveur.

L'agence de la biomédecine doit être informée. Le consentement au prélèvement d'organe doit être exprimé devant le président du tribunal de grande instance. Le rôle du magistrat est de s'assurer que le consentement est libre et éclairé et que le don est conforme aux conditions prévues par les textes.

Fiche 27

La vie privée et l'image

A. Le respect de la vie privée indépendamment du droit à l'image

1. Le droit au respect de la vie privée est garanti par l'article 9 du Code civil, et par certaines dispositions du code pénal et la Cour de cassation ne manque jamais de rappeler que toute personne, quels que soient son rang, sa naissance, sa fortune, ses fonctions présentes ou à venir, a droit au respect de sa vie privée.

La vie privée concerne toutes les informations relatives à la vie familiale, affective et sexuelle ou à la santé d'une personne. Ainsi, il ne saurait être impunément fait état d'une liaison hétérosexuelle ou homosexuelle, d'une personne si elle n'a pas donné son autorisation, ni d'une maladie dont elle serait atteinte. Si pendant longtemps, les informations concernant le patrimoine ont été considérées comme ne faisant pas partie de la vie privée et comme pouvant être divulguées, la première chambre civile de la Cour de cassation a nuancé cette position en retenant dans un arrêt du 30 mai 2002, que l'information patrimoniale peut relever de la vie privée.

2. Le droit à l'intimité de la vie privée concerne toutes les personnes, qu'il s'agisse de personnes publiques ou de personnes privées. Toutefois, s'agissant des personnes publiques (personnalités politiques, sportifs ou artistes), la frontière entre la vie privée et la vie publique n'est pas toujours évidente, ce d'autant que certaines personnes dites publiques, n'hésitent pas à afficher leur vie privée, même à des fins publicitaires. C'est ainsi que, dans une décision du 28 février 1989, la Cour d'appel de Paris a pu retenir que les nombreuses déclarations et conférences accordées par un artiste, à plusieurs reprises, à des journaux, à propos de sa vie sentimentale, apparaissaient de nature à atténuer considérablement, l'atteinte subie du fait d'une publication non autorisée, sur une nouvelle liaison amoureuse.

Le respect de la vie privée s'impose pour tous, en quelque lieu que la personne se trouve et même sur son lieu de travail.

B. Le respect du droit à l'image indépendamment de la vie privée

1. Le droit à l'image n'est pas un droit nouveau, car les premières décisions intervenues pour protéger le droit à l'image datent du milieu du XIe siècle.

Les condamnations de journalistes, pour violation du droit à l'image, se traduisent, soit par la saisie des photographies litigieuse ou des ouvrages dans lesquels elles sont reproduites, soit par leur destruction, et toujours par l'attribution de dommages et intérêts.

Ainsi, certains ont vu dans la sanction de la violation du droit à l'image une application des règles de la responsabilité civile et notamment de l'article 1240 du Code civil, (ancien article 1382), aux termes duquel « tout fait quelconque de l'homme qui cause à autrui un dommage oblige celui par la faute duquel il est arrivé et réparer ». Pour d'autres, ce serait le droit de la propriété qui serait ici en cause, dans la mesure où chacun aurait un droit de propriété sur sa propre image.

Ces errements proviennent de l'absence de texte spécifique, pour assurer la protection de ce droit. En effet, seul le droit à l'intimité de la vie privée est abondamment consacré, mais le droit à l'image ne trouve une protection spécifique que dans les dispositions du nouveau code pénal. Néanmoins, il est aujourd'hui constant que ce droit est un droit particulier donc protégé en tant que tel, sous le visa de l'article 9 du Code civil.

2. Le consentement de la personne photographiée à la reproduction de son image est une condition essentielle, ainsi que ne manquent jamais de rappeler les juges. Il en résulte qu'en l'absence de preuve, de ce consentement, le photographe qui aurait reproduit une image sera condamné tant civilement que pénalement. Le droit à l'image est protégé civilement quel que soit le lieu dans lequel la personne se trouve. Toute personne peut ainsi s'opposer à la reproduction de son image, dès lors qu'elle est reconnaissable, si elle n'a pas donné l'autorisation à la reproduction de cette image.

Toutefois, la protection du droit à l'image et la nécessité du consentement à sa reproduction trouvent exception, lorsque la photographie a été prise dans un lieu public, tel que la rue, un stade ou une plage ou lorsque sont concernées des personnes publiques pour lesquels le consentement peut-être présumé.

Le droit à l'image est donc protégé, quel que soit le lieu dans lequel la personne, se trouve s'il s'agit d'une personne privée, et uniquement si la personne se trouve dans des lieux privés lorsqu'il s'agit des personnes publiques.

Le droit à l'image est pour tous, protégé sans exception, lorsque les photographies ont été prises dans un lieu privé.

Le lieu privé s'entend du domicile des personnes et de tout autre endroit qui n'est pas libre d'accès. Dans une décision, du 12 avril 2005, la chambre criminelle de la Cour de cassation a ainsi retenu qu'un véhicule constitue un lieu privé, même s'il se trouve sur la voie publique portes ouvertes, qu'ainsi, la violation du droit à l'image est constituée et que le consentement des personnes ne peut être présumé.

Fiche 28

La protection des mineurs

A. Les modalités de protection des mineurs

1. Tout enfant, avant l'âge de 18 ans qui est l'âge légal de la majorité, est mineur et à ce titre, considéré comme incapable. Quand les parents sont connus, en vie et non déchus de l'autorité parentale, le régime mis en place est celui de l'administration légale. Avant une ordonnance du 15 octobre 2015, l'administration légale était dite simple, si les deux parents de l'enfant étaient en vie et non déchus de l'autorité parentale. Les deux parents agissaient alors seuls, et sans contrôle, en ce qui concerne la gestion des biens de leur enfant. Si l'enfant n'avait qu'un seul parent, ou si l'un était déchu de l'autorité parentale, le régime mis en place était celui de l'administration légale sous contrôle judiciaire. Le parent qui représentait l'enfant, agissait sous le contrôle du juge des tutelles.

Depuis l'ordonnance du 15 octobre 2015, que l'autorité parentale soit exercée par un ou deux parents, l'administration légale des biens est effectuée sans contrôle du juge.

En l'absence de parents, s'ils sont inconnus décédés ou déchus de l'autorité parentale, un tuteur sera désigné pour administrer les biens de l'enfant.

L'émancipation met fin à l'incapacité du mineur. Elle intervient de plein droit par le mariage. À défaut de mariage, seule une décision judiciaire peut permettre l'émancipation. Elle doit être demandée par les père et mère, ensemble ou séparément, auprès du juge des tutelles du lieu de résidence de l'enfant, dès qu'il a atteint l'âge de 16 ans.

2. Différents organes concourent à la protection du mineur.

Le tuteur est désigné, soit par les parents, soit par le conseil de famille, soit par la loi.

Le dernier mourant des père et mère peut choisir le tuteur. Cette nomination ne peut être faite que dans la forme d'un testament ou d'une déclaration spéciale devant notaire. Le tuteur choisi n'est jamais tenu d'accepter.

Depuis une loi du 5 mars 2007, il est prévu également, que les parents d'un enfant handicapé pourront passer un mandat de protection future, pour organiser la protection de cet enfant, à partir du jour où ils ne seront plus en état de l'assumer eux-mêmes.

À défaut de tuteur choisi par les parents, le conseil de famille fera le choix du tuteur sans qu'il y ait lieu que cette désignation, comme antérieurement, soit automatiquement faite au sein des descendants ou ascendants. Le conseil de famille peut, en considérant les aptitudes des intéressés et la consistance du patrimoine à administrer, décider que la tutelle sera divisée entre un tuteur à la personne et un tuteur aux biens, ou que la gestion de certains biens particuliers sera confiée à un tuteur adjoint.

Si la tutelle reste vacante, le juge des tutelles la défère au service de l'aide sociale à l'enfance.

Le conseil de famille présidé par le juge des tutelles est composé d'au moins quatre membres, y compris le tuteur et le subrogé-tuteur. Les personnes composant le conseil de famille sont choisies, par le juge des tutelles, parmi les parents ou alliés des père et mère du mineur. Pour effectuer ce choix, il doit tenir compte de la proximité du degré de parenté, du lieu de la résidence, de l'âge et des aptitudes des intéressés. La loi précise aussi qu'il doit autant que possible éviter, de laisser une des deux lignes sans représentation, en tenant toutefois compte de relations habituelles que les père et la mère avaient avec leurs différents parents ou alliés, ainsi qu'à l'intérêt, que ces parents ou alliés portent ou paraissent porter, à la personne de l'enfant.

Mais le conseil de famille peut être composé de personnes étrangères à la famille. Le juge des tutelles peut choisir des amis, voisins ou toutes autres personnes s'intéressant à l'enfant.

Enfin, le ***subrogé-tuteur*** est nommé par le conseil de famille, au sein de ses membres.

B. Le sort des actes accomplis par les mineurs ou pour leur compte

1. Si le mineur est frappé d'une capacité d'exercice, il peut néanmoins effectuer tous les actes de la vie courante ou des actes conservatoires permettant de préserver ses droits. Il peut aussi reconnaître un enfant et donc être titulaire de l'autorité parentale.

D'autres droits peuvent être exercés par le mineur seul, mais uniquement à partir de l'âge de 16 ans, comme l'établissement d'un testament.

Dans tous les autres cas, si l'enfant mineur agit seul, alors que le consentement de ses représentants légaux était requis, le sort des actes accomplis sera différent selon qu'il s'agit d'actes que le tuteur ou les représentants légaux pouvaient accomplir seuls, ou d'actes que le tuteur ou les représentants légaux ne pouvaient effectuer qu'avec autorisation du conseil de famille. Dans le premier cas, les actes sont maintenus et ils ne pourront être attaqués qu'en cas de lésion du mineur par la voie de l'action en rescision. Dans les autres cas, les actes sont nuls de nullité relative.

2. Si les actes ont été effectués par les tuteurs ou représentants légaux, ils ne pourront être annulés, que s'ils ont été faits, sans le consentement du conseil de famille ou du juge des tutelles, dans le cas où ce consentement était requis. Dans les autres cas, la responsabilité du tuteur ou des représentants légaux pourra être engagée, si l'acte qu'il a fait seul, dans les limites de ses pouvoirs, était préjudiciable aux intérêts des mineurs qu'il représente.

Fiche 29

La protection des majeurs

A. Les différents régimes de protection

1. La ***loi du 30 juin 1838*** avait déjà prévu une mesure de gestion des biens des malades mentaux hospitalisés, soit d'office, soit volontairement et ce, par un administrateur de l'hôpital.

La ***loi du 3 janvier 1968,*** modifiée par la loi du 5 mars 2007, a étendu la protection des majeurs, en dehors des cas d'hospitalisation.

2. L'ouverture des régimes de protection suppose une constatation médicale. Les personnes pouvant demander l'ouverture des mesures de tutelle ou curatelle sont, le conjoint, le curateur (pour la mise sous tutelle), les ascendants ou descendants, les frères et sœurs de la personne à protéger. Toutefois, le juge des tutelles peut aussi prononcer l'ouverture d'une mesure de protection, sur déclaration du médecin traitant au procureur de la République ou d'office à la suite d'informations qui pourraient lui être données, par toute personne intéressée concernant l'état d'un majeur à protéger. Dans cette hypothèse, le juge peut se saisir d'office, s'il l'estime opportun.

B. Les conséquences de la mise en place des mesures de protection

1. Trois mesures doivent être distinguées. Certaines engendrent une assistance temporaire ou permanente, d'autres une représentation.

Ces mesures de protections peuvent être ouvertes dans les cas d'altération des facultés mentales suite à une maladie, une infirmité, un affaiblissement dû à l'âge ou en cas altération des facultés corporelles.

La ***mise sous sauvegarde de justice*** constitue une mesure temporaire, pour les majeurs dont les facultés ne sont pas suffisamment altérées, pour faire l'objet d'une mise en tutelle ou en curatelle.

Elle est donc ouverte pour un acte déterminé, ou dans l'attente d'une mesure plus grave, soit pour protéger momentanément une personne, soit en attendant une mesure plus contraignante. La mise sous sauvegarde de justice peut résulter :

- d'une décision du juge des tutelles
- d'une déclaration, d'un médecin hospitalier ou du médecin traitant assortie de l'avis d'un psychiatre adressée au procureur de la République.

Cette mesure ne peut dépasser un an, et est renouvelable une fois. Le majeur conserve l'exercice de ses droits. Les actes qu'il accomplit sont valables, mais ils peuvent être attaqués, soit par l'action en rescision pour lésion, soit par l'action en réduction pour excès. Cette mesure prend fin, sur avis médical, attestant du retour à la pleine capacité de la personne, ou automatiquement en cas de non-renouvellement, à expiration des délais prévus, ou enfin par l'ouverture d'une procédure de tutelle ou curatelle.

La mise sous curatelle ou sous tutelle décidée par le juge des tutelles ne peut excéder une durée de 5 ans, renouvelable une fois.

Toutefois, lorsque le juge ordonne une mise sous tutelle, il peut fixer une durée plus longue, n'excédant pas dix ans, ce par décision motivée après avis conforme d'un médecin, constatant que l'altération des facultés personnelles de l'intéressé n'apparaît pas susceptible de connaître une amélioration selon les données acquises de la science.

Les jugements portant ouverture, modification ou mainlevée des mesures de curatelle ou tutelle, font l'objet d'une mention en marge de l'acte de naissance de la personne protégée et sont opposables aux tiers deux mois après cette formalité. La mention, opérée en marge des actes de naissance, permet d'être informé de l'existence d'une mesure de protection, prise par un jugement dont un extrait figure au répertoire civil.

La mise sous curatelle nécessite la désignation par le juge des tutelles d'un curateur qui aura pour mission de contrôler, assister et conseiller le majeur, dans les actes de la vie civile.

La mise sous curatelle peut être ouverte, pour les mêmes causes que la mise sous tutelle, si l'altération de facultés mentales ou corporelles permet encore au majeur d'agir seul, mais nécessite néanmoins, compte tenu de sa vulnérabilité, un contrôle et une assistance.

Le ***curateur*** qui est le seul organe de protection, assiste et contrôle le majeur. Son assistance est notamment obligatoire, pour les actes qui en cas de tutelle requièrent l'autorisation du conseil de famille. Si le majeur passe outre cette assistance et fait seul un acte, pour lequel l'assistance du curateur était requise, lui-même ou le curateur peuvent en demander l'annulation. Dans les cas où l'assistance du curateur n'était pas requise par la loi, les actes que le majeur en curatelle a pu faire seul, restent néanmoins sujets aux actions en rescision pour lésion ou réduction pour excès, comme s'ils avaient été faits par une personne sous sauvegarde de justice.

Le régime de ***tutelle*** est plus complexe et s'apparente au régime de tutelle mis en place pour les mineurs. Le tuteur désigné par le juge des tutelles est en principe assisté d'un subrogé-tuteur et du conseil de famille. Ainsi, le tuteur se substitue au majeur, pour les actes de gestion des biens de ce dernier. Toutefois, il ne pourra faire les actes de disposition, qu'avec l'autorisation du conseil de famille ou du juge. Tous les actes, faits par le majeur sous tutelle seul, sont nuls de plein droit.

Il existe des formes atténuées de tutelle. Le juge peut décider d'une mise en place de tutelle, sans subrogé-tuteur ou conseil de famille, lorsque le conjoint, un ascendant, un descendant, un frère ou une sœur sont nommés administrateurs légaux ou s'il décide de nommer un gérant de tutelle, professionnel rémunéré, qui a seulement pour rôle de gérer le patrimoine de la personne.

2. Lorsque le majeur fait l'objet de l'un des trois régimes de protection, ce ne sont pas seulement les actes de nature à porter atteinte à ses intérêts patrimoniaux qui sont contrôlés, mais aussi ceux concernant sa situation matrimoniale et sa vie de couple. Ainsi, lorsqu'un des époux se trouve placé sous l'un des régimes de protection, aucune demande en divorce par consentement mutuel ou pour acceptation du principe de la rupture du mariage ne peut être présentée. Toute autre demande en divorce, concernant un majeur en tutelle uniquement, doit être présentée par son tuteur, après autorisation du conseil de famille ou du juge des tutelles. Le majeur protégé peut cependant, continuer à faire seul, les actes, considérés comme des actes de la vie courante

Fiche 30

La situation des majeurs non protégés aliénés ou vulnérables

A. Les protections, hors régime légal

1. ***L'un des conjoints peut être autorisé à passer des actes, sans le consentement de l'autre***, temporairement ou de manière permanente, si ce dernier refuse d'agir et que cela risque de nuire à l'intérêt du ménage, ou s'il n'est plus en état de manifester sa volonté. Une ordonnance du 15 octobre 2015 étend cette possibilité, au profit de tout proche, ascendants, descendants, frère, sœur, partenaire ou concubin, lorsqu'une personne est hors d'état de manifester sa volonté, et ce, afin d'assurer la sauvegarde de ses intérêts.

L'article L 1111-6 du code de la santé publique prévoit également que toute personne majeure peut désigner ***une personne de confiance***, qu'il s'agisse d'un parent, un proche ou du médecin traitant, personne qui sera consultée au cas où elle-même serait, hors d'état d'exprimer sa volonté et de recevoir l'information nécessaire à cette fin. Cette désignation doit être faite par écrit. Elle est révocable à tout moment. Si le malade le souhaite, la personne de confiance l'accompagnera dans ses démarches et assistera aux entretiens médicaux, pour l'aider dans ses décisions. Lors de toute hospitalisation, dans un établissement de santé, il doit être proposé au malade de désigner une personne de confiance et cette désignation est valable pour la durée de l'hospitalisation. Cependant, si un majeur sous tutelle, désigne seul, sa personne de confiance, après sa mise sous tutelle, la désignation est nulle de plein droit. En revanche, si la désignation est antérieure à la mise sous tutelle, le tuteur peut la révoquer, puisque sa mission englobe celle de la personne de confiance. L'article 477 du Code civil prévoit enfin, que toute personne majeure ne faisant pas l'objet d'une mesure de tutelle peut par mandat, charger une ou plusieurs personnes, de la représenter pour le cas où, elle ne pourrait plus pourvoir seule à ses intérêts.

2. Un majeur ne faisant l'objet d'aucune mesure de protection, peut être, temporairement incapable de prendre soin de lui et être atteint, passagèrement dans ses facultés mentales. ***L'hospitalisation d'un majeur*** victime de troubles mentaux peut alors intervenir, soit avec son consentement, soit sur demande d'un tiers, et ce sans intervention du juge. Le tiers peut être un membre de la famille, un ami ou un voisin, agissant dans l'intérêt du malade ou encore un médecin extérieur à l'établissement en cas de péril imminent et si aucune proche ne donne son consentement.

L'hospitalisation d'office est toujours décidée par le préfet. L'hospitalisation d'office se distingue de l'hospitalisation sur demande d'un tiers. L'hospitalisation sur demande d'un tiers suppose que soit apportée la preuve d'un trouble mental, dispensant de recueillir le consentement de l'intéressé et la nécessité d'une hospitalisation. Ces éléments doivent être établis par deux certificats médicaux datant de moins de 15 jours. Par contre, si personne dans l'entourage du malade ne demande ce placement, le préfet sur production d'un certificat médical pourra ordonner d'office l'hospitalisation de toute personne présentant des troubles mentaux, de nature à compromettre l'ordre public, la sûreté ou la sécurité des personnes.

B. La portée de leurs actes

1. Avant la loi du 3 janvier 1968, le majeur dément pouvait ne pas être déclaré systématiquement responsable. Sa responsabilité était ainsi écartée lorsqu'était rapportée la preuve qu'il n'avait pas eu conscience de la portée de ses actes.

L'article 414-3 du Code civil prévoit désormais que « celui qui a causé un dommage à autrui alors même qu'il était sous l'empire d'un trouble mental n'en est pas moins obligé à réparation ». ***Le majeur aliéné est ainsi civilement responsable***, sur le fondement des articles 1382 ou 1384 du Code civil. Le régime de la responsabilité civile se distingue sur ce point du régime de la responsabilité pénale.

Civilement responsables, les majeurs aliénés sont cependant protégés par les ***nullités affectant leurs actes***. En effet, l'article 414-1 du Code civil précise que, pour faire un acte valable, il faut être sain d'esprit. Il incombe cependant, à celui qui se prévaut de l'insanité d'esprit passagère, pour invoquer la nullité d'un acte, d'en apporter la preuve, c'est-à-dire, de prouver l'existence d'un trouble mental au moment de l'acte. L'action en nullité est réservée à l'auteur de l'acte. Elle peut également être exercée par son tuteur ou curateur.

Après la mort de leur auteur, les actes, autres que la donation entre vifs ou le testament, passés sous l'empire d'un trouble mental ne pourront être attaqués pour nullité que :

- si l'acte porte en lui-même la preuve d'un trouble mental ;
- s'il a été fait dans un temps où l'individu était placé sous la sauvegarde de justice ;
- si une action avait été introduite avant le décès, aux fins de faire ouvrir la tutelle ou la curatelle.

2. Si les majeurs incapables ou agissants sous l'empire d'un trouble mental sont civilement responsables, leur ***irresponsabilité pénale*** est de principe, aux termes de l'article 122-1 du nouveau code pénal qui prévoit que « n'est pas pénalement responsable la personne qui était atteinte, au moment des faits, d'un trouble psychique ou neuropsychique ayant aboli son discernement ou le contrôle de ses actes. La personne qui était atteinte, au moment des faits, d'un trouble psychique ou neuropsychique ayant altéré son discernement ou entravé le contrôle de ses actes demeure punissable ; toutefois, la juridiction tient compte de cette circonstance lorsqu'elle détermine la peine et en fixe le régime ».

DES CHIFFRES À RETENIR

5 ANS : délai au terme duquel, les mesures de protection des majeurs devront nécessairement être contrôlées par le juge, à partir du 1er janvier 2009.

18 ANS : âge de la majorité.

122-1 : article du nouveau code pénal selon lequel, n'est pas pénalement responsable, la personne qui était atteinte, au moment des faits, d'un trouble psychique ou neuro-psychique ayant aboli son discernement ou le contrôle de ses actes.

414-3 : article du Code civil précisant qu'il faut être sain d'esprit, pour faire un acte valable.

414-1 : article du Code civil consacrant la responsabilité civile de celui qui agit sous l'empire d'un trouble mental.

DES DATES À RETENIR

30 JUIN 1838 : loi prévoyant pour la première fois, des mesures de gestion des biens des malades mentaux hospitalisés, soit d'office, soit volontairement.

3 JANVIER 1968 : loi instaurant le régime de protection des majeurs incapables.

4 MARS 2002 : loi donnant la possibilité à un majeur hospitalisé, de désigner une personne de confiance.

5 MARS 2007 : loi réformant le régime des incapacités.

29 MARS 2011 : loi instituant un Défenseur des droits.

CHAPITRE 7
LE COUPLE HORS MARIAGE

Si ***l'union libre a connu une progression considérable*** avec la libéralisation des mœurs, à partir des années soixante, la jurisprudence et la loi devaient déjà antérieurement prendre en considération cette situation, tant pour régir le statut des enfants naturels donc nés hors mariage, que pour protéger les concubins, notamment les concubines. Le concubinage n'était alors reconnu par la loi, que s'il était notoire, par exemple, avec ***la loi du 16 janvier 1972*** réglementant les cas d'ouverture de l'action en recherche de paternité naturelle. La jurisprudence fut aussi dès le début du XXe siècle saisie de litiges concernant des concubins, qu'il s'agisse de faire valoir leurs droits à l'égard des tiers ou d'obtenir des dommages et intérêts à l'encontre du concubin indélicat qui aurait délaissé abusivement l'autre. De nombreux textes, avant la loi de 1999, faisaient aussi allusion au concubinage pour lui faire produire des effets. Ainsi, des lois en matière sociale, avaient prévu le bénéfice des assurances maladie et maternité, au profit du concubin de l'assuré ou l'octroi de certaines pensions, notamment pour les veuves de guerre. L'article L 161-14 du code de la sécurité sociale retenait également, que « la personne qui vit maritalement, avec un assuré social et se trouve à sa charge, à la qualité d'ayant droit de l'assuré, pour l'ouverture du droit aux prestations des assurances-maladies et maternité ».

Dans ces conditions le législateur ne pouvait continuer à ignorer plus longtemps le concubinage et ce d'autant que le contentieux devant les juges, est de plus en plus nombreux notamment au moment de la rupture. En effet, lorsque deux personnes ont vécu en concubinage plusieurs années ensemble, il est bien rare qu'elles n'aient pas acquis des biens en commun. C'est alors que surgiront des problèmes, pour déterminer qui est propriétaire de quoi ou pour savoir qui garde le logement lorsque les deux étaient en location et qu'aucun ne veut partir. Si le juge n'est pas compétent pour régler tous les conflits entre concubins, il est néanmoins souvent sollicité. Il est donc évident que les concubins ne peuvent se passer de la loi et du droit, et que le recours au juge est aussi répandu, dans les relations entre concubins, que dans les relations entre les personnes mariées, en cas de désaccord pendant la vie commune ou suite à la rupture de la vie commune ainsi qu'en témoigne un arrêt de la ***Cour d'appel de RIOM du 24 septembre 2002***. Cet arrêt a le mérite de témoigner de la réelle existence d'un contentieux, même en cas de concubinage, ce que les concubins semblent ignorer en prétendant qu'ils préfèrent l'union libre au mariage, car il serait plus facile de se désunir dans un cas que dans l'autre.

Dans cette affaire, un concubin avait assigné son ex-concubine, en restitution du chien « issu de la vie commune ». En effet, lors de la rupture, la concubine avait emmené le chien avec elle. Le malheureux concubin délaissé par son chien ou plutôt délesté de son chien avait cependant été débouté de son action en restitution de la bête au motif que les attestations produites par la partie adverse démontraient qu'il avait offert le chien à sa compagne d'alors, pour lui tenir compagnie, lors de ses nombreuses absences. Ladite compagne était donc devenue propriétaire du chien, en raison du don manuel, acte unilatéral qui opère transfert de propriété de la chose donnée, puisque même si cela peu paraître choquant dans notre droit, nos amis les bêtes sont reléguées au statut de biens meubles ou immeubles ; en l'occurrence d'un bien meuble s'agissant de ce pauvre chien, vedette d'un combat judiciaire entre concubins. L'union libre présente donc des inconvénients et pas seulement pour les concubins.

Le droit se devait en conséquence de reconnaître officiellement le concubinage.

L'article 515-8 issu de la loi du 15 novembre 1999, non seulement consacre en droit la notion de concubinage, mais il en donne une définition et reconnaît le concubinage homosexuel que la Cour de Cassation avait toujours condamné. Cette loi, mettant un terme à de longues discussions, adopta également le PACS.

Dès 1992, une proposition de loi était déposée pour la création d'un contrat dit « Contrat d'union civile » (CUC) permettant l'union de deux personnes, qu'elles soient du même sexe ou non. L'idée d'alors était de ne pas faire un contrat spécifique pour les personnes homosexuelles, mais de créer un contrat qui intégrerait tout le monde, afin qu'il soit mieux accepté. Restée sans suite, elle sera suivie d'une proposition de loi, sur un contrat d'union sociale CUS, puis d'un contrat d'union civile et sociale CUCQS, pour finalement aboutir à la proposition du PACS, longuement discutée à l'assemblée nationale, notamment par Mme Christine Boutin dans un discours de plus de 5 heures qui restera célèbre. Malgré une forte opposition, la loi verra le jour le 15 novembre 1999. La France n'est cependant pas le seul pays à avoir mis en place un régime d'union civile distinct du mariage. Le Danemark fut le premier pays à admettre, en 1989, un régime d'union pour les couples de même sexe. La Suisse a aussi, par référendum, en 2005, adopté un régime de partenariat légal qui ne concerne que les couples de même sexe. D'autres pays, comme la Belgique ayant un régime identique au PACS, admettaient, en plus, le mariage homosexuel. La loi de 1999 devait faire l'objet de critiques et deux réformes ont depuis lors été adoptées. Une première réforme est intervenue avec la loi de finance de 2005 qui a permis, aux partenaires pacsés, de bénéficier de l'imposition commune, dès la conclusion du pacte et non plus au bout de 3 ans et d'augmenter leurs avantages fiscaux, en cas de décès de l'un des deux partenaires. Puis, une seconde réforme, plus importante et répondant aux critiques formulées notamment à propos du régime d'indivision concernant les biens des partenaires, a été votée et est intégrée, à la loi du 23 juin 2006, portant réforme des successions et libéralités. Si les conditions de conclusion du PACS ont peu été atteintes par la réforme, ses formalités de publicité ont été accrues. Enfin, même si le PACS n'a pas été atteint par la loi du 17 mai 2013, ce dernier n'est plus la seule forme d'union pour les couples homosexuels.

POUR EN SAVOIR PLUS

- Laurence de Percin, *Concubinage, pacs ou mariage, que choisir ?* coll. « Guid'utile », Éditions Vuibert, 2017, 189 pages.
- *www.vosdroits.service-public.fr* : sur ce site la rubrique « Couple ».

LISTE DES FICHES

31. La reconnaissance du couple hors mariage
32. Les effets du concubinage
33. Les effets du PACS
34. La rupture du couple hors mariage
35. Le couple homosexuel

Fiche 31

La reconnaissance du couple hors mariage

A. La consécration du concubinage

1. L'article 515-8 du Code civil définit le concubinage comme étant « une situation de fait caractérisée par une vie commune présentant un caractère de stabilité et de continuité, entre deux personnes, de sexe différent ou de même sexe, qui vient en couple ».

Plusieurs critères sont donc retenus pour caractériser le concubinage :

- ***une union***. Il s'agit de la volonté de se lier ;
- une union ***caractérisée par une vie commune***. La communauté de vie n'est cependant pas suffisante, si la nature des relations ne présente pas les caractères d'une véritable vie commune maritale. Ainsi, deux personnes peuvent vivre ensemble sans être des concubins, mais seulement des colocataires. L'exigence d'une vie commune implique donc une communauté de vie matérielle, c'est-à-dire un lieu de vie commune, mais aussi une communauté de vie physique, donc des relations sexuelles caractérisant un couple ;
- une union ***entre deux personnes***. La loi limite ainsi nombre de personnes liées au sein de cette union. À l'instar du mariage et tout comme pour le PACS, seules deux personnes peuvent être considérées comme vivant en concubinage ;
- une ***union stable et continue***. Cela signifie qu'il ne doit pas s'agir de relations épisodiques ou d'une relation ponctuée de ruptures et réconciliations ;
- une union ***entre de deux personnes de sexes différents ou de même sexe***. De la même manière que le PACS, mais à la différence du mariage, le concubinage est possible même entre personnes de même sexe. Le concubinage homosexuel est donc définitivement consacré après avoir pourtant été fermement condamné par la troisième chambre civile de la Cour de cassation qui dans un arrêt de principe du 17 décembre 1997 avait jugé que, le concubinage ne peut résulter que d'une relation stable et continue, ayant l'apparence du mariage, donc entre un homme et une femme.

2. À la différence du mariage ou du PACS, aucun formalisme n'entoure le début de la vie en concubinage.

Aucun document officiel, n'est exigé et ne peut être exigé pour justifier du concubinage. Comme toute situation de fait, il peut être prouvé par tous moyens. Mais, les concubins peuvent se faire remettre un certificat de concubinage. Il s'agit d'un document qui est délivré par la mairie du lieu de résidence des concubins, attestant que deux personnes vivent en union libre, au même domicile. Certaines mairies exigent pour le délivrer, la présence de deux témoins.

B. La conclusion du PACS

1. Les deux personnes qui souhaitent conclure un pacte civil de solidarité en font la déclaration conjointe devant l'officier de l'état civil de la commune dans laquelle elles fixent leur résidence commune ou, devant l'officier de l'état civil de la commune où se trouve la résidence de l'une des parties. Elles doivent faire cette déclaration conjointement, cela signifie que leur présence est requise devant l'officier d'état civil qui va enregistrer le Pacs. Cependant, si un des partenaires est empêché, l'officier d'état civil peut se déplacer jusqu'à lui pour enregistrer sa déclaration, par exemple en cas d'hospitalisation ou pour toute autre raison médicale. À peine d'irrecevabilité, les deux parties doivent produire les pièces d'état civil, permettant d'établir qu'il n'existe pas un empêchement résultant d'un lien de parenté.

La convention de Pacs peut être faite, par acte sous seing privé ou par acte notarié. Si la convention est passée par acte notarié, le notaire, d'une part recueille la déclaration conjointe et procède à l'enregistrement de la convention, mais encore, il fait procéder aux formalités de publicité. Si les partenaires modifient la convention relative au pacte civil de solidarité, la convention modificative est remise ou adressée à l'officier de l'état civil ou au notaire qui a reçu l'acte initial, afin d'y être enregistrée. Dans cette convention, les parties peuvent se limiter à constater qu'elles s'engagent dans les liens du Pacs et viser les dispositions légales relatives au Pacs ou bien prévoir les modalités de répartition des biens meubles acquis pendant la durée du Pacs, ainsi que la contribution respective de chacun aux charges de la vie commune. Elles ne peuvent cependant pas déroger aux dispositions impératives concernant leurs droit et obligations réciproques. La convention doit être rédigée en Français et comporter la signature des deux personnes concernées. Aucune copie n'en est conservée par l'officier d'état qui la restitue aux partenaires après l'avoir visée. Par contre, si la convention est faite par acte notarié, l'original est conservé à l'étude du notaire et une copie est remise aux partenaires. La convention par laquelle les partenaires modifient le pacte civil de solidarité est remise ou adressée à l'officier de l'état civil ou au notaire qui a reçu l'acte initial afin d'y être enregistrée.

2. Le PACS est un contrat conclu entre deux personnes, de sexe différent ou de même sexe. Il faut être majeur, capable (ne pas être sous tutelle), ne pas être engagé dans les liens du mariage, ni déjà pacsé avec une autre personne. Enfin, le PACS est prohibé entre ascendants et descendants en ligne directe, entre alliés en ligne directe et entre collatéraux jusqu'au troisième degré inclus. À la différence du mariage, l'existence d'un lien de parenté est toujours un obstacle à la conclusion du PACS et aucune dispense du président de la République ne peut être sollicitée.

Ces conditions de fond sont exigées, à peine de nullité du contrat de PACS.

Fiche 32

Les effets du concubinage

A. Les effets du concubinage entre les concubins

1. Les effets extrapatrimoniaux sont, limités par rapport à ceux du PACS ou du mariage.

La nouvelle loi fait peser sur les concubins une obligation de cohabitation. Ils ne sont cependant pas liés par les devoirs d'assistance et de fidélité exigés au sein du mariage. Ils ne sont tenus à aucune obligation alimentaire l'un envers l'autre, à aucun devoir de secours, à aucune obligation d'assistance mutuelle.

2. Les effets patrimoniaux, sans être spécifiques au concubinage, appellent quelques observations. Ils concernent le sort des biens acquis par les concubins et les libéralités consenties entre eux.

Les biens acquis par les concubins restent des biens propres à celui qui fait l'acquisition, à moins qu'ils ne soient achetés en commun. Dans ce cas, ils tombent en indivision. Les biens des concubins sont automatiquement, réputés avoir été acquis en indivision, lorsqu'en cas de litige, l'un des concubins n'arrive pas à apporter la preuve de sa propriété exclusive, ce qui est le cas, le plus souvent, pour les meubles.

Les libéralités consenties entre concubins ont pendant longtemps été considérées par la jurisprudence, comme illicites, sauf si elles avaient pour but l'exécution d'un devoir de conscience, comme le fait de ne pas laisser sans ressources, une concubine avec un enfant ou le fait de récompenser l'aide apporte par un concubin à l'autre, dans l'exercice de son activité professionnelle ou pendant une maladie.

En dehors de ces hypothèses, la jurisprudence annulait les libéralités pour illicéité de la cause, lorsqu'elle estimait qu'elles n'avaient pour but que le maintien des relations hors mariage. La Cour de cassation a cependant franchi un pas important en admettant, dans un arrêt fort remarqué, que les donations consenties, même pour le maintien de relations adultères ne peuvent être annulées, comme étant fondées sur une cause immorale. Cet arrêt de principe de la Cour de cassation rendu par la première chambre civile, le 3 février 1999 a constitué une évolution importante dans la reconnaissance du concubinage en droit.

B. Les effets du concubinage à l'égard des tiers

1. Limités entre concubins, les effets personnels et patrimoniaux du concubinage le sont aussi à l'égard des tiers. Il n'en reste pas moins que le concubinage est de nature à produire des effets à l'égard de certains tiers.

La fin du concubinage peut ainsi donner lieu à des dommages-intérêts à la charge d'un tiers, lorsqu'elle intervient à la suite du décès de l'un des concubins.

La jurisprudence sur ce point est ancienne et fait partie des décisions à l'origine de la reconnaissance du concubinage en droit. Dans un arrêt de principe, en date du 27 juillet 1937, la chambre civile de la Cour de cassation, saisie du problème, avait considéré qu'il ne pouvait y avoir de lieu à indemnisation du concubin, victime par ricochet du fait du décès de l'autre, en raison de l'absence de lien de droit entre les 2.

Le 26 juin 1958, la chambre criminelle de la Cour de cassation admettait le droit à réparation, en cas de concubinage stable et non adultère.

Cette opposition entre la chambre civile et la chambre criminelle de la Cour de cassation devait perdurer, jusqu'à un arrêt de la chambre mixte de la Cour de cassation, arrêt Dangereux, rendu le 27 février 1970 qui trancha en faveur de la solution adoptée par la chambre civile.

La seule restriction concernait alors le concubinage adultérin. Cependant, il ne faut pas oublier que l'adultère constituait toujours un délit puisque sa dépénalisation ne date que de 1975.

Ce n'est qu'avec l'arrêt Toros, du 10 juin 1975, que la chambre criminelle de la Cour de cassation admettra le droit à réparation d'une concubine, du fait du décès de son concubin, alors que celui-ci était marié.

Ultérieurement, la jurisprudence devait aussi admettre l'indemnisation conjointe de la concubine et de l'épouse.

2. D'autres effets patrimoniaux peuvent résulter du concubinage et sont prévus par différents textes.

Ainsi, l'article L 161-14 du code de la sécurité sociale prévoit que la personne qui vit maritalement avec un assuré social et se trouve à sa charge a la qualité d'ayant-droit de l'assuré, pour l'ouverture du droit aux prestations des assurances maladie et maternité.

Ce droit est admis depuis longtemps, que le concubinage soit hétérosexuel ou homosexuel.

La législation sociale apparaît d'autant plus permissive, qu'elle admet même que la qualité d'ayant-droit puisse être reconnue, en même temps, à une épouse et à une concubine.

La législation en matière de baux d'habitation prévoit également que le concubinage est opposable aux tiers puisque, depuis la loi du 6 juillet 1989, en cas de concubinage notoire, si le concubin, titulaire du bail, abandonne le domicile ou décède, son concubin bénéficie du droit au bail

Par contre, le concubinage peut aussi, dans certains cas, générer des obligations et être à l'origine du retrait de droits pour l'un des concubins. Ainsi, l'allocation de parent isolé ou de soutien familial perçue par un parent cessera s'il vit en concubinage. De même les pensions de veuvage cessent en cas de concubinage.

Fiche 33
Les effets du PACS

A. Les effets entre les partenaires

1. Les effets personnels du PACS semblent bien limités par rapport au mariage, puisque la nouvelle loi ne prévoit, ni droit à l'usage du nom du partenaire, ni obligations de fidélité, assistance ou respect. Pourtant, le PACS engendre des droits et obligations, tant entre les partenaires qu'à l'égard des tiers.

Selon l'article 515-1 du Code civil, le PACS est un contrat conclu par 2 personnes physiques majeures, de sexe différent ou de même sexe, pour organiser leur vie commune.

Cet article vise donc expressément ***la vie commune***. La notion de vie commune suppose, outre une ***résidence commune***, ***une vie de couple***. À cet égard, il est significatif que le législateur ait prévu des empêchements à la conclusion d'un PACS, rappelant les causes de nullité du mariage et liées à l'existence de liens de parenté ou alliance. C'est pourquoi, le Conseil constitutionnel dans sa décision du 9 novembre 1999 a pu en déduire, qu'il en résulte du contrat de PACS « une obligation de résidence commune et de vie de couple au sens sexuel du terme tout comme le mariage suppose des relations intimes entre les époux ».

La loi ne semble pas faire état d'autres obligations extra-patrimoniales entre les partenaires.

Cependant, la jurisprudence estime aussi que les partenaires engagés dans des liens contractuels sont comme tels, soumis au droit commun des obligations et doivent exécuter ce contrat, comme tout autre contrat de ***bonne foi***. Sur ce fondement, le tribunal de grande instance de Lille a, par jugement du 5 juin 2002, sanctionné l'attitude du partenaire qui entretenait une liaison avec une autre personne en retenant « qu'il découle de l'article 515-1 une obligation de vie commune entre partenaires d'un PACS, qui doit être exécutée loyalement, et que le manquement à cette obligation justifie une procédure en résiliation du PACS aux torts du partenaire fautif ». Implicitement, cette décision semble donc consacrer une obligation de fidélité entre les partenaires.

2. L'article 515-4 du Code civil prévoit aussi que les partenaires liés par un pacte civil de solidarité s'apportent ***une aide mutuelle et matérielle***. Ils ne sont donc pas tenus d'une obligation d'assistance comme les couples mariés. L'aide matérielle et mutuelle se distingue de la contribution aux charges du mariage. Les modalités de cette aide sont normalement fixées par le pacte. Il s'agit d'une obligation légale incontournable. Le Conseil constitutionnel a précisé que la nullité est encourue, par toute clause qui méconnaîtrait les obligations du PACS. Chaque partenaire doit donc contribuer, en fonction de ses possibilités financières ou des clauses fixant le montant de l'aide de chacun, si cela a été prévu lors de la conclusion du PACS. L'aide mutuelle et matérielle représente, ce que chacun des partenaires va apporter au ménage, au cours de la vie commune.

Toutefois, rien dans les textes ne permet de résoudre le problème qui peut se poser, si les partenaires ne prévoient rien quant aux modalités d'exécution de cette obligation, dans le contrat de PACS. Certes, la loi du 23 juin 2006 a précisé que ***cette aide est proportionnelle à leurs facultés respectives***. Pour autant, cela n'exclut pas tout contentieux, en cas de désaccord sur le montant de la contribution de l'un ou de l'autre.

Se pose aussi le problème de la propriété des biens des partenaires, pendant la vue commune. Les biens acquis par chaque partenaire avant la conclusion du PACS continuent à lui appartenir en propre, et ils sont considérés comme des époux mariés sous le régime de la séparation de biens.

B. Les effets à l'égard des tiers

1. Les partenaires pacsés, homosexuels ou hétérosexuels, bénéficient du droit au bail accordé à l'autre.

Le PACS est aussi opposable à l'employeur dans le cadre du contrat de travail puisque l'article 8 de la loi de 1999 accorde aux partenaires le bénéfice des dispositions du code du travail, leur permettant de demander des congés simultanés ou des congés pour événements familiaux. Les dispositions du code du travail concernent également le partenaire du chef d'entreprise, lequel, lorsqu'il travaille pour le compte de l'autre, en tant que salarié, doit bénéficier des dispositions protectrices du droit du travail.

2. Le PACS est également, dans plusieurs hypothèses, opposable à l'administration.

Si le PACS n'est pas de nature à conférer un droit à la nationalité ou au séjour, il constitue cependant un élément important, pour apprécier l'opportunité de délivrer un titre de séjour, sur le fondement de l'article L 313-11 du code l'entrée et du séjour des étrangers et du droit d'asile, relatif à l'attribution d'une carte de séjour portant la mention « vie privée et familiale ».

Le PACS peut aussi être opposé par les partenaires à leur administration, lorsqu'ils sont fonctionnaires, pour bénéficier du droit de mutation, en vue d'un rapprochement entre eux.

Le PACS est également opposable à l'administration fiscale. L'année suivant celle de la conclusion du PACS, les partenaires peuvent ne faire qu'une déclaration fiscale et être imposés ensemble.

Enfin, tout comme les couples mariés, les partenaires bénéficient d'un abattement fiscal, en cas de donation et sont exonérés de droit de successions.

Fiche 34

La rupture du couple hors mariage

A. La rupture du concubinage

1. La rupture du concubinage est entièrement libre. Aucun devoir de secours, aucune obligation alimentaire, aucune prestation compensatoire ne sont prévus dans ce cas. En outre, la rupture d'un concubinage ne constitue pas, en elle-même, une faute susceptible d'ouvrir droit à des dommages et intérêts. La rupture du concubinage qui n'est empreinte d'aucun formalisme est ainsi totalement libre. Toutefois, la jurisprudence a depuis longtemps admis, le droit à réparation, au profit du conjoint délaissé, en cas de rupture abusive.

2. Ce n'est pas la rupture en elle qui génère le droit à réparation, mais les circonstances de la rupture.

La jurisprudence est constante sur ce point et sanctionne par exemple, comme en cas de rupture des fiançailles, la rupture du concubinage, après une séduction avec promesse de mariage ou des manœuvres dolosives, comme le fait, pour un concubin d'avoir incité sa compagne à déménager et à quitter son emploi, en lui interdisant de travailler à nouveau et après s'être engagé formellement à subvenir à ses besoins.

Lors de la rupture du concubinage, il n'y a pas lieu à liquidation de la communauté puisque, à la différence du mariage, le concubinage ne place pas les concubins sous un régime matrimonial de communauté. Les concubins se trouvent dans la situation des époux séparés de biens. Les concubins ont cependant pu acheter des biens en commun. Ils seront alors considérés, comme propriétaires indivis de ces biens et il y aura lieu de les partager par moitié, ou proportionnellement à l'apport respectif de chacun.

Une telle répartition peut parfois s'avérer inéquitable, ce qui a conduit la jurisprudence à intervenir pour préserver les intérêts de chacun des concubins.

La jurisprudence considère que lorsqu'un concubin a participé par son travail à l'enrichissement de l'autre, il peut réclamer une indemnité sur le fondement de l'enrichissement sans cause ou alors, elle retient qu'une société de fait s'étant créée entre les concubins, il y a lieu de procéder au partage des biens.

B. La rupture du PACS

1. Il peut être mis ***fin*** au Pacs d'un **commun accord par les deux partenaires**. Ceux-ci doivent alors adresser ***une déclaration conjointe, à l'officier de l'état civil***, du lieu de son enregistrement, ou au notaire qui a procédé à l'enregistrement du Pacs.

Si l'un des partenaires décide de mettre fin unilatéralement au Pacs, il doit en informer l'autre, par voie d'huissier, et transmettre la copie de cet acte à l'officier d'état civil du lieu de l'enregistrement ou au notaire qui a procédé à l'enregistrement.

La possibilité donnée à l'un de rompre unilatéralement le Pacs, soit en se mariant, soit par simple déclaration unilatérale, a suscité des critiques et conduit à la saisine du Conseil constitutionnel. À l'appui de leur recours devant le Conseil constitutionnel, les requérants ont fait valoir, d'une part que la faculté de rupture unilatérale du pacte civil de solidarité s'apparenterait, une répudiation et méconnaîtrait, le principe du respect de la dignité de la personne humaine, d'autre part, que la rupture du pacte par mariage serait contraire au principe d'égalité entre les contractants. Par décision en date 9 novembre 1999, le Conseil constitutionnel a cependant retenu qu'aucune des dispositions de la loi du 15 novembre 1999 n'était inconstitutionnelle.

L'officier de l'état civil ou le notaire enregistre donc la dissolution et procède ou fait procéder aux formalités de publicité.

La dissolution du pacte civil de solidarité prend effet, dans les rapports entre les partenaires, à la date de son enregistrement et elle est opposable aux tiers, à compter de l'accomplissement des formalités de publicité.

Le Pacs prend aussi automatiquement ***fin, en cas de mariage des partenaires entre eux ou avec une tierce personne ou en cas de mort de l'un des partenaires***.

Dans ces cas, la dissolution prend effet à la date de l'événement.

2. Toute aide financière, s'apparentant à une prestation compensatoire, est exclue en cas de rupture du PACS, à moins que les partenaires n'aient envisagé une obligation en ce sens, lors de la rédaction de la convention régissant leurs rapports, comme la loi leur en donne la possibilité.

La rupture est en outre, tout à fait libre et ne peut en principe, donner lieu à des dommages et intérêts. Toutefois, la demande de dommages et intérêts de l'un des partenaires, est recevable, en cas de rupture abusive, comme dans le cas de la rupture du concubinage, sur le fondement de l'article 1240 du Code civil.

Enfin il y a lieu de procéder à la liquidation du régime qui s'est instauré pendant la durée du partenariat.

Depuis la suppression du régime de l'indivision, comme régime de droit commun, entre les partenaires, chacun des partenaires reprend, après la rupture, les biens lui appartenant. Si toutefois ils ont choisi le régime de l'indivision, ils devront, si aucun accord n'est trouvé ou si l'un ne veut pas vendre, avoir recours au juge pour liquider l'indivision.

Un problème, tout comme en cas de rupture du concubinage peut aussi se poser, lorsque l'un des partenaires estime qu'il a contribué à enrichir l'autre, à son détriment par des apports en nature ou en industrie. Là encore, des actions en justice, sur le fondement de la notion d'enrichissement sans cause ou de l'existence d'une société de fait sont envisageables.

Fiche 35

Le couple homosexuel

A. L'union homosexuelle

1. Une progressive reconnaissance législative ***caractérise l'union homosexuelle***

Étape significative, au début des années quatre-vingt-dix, l'organisation mondiale de la santé (OMS) raya l'homosexualité de la liste des maladies mentales.

Mais, dans une décision remarquée rendue le 17 décembre 1997, la 3e chambre civile de la Cour de cassation devait retenir que « le concubinage ne pouvait résulter que d'une relation stable et continue, ayant l'apparence du mariage, donc entre un homme et une femme ». Cette position stricte de la Cour de cassation devait être démentie par la loi du 15 novembre 1999, qui a officialisé le couple homosexuel et consacré le couple hors mariage hétérosexuel ou homosexuel.

2. Le couple homosexuel accède aujourd'hui au mariage.

Un mariage célébré à Bègles entre deux hommes, en 2004, avait fait l'objet d'un recours en annulation, formé par le ministère public.

Le tribunal de grande instance et la cour d'appel de Bordeaux avaient fait droit à cette demande. La première chambre civile de la Cour de cassation avait rejeté le pourvoi formé par les deux prétendants au mariage, dans une décision du 13 mars 2007, en retenant que « selon la loi française, le mariage est l'union d'un homme et d'une femme ; que ce principe n'est contredit par aucune des dispositions de la convention européenne des droits de l'homme et de la charte des droits fondamentaux de l'Union européenne qui n'a pas en France de force obligatoire ».

La loi du 18 mai 2013 consacrant le mariage, entre deux personnes de même sexe, donne un coup d'arrêt à cette jurisprudence.

B. Le couple homosexuel et les enfants

1. Avec l'entrée en vigueur de la loi autorisant le mariage homosexuel, l'adoption est ouverte à tous les couples mariés, qu'ils soient hétérosexuels ou homosexuels.

Il en résulte que les ***couples homosexuels mariés*** se voient reconnaît le droit à la parentalité adoptive.

Cette loi permet aussi l'adoption simple ou plénière, des enfants de la femme, ayant déjà un enfant, par soit à la suite d'une relation hétérosexuelle, soit à la suite d'une procréation médicalement assistée, par sa conjointe.

2. Par contre, les couples homosexuels mariés ne peuvent pas bénéficier du recours à la procréation médicalement assistée qui reste réservée aux couples de sexes différents, dans l'impossibilité médicale de procréer.

En outre, les ***couples homosexuels non mariés***, ne pourront pas plus devenir parents par la voie de l'adoption et sur point la jurisprudence antérieure semble devoir être maintenue, lorsque l'un des membres d'un couple homosexuel a des enfants, soit à la suite d'une première union hétérosexuelle, soit par le recours à une procréation médicalement assistée à l'étranger.

La première chambre civile de la Cour de cassation, le 24 février 2006 avait, sur ce point, approuvé la cour d'appel Angers qui avait simplement admis la délégation d'une partie de l'autorité parentale par une mère, au profit de sa compagne, au double motif que la relation unissant les deux femmes était stable depuis de nombreuses années et que l'absence de filiation paternelle laissait craindre qu'en cas d'événement accidentel plaçant la mère dans l'incapacité d'exprimer sa volonté, sa compagne ne se heurte à une impossibilité juridique de tenir le rôle éducatif qu'elle avait toujours eu aux yeux des 2 filles de sa compagne.

Par contre, dans deux arrêts du 20 février 2007, la première chambre civile de la Cour de cassation avait exclu en France, le droit à l'adoption simple de ses enfants, conçus par recours à une procréation médicalement assistée, demandé par une mère au profit de sa partenaire. Pour rejeter le pourvoi de la mère, la Cour de cassation avait estimé « qu'ayant retenu à juste titre que Mme Y., mère des enfants, perdrait son autorité parentale sur eux en cas d'adoption par Mme X., alors qu'il y avait communauté de vie, puis relevé que la délégation de l'autorité parentale ne pouvait être demandée que si les circonstances l'exigeaient, ce qui n'était ni établi, ni allégué, et qu'en l'espèce, une telle délégation ou son partage étaient, à l'égard d'une adoption, antinomique et contradictoire, l'adoption d'un enfant mineur ayant pour but de conférer l'autorité parentale au seul adoptant, la cour d'appel, qui a procédé à la recherche prétendument omise, a légalement justifié sa décision ». Par arrêt du 8 juillet 2010, la 1re chambre civile de la Cour de cassation a confirmé cette position en retenant que « si l'article 377, alinéa 1er, du Code civil ne s'oppose pas à ce qu'une mère seule titulaire de l'autorité parentale en délègue tout ou partie de l'exercice à la femme avec laquelle elle vit en union stable et continue, c'est à la condition que les circonstances l'exigent et que la mesure soit conforme à l'intérêt supérieur de l'enfant ».

DES TEXTES À RETENIR

15 NOVEMBRE 1999 : loi définissant le PACS et consacrant le concubinage.

23 JUIN 2006 : loi ayant réformé le régime des biens des partenaires.

L 161-14 : article du code de la sécurité sociale ouvrant le droit aux prestations sociales au profit du concubin ou du partenaire de l'assuré.

515-1 : article du Code civil définissant le PACS.

515-8 : article du Code civil définissant le concubinage.

DES ARRÊTS À RETENIR

27 FÉVRIER 1970 : arrêt Dangereux rendu par la chambre mixte de la Cour de cassation et consacrant le droit à réparation du concubin victime par ricochet, du fait du décès de l'autre, même en cas de concubinage adultérin.

17 DÉCEMBRE 1997 : arrêt de la troisième chambre civile de la Cour de cassation excluant le concubinage entre deux personnes de même sexe.

3 FÉVRIER 1999 : arrêt de principe par lequel la première chambre civile de la Cour de cassation, a consacré la validité des libéralités entre concubins, même lorsqu'elles ont été consenties pour le maintien de relations adultères.

24 FÉVRIER 2006 : arrêt de la première chambre civile de la Cour de cassation admettant la délégation d'une partie de l'autorité parentale par une mère, au profit de sa compagne.

20 FÉVRIER 2007 : arrêt de la première chambre civile de la Cour de cassation, excluant le droit à l'adoption simple, des enfants d'une femme ayant eu recours à une procréation médicalement assistée, par sa partenaire.

CHAPITRE 8
LA CONCLUSION DU MARIAGE

Contrat ou institution, telle est la question qui se pose lorsque l'on s'interroge sur la nature juridique du contrat de mariage. Il s'agit d'une institution en ce que, tant ses conditions de conclusion, que ses effets sont précisément réglementés par la loi. Mais il s'agit aussi d'un contrat, dans la mesure où le consentement est un élément essentiel à sa formation. Le consentement n'est cependant pas suffisant et la loi impose le respect de nombreuses conditions de fond et de forme pour qu'il soit valablement célébré.

L***e mariage posthume,*** dérogeant à la nécessité de l'échange oral des consentements, élément indispensable à la validité du mariage, peut être célébré après autorisation du président de la République. Le mariage est en effet, exceptionnellement admis, en cas de décès de l'un des époux. Cette possibilité a été introduite dans notre droit à la suite d'une catastrophe survenue en 1959. Il s'agit de la rupture du barrage Malpasset qui avait entraîné la mort de plus de 400 personnes. Parmi les victimes se trouvait un jeune homme qui devait se marier 15 jours après et dont la fiancée était enceinte. La situation de cette jeune femme, suite à l'émotion suscitée, a permis d'admettre, dans notre droit, le mariage posthume et a été à l'origine de la loi du 31 décembre 1959 qui a déterminé les conditions de validité d'un tel mariage.

Le mariage est un droit, dont nul ne saurait être privé, mais auquel nul ne saurait être contraint. Le droit au mariage est en effet, un droit individuel, d'ordre public qui ne peut se limiter, ni s'aliéner comme la jurisprudence l'a à de nombreuses reprises affirmé.

L'article 16-1 de la Déclaration universelle des droits de l'homme de 1948 dispose à cet égard, qu'à partir de l'âge nubile, l'homme et la femme, sans aucune restriction quant à la race, la nationalité ou la religion ont le droit de se marier et de fonder une famille.

Toutes ***les promesses***, préalables au mariage, ***sont donc sans portée*** et toutes les clauses interdisant ou obligeant un mariage sont, par principe illicites avec cependant des nuances dans chaque cas.

En droit français, la famille s'est longtemps construite autour du couple marié. Néanmoins, les relations de concubinage existaient déjà, sous l'Ancien Régime, sans être reconnues et les relations homosexuelles ne sont pas non plus une révélation du XXe siècle. Cependant, pendant longtemps, la société ne reconnaissait le couple que lorsqu'il résultait d'une union civile ou religieuse d'un homme et d'une femme

Sous l'Ancien Régime, le mariage religieux prévalait, comme il continue à prévaloir dans certaines sociétés actuelles. Le concile de Trente, en 1563, avait même consacré l'indissolubilité du mariage religieux. Il faudra cependant attendre la révolution, pour que soit consacrée la laïcité du mariage et que la Constitution de 1791, précise que la loi ne considère le mariage, que comme un contrat civil. Le Code civil de 1804, devait alors s'employer à réglementer le mariage civil. Le Code civil consacrait ainsi uniquement la famille légitime, unie par les liens d'un mariage uniquement laïc.

Toutefois, si les relations hors mariage étaient connues mais non reconnues ni par la société ni par le droit, il a bien fallu prendre en considération certaines conséquences de ces relations et notamment la naissance des enfants.

Le concubinage fut alors progressivement, à partir de la fin du XIXe siècle, non pas reconnu en tant que tel, mais, pris en considération par la loi ou par la jurisprudence pour produire des effets de droits. Le Code civil avait déjà admis la possibilité de la reconnaissance des enfants naturels. Pour autant, cela ne signifiait pas nécessairement une reconnaissance implicite du concubinage, puisque les enfants naturels pouvaient naître simplement d'une relation éphémère entre un homme et une femme. Cependant, cela signifiait que le législateur prenait déjà en considération, les conséquences de relations hors mariage, en ne les laissant pas dans une situation de non droit. Puis, en 1912, l'action en recherche de paternité sera autorisée. Cependant, le couple vivant en concubinage ne commencera véritablement, à être pris en considération, qu'au début du XXe siècle, dans des textes épars et dans certaines décisions jurisprudentielles. Outre l'évolution de la notion de couple, il faut retenir l'évolution du statut familial.

La famille classique, composée du couple parental, marié avec des enfants ou non, est aujourd'hui dépassée, avec les familles à dimension variable, familles non mariées, les familles monoparentales, les familles recomposées et les familles homoparentales.

On peut ainsi, remarquer sociologiquement, une tendance à la restriction de la dimension familiale. La famille vivant sous le même toit et partageant les mêmes intérêts est, en effet, aujourd'hui limitée, à la famille nucléaire, composée des parents et des enfants. En outre, de nouvelles familles émergent. Il y a tout d'abord, les familles monoparentales qui résultent du choix d'une femme, ou plus exceptionnellement d'un homme, d'avoir et d'élever seule (ou seul) un enfant ou qui peuvent être les conséquences d'un divorce ou d'un veuvage. La famille monoparentale comprend donc un parent, avec un ou plusieurs enfants à charge. Puis, il y a la famille recomposée, qui résulte des divorces, remariages ou vie en couple d'un parent, avec un ou plusieurs enfants, avec une autre personne de même sexe ou de sexe différent avec ou sans enfants. Il en va ainsi par exemple, si une femme divorcée avec un enfant se remarie ou vit en concubinage, avec un homme veuf, avec trois enfants.

La prise en compte de la famille recomposée est aujourd'hui, à l'origine de la reconnaissance de certains droits, comme les droits des tiers, dans l'exercice d'un droit de visite et d'hébergement concernant un enfant. En droit successoral, il est aussi prévu que, la donation-partage soit étendue aux demi-frères et demi-sœurs et qu'un partage égal entre enfants issus de mariages différents soit effectué.

La famille homoparentale a enfin trouvé sa consécration avec la loi du 17 mai 2013, autorisant les personnes de même sexe à se marier et l'article 6-1 du Code civil qui en est résulté, lequel dispose que « le mariage et la filiation adoptive emportent les mêmes effets, droits et obligations reconnus par les lois…, que les époux ou les parents soient de sexe différent ou de même sexe ».

POUR EN SAVOIR PLUS

- Antoine Leca, *Introduction historique au droit de la famille*, coll. « Hors collection », Lexis Nexis, 2017, 154 pages.
- *www.textes.justice.gouv.fr :* sur ce site la circulaire du 29 mai 2013 sur le mariage entre personnes de même sexe.

LISTE DES FICHES

36. La liberté du mariage
37. Les conditions de validité du mariage
38. La spécificité du consentement dans le mariage
39. La sanction des conditions de validité du mariage
40. L'opposition

Fiche 36

La liberté du mariage

A. Les promesses de mariage ou fiançailles

1. Le droit civil français, à la différence de certains droits étrangers, comme le droit allemand, ne reconnaît ***aucune valeur juridique*** contractuelle aux fiançailles, malgré certaines thèses doctrinales en ce sens. Les fiançailles ne créent ni droits, ni obligations, entre les fiancés. Ils n'obligent pas au mariage. Il ne s'agit pas d'une situation reconnue par le droit. Les fiançailles ne constituent donc qu'une situation de fait, laquelle peut néanmoins produire des effets juridiques.

2. La ***rupture des fiançailles*** peut donner lieu à des dommages et intérêts au profit du fiancé délaissé, uniquement lorsqu'elle apparaît comme abusive. Ce n'est donc pas la rupture en elle-même qui est considérée comme fautive, puisque les fiançailles ne créent aucune obligation, aucun droit au mariage dont pourrait se prévaloir le fiancé délaissé, mais les circonstances de la rupture.

Ces circonstances peuvent être jugées comme abusives et par voie de conséquence comme causant un préjudice au fiancé délaissé. Il en va ainsi, si la rupture intervient à une date trop proche du mariage alors que tout a été préparé en vue de la cérémonie, ou alors que la fiancée était enceinte. Le préjudice subit peut être moral et/ou financier. Le préjudice financier peut être invoqué lorsque de nombreux frais ont été engagés en vue de la cérémonie du mariage. Le préjudice moral peut résulter de la peine éprouvée par le fiancé délaissé et des circonstances humiliantes de la rupture. Dans ces hypothèses, l'auteur de la rupture sera donc condamné à des dommages et intérêts envers le fiancé délaissé en réparation du ou des préjudices subis.

Un contentieux apparaît aussi, en cas de rupture, à propos des cadeaux qui ont été offerts lors des fiançailles. En ce qui concerne les cadeaux de fiançailles, la jurisprudence considère que ce sont des présents d'usage qui ne doivent donc pas faire l'objet de restitution.

Cette solution ne vaut cependant que pour les cadeaux dits d'usage, c'est-à-dire en rapport avec le train de vie des fiancés et de leurs familles respectives. Pour les autres cadeaux correspondant à des dépenses somptuaires ou disproportionnées, par rapport aux moyens des parties, la jurisprudence admet que l'on doive faire application de l'article 1088 du Code civil selon lequel « toute donation faite en faveur du mariage sera caduque, si le mariage ne s'ensuit pas ».

B. Les conventions relatives au mariage

1. Les clauses restrictives de la liberté matrimoniale sont contrôlées par les juges. Le principe est celui de l'illicéité de toutes les clauses, pouvant porter atteinte à la liberté du mariage. La Cour de cassation a ainsi, à de nombreuses reprises, censuré non seulement les clauses de célibat, insérées dans les contrats de travail, mais aussi le licenciement fondé, soit sur le divorce, soit sur le mariage de leurs salariés, comme portant atteinte à la vie privée et aux libertés individuelles. La clause de célibat ne saurait donc, dans les contrats de travail, trouver de justification, qu'en cas de nécessités impérieuses.

Les juges ont aussi eu à examiner les ***clauses de célibat insérées dans des donations ou testaments***. Ainsi, un testeur ou un donateur peut subordonner une donation ou un legs au célibat du donataire ou légataire. Ces clauses, n'interdisent pas directement le mariage, mais restreignent la liberté de leur bénéficiaire qui perd le bénéfice, du testament ou de la libéralité, en fonction de sa situation matrimoniale. Néanmoins, la Cour de cassation ne les considère pas comme systématiquement valables. Leur validité est subordonnée à l'interprétation de la volonté du donateur ou du testateur. Si la clause est inspirée par un sentiment de jalousie, un caprice, une intention malfaisante, elle sera déclarée nulle et le legs ou la libéralité seront pleinement valables. Par contre, ces clauses sont maintenues, si elles ont été inspirées par une intention bienfaisante, par une volonté de protéger le gratifié.

2. Le droit français a aussi réglementé ***le courtage matrimonial***. Cela concerne les activités des agences matrimoniales ou de toute personne, qui a pour activité professionnelle de mettre en relation des hommes et des femmes en vue de les marier. Longtemps considéré comme illicite, et notamment au XIXe siècle, le courtage matrimonial a été admis par la jurisprudence, puis réglementé par le législateur. Un arrêt de la chambre des requêtes de la Cour de cassation du 27 décembre 1944, a consacré la validité du courtage matrimonial, à condition, qu'il n'y ait pas eu de pression sur le consentement de l'un ou l'autre des futurs époux. Il fut ultérieurement très strictement réglementé, par une loi du 23 juin 1989, complétée par un décret du 16 mai 1990, ce afin de protéger les personnes ayant recours à ce moyen pour rencontrer l'âme sœur, contre toute exploitation morale ou financière. Le courtage matrimonial est encadré par une législation pratiquement similaire à celle des contrats à la consommation.

Fiche 37

Les conditions de validité du mariage

A. Les conditions de fond

1. Au titre des conditions physiologiques, depuis la loi du 18 mai 2013, il n'est plus exigé que les deux époux soient de sexe différent. Ils doivent avoir l'âge minimum requis lequel est de ***18 ans,*** tant pour les hommes que pour les femmes, ce depuis la loi du 4 avril 2006, puisqu'avant cette loi, l'âge légal du mariage, pour les femmes, était de quinze ans.

Deux conditions sociologiques doivent aussi être remplies. Premièrement ***la bigamie*** est interdite. Il en résulte, que l'on ne peut contracter une nouvelle union, avant la dissolution de la première. D'ailleurs, le fait, pour une personne engagée dans les liens du mariage, d'en contracter un autre, avant la dissolution du précédent, constitue un délit puni d'un an d'emprisonnement et de 45 000 euros d'amende. Les mêmes peines sont applicables à l'officier d'état civil qui a procédé à la célébration du mariage en connaissant l'existence du précédent. Deuxièmement, en raison de la prohibition de ***l'inceste***, le mariage ne peut avoir lieu, lorsqu'il existe un lien de parenté ou d'alliance, entre les futurs époux. Cela concerne les parents et alliés en ligne directe et les parents en ligne collatérale : Frères et sœurs, oncle et nièces, tante et neveu, grand-oncle et petites-nièces, grand-tante et petit-neveu.

En cas de filiation adoptive, les mêmes prohibitions s'appliquent, lorsqu'il s'agit d'une adoption plénière. Lorsque l'on est en présence d'une adoption simple, le mariage est interdit entre l'adoptant et l'adopté et les enfants de l'adoptant qui sont considérés comme des frères et sœurs, entre l'adopté et le conjoint de l'adoptant, l'adoptant et le conjoint de l'adopté.

Toutefois dans certains cas, l'interdiction pourra être levée, pour motifs graves, par décision du président de la République.

2. On appelle conditions psychologiques, celles relatives au ***consentement.*** Le mariage suppose le consentement des deux époux. Le consentement doit donc être réel, exempt de vices et les époux doivent avoir la capacité de contracter mariage, donc être aptes à donner leur contentement et à consentir aux effets légaux du mariage.

B. Les conditions de forme

1. Certaines conditions sont préalables à la célébration du mariage. La loi 26 décembre 2007 relative à la simplification du droit a supprimé l'exigence du certificat médical prénuptial qui était exigé depuis 1942 mais, les futurs époux doivent obligatoirement fournir un extrait d'acte de naissance. Ils doivent aussi remettre à l'officier d'état civil les autorisations nécessaires s'ils sont mineurs ou frappés d'une incapacité, et le contrat de mariage notarié, s'ils en ont établi un.

Enfin, il doit être procédé à la ***publication des bans***. Cela consiste en l'affichage du projet de mariage pendant une durée de 10 jours à la porte de la mairie du lieu de célébration. Cette publication permet de porter aux tiers la connaissance du projet de mariage et de faire-valoir au besoin leurs motifs d'opposition.

2. D'autres conditions sont concomitantes à la célébration du mariage. Le mariage doit être célébré lors d'une cérémonie républicaine par l'officier de l'état civil à la mairie du domicile ou de la résidence de l'un des futurs mariés, ou l'un de leurs parents. Il faut que le domicile ou la résidence, du lieu de mariage choisi, soit effectif depuis au moins un mois. Depuis la loi du 18 novembre 2016, dite loi de modernisation de la justice du XXIe siècle, le maire peut décider d'affecter un autre bâtiment de la commune à la célébration des mariages, sauf opposition du procureur de la République.

À la mairie, le jour du mariage, les époux doivent être présents et assistés d'au mois deux et au maximum quatre témoins. La célébration doit être faite publiquement. Les portes de la mairie doivent donc rester ouvertes, afin que tout intéressé puisse y assister. Cette exigence de publicité, tout comme la publication des bans, permet d'assurer le contrôle de la régularité du mariage et d'offrir à ceux qui y ont intérêt la possibilité de s'y opposer. Le maire doit faire lecture des pièces, produites par les époux et des articles du Code civil, relatifs aux obligations découlant du mariage et du lien de parenté, puis, les époux doivent échanger oralement leur consentement.

Enfin, le ***mariage religieux*** peut suivre le mariage civil, mais l'inverse est interdit. Il en résulte que, le fait par un ministre d'un culte, de procéder, de manière habituelle, aux cérémonies religieuses de mariage, sans que ne lui ait été justifié l'acte de mariage préalablement reçu par les officiers de l'état civil, constitue un délit puni de six mois d'emprisonnement et de 7 500 euros d'amende. N'encourt donc de sanctions pénales, que le ministre du culte, qui procède de manière habituelle, à la célébration du mariage religieux, sans que le mariage civil n'ait été préalablement célébré. Les dispositions du nouveau code pénal sont sur ce point, plus clémentes que les dispositions antérieures, puisqu'auparavant, il était prévu que, lorsqu'un ministre du culte procédait, pour la première fois à la célébration d'un mariage religieux, avant le mariage civil, l'infraction était réalisée et constituait une contravention de la 5e classe, passible d'une amende prévue dans ce cas. En cas de première récidive, la peine encourue était d'un emprisonnement de deux à cinq ans et la seconde récidive de la détention criminelle à temps de dix à vingt ans.

Fiche 38

La spécificité du consentement dans le mariage

A. La réalité du consentement et de sa portée

1. Les futurs époux doivent exprimer, verbalement leur consentement, le jour de la célébration du mariage. Pour cette raison, la présence des deux époux est requise, sauf dans des cas exceptionnels. Ainsi, le mariage posthume dérogeant à cette condition peut être célébré, après autorisation du président de la République.

2. Le consentement au mariage doit porter sur l'ensemble des effets du mariage. C'est ainsi, que sera sanctionné, le mariage contracté à des fins étrangères, aux fins matrimoniales, encore appelé ***mariage blanc***, lorsque le seul effet recherché est l'obtention de la nationalité française ou mariage fictif, dans tous les autres cas, dans lesquels le but recherché est distinct de ceux produits par le mariage.

Lorsque le but recherché est totalement étranger aux fins matrimoniales, par exemple lorsqu'il est contracté pour des raisons successorales ou pour acquérir un titre de séjour ou la nationalité française, le mariage est entaché de nullité. La loi considère au surplus, que le fait le fait de contracter un mariage, aux seules fins d'obtenir, ou de faire obtenir, un titre de séjour, ou aux seules fins d'acquérir, ou de faire acquérir, la nationalité française, constitue une infraction pénale.

B. La validité du consentement

1. Il ne suffit pas que le consentement soit exprimé, il doit aussi être valablement donné.

Deux vices du consentement peuvent être retenus comme cause de nullité du mariage il s'agit de la violence et de l'erreur sur l'identité de la personne ou sur ses qualités essentielles. Le dol n'est pas retenu comme vice du consentement. Le dol ne peut jamais être une cause de nullité du mariage, ce qu'exprime parfaitement la maxime de Loysel « dans le mariage, trompe qui peut ». Seules l'erreur ou la violence, que celle-ci soit morale ou physique, peuvent justifier une demande en annulation du mariage sur le terrain des vices du consentement.

2. S'agissant de l'erreur, la loi du 11 juillet 1975 a précisé que la nullité peut être demandée s'il y a eu erreur dans la personne ou sur les qualités essentielles de la personne.

L'erreur dans la personne, qui vise l'erreur sur l'identité physique ou civile, était la seule retenue à l'origine, ce qui avait conduit la Cour de cassation à écarter la demande de nullité, formée par une jeune femme qui avait épousé, sans le savoir, un ancien forçat. Il est cependant rare qu'il y ait erreur dans la personne. Le plus souvent, ce sont une ou des qualités essentielles de la personne qui font défaut et sur laquelle ou lesquelles, la demande d'annulation sera fondée.

L'erreur sur les qualités essentielles n'est pas définie par les textes. La jurisprudence écarte à ce titre, l'erreur sur le patrimoine, la religion, la profession ou maintenant sur la virginité, comme étant des erreurs sur les qualités substantielles. Par contre, l'état mental du conjoint, son incapacité à procréer, le fait qu'il ait déjà été précédemment marié, peuvent être considérés comme des qualités substantielles et donner lieu à une action nullité, si cet état a été caché avant le mariage.

La violence peut également entacher de nullité le mariage. Pendant longtemps, la jurisprudence avait considéré que les pressions morales des parents de l'un des époux ne pouvaient justifier une demande en annulation du mariage. Seule, la violence physique était donc retenue comme cause de nullité du mariage. Il ne s'agit cependant, plus seulement de la violence physique, depuis la loi du 4 avril 2006, qui dispose que « l'exercice d'une contrainte sur les époux ou l'un d'eux, y compris par crainte révérencielle envers un ascendant, constitue un cas de nullité du mariage ». La nouvelle loi marque une étape importante, dans la lutte contre les mariages arrangés, contre les mariages forcés.

La loi du 14 novembre 2006 relative au contrôle de la validité des mariages a également renforcé le dispositif juridique mis à la disposition des officiers de l'état civil et du parquet pour contrôler la validité des mariages, avant comme après la célébration et lutter contre les mariages forcés. Elle prévoit que le futur époux mineur, sera auditionné seul, par l'officier de l'état civil, avant le mariage. Les candidats au mariage à l'étranger seront auditionnés, par l'officier de l'état civil diplomatique ou consulaire français, qui pourra dénoncer les fraudes, au procureur de la République du tribunal de grande instance de Nantes.

Ensuite, en cas d'incapacité de l'un des conjoints, soit parce qu'il est mineur, soit parce qu'il s'agit d'un majeur sous tutelle ou sous curatelle, le consentement du ou des représentants légaux de l'incapable sera nécessaire. Par exemple, pour les mineurs, il faudra le consentement de parents. S'il n'y a ni père, ni mère, ni aïeuls, ni aïeules, ou s'ils se trouvent tous dans l'impossibilité de manifester leur volonté, les mineurs de dix-huit ans ne peuvent contracter mariage sans le consentement du conseil de famille. Pour les majeurs incapables, il faut le consentement du tuteur ou du curateur. Le consentement doit aussi, pour être valable, ne pas être donné alors que l'un des futurs conjoints était en état de démence.

Fiche 39

La sanction des conditions de validité du mariage

A. Les différentes nullités du mariage

1. Depuis la suppression de l'exigence du certificat médical, ***un seul empêchement est simplement prohibitif*** et donc en principe rend impossible le mariage mais n'en permet pas l'annulation s'il est néanmoins célébré, il s'agit de l'absence de publication des bans. Les autres empêchements, appelés ***empêchements dirimants,*** sont plus nombreux et correspondent à des méconnaissances de la loi, plus ou moins graves.

En cas d'empêchements dirimants, la célébration du mariage est purement et simplement prohibée par la loi et il y a donc normalement empêchement préalable, interdisant à l'officier d'état civil de célébrer le mariage. Si le mariage est néanmoins célébré et s'il n'y a pas eu d'opposition, il pourra ultérieurement être annulé. ***La nullité relative*** est encourue, lorsqu'il y a un vice du consentement, en l'occurrence, erreur ou violence ou si l'autorisation des représentants légaux d'un incapable n'a pas été donnée.

La nullité absolue est prononcée, en cas de non-respect de l'âge légal, de bigamie, d'existence d'un lien de parenté ou alliance prohibé entre les futurs époux, de clandestinité du mariage, d'incompétence de l'officier d'état civil ou en cas de fraude à la loi, c'est-à-dire s'il s'agit d'un mariage fictif.

Enfin, même si le Code civil ne le prévoyait pas expressément, le mariage entre deux personnes du même sexe était bien évidemment nul, de nullité absolue. Certains parlaient même dans ce cas d'inexistence du mariage. Toutefois, cette cause de nullité a aujourd'hui disparu.

Si les nullités relatives et absolues ont un domaine d'application différent, elles se distinguent aussi, par leur régime juridique.

2. Les nullités relatives sont destinées à protéger des intérêts privés, alors que les nullités absolues sanctionnent des atteintes à l'intérêt général.

Dès lors, les nullités relatives ne peuvent être invoquées, que par celui qui ignorait la cause de nullité et qui est directement protégé par la formalité qui n'a pas été respectée alors que les nullités absolues peuvent être invoquées, par tout intéressé.

Les nullités relatives ne peuvent donc être invoquées que par l'époux dont le consentement a été vicié, en cas d'erreur ou violence, ou par les représentants légaux, dont le consentement n'a pas été obtenu pour le mariage des mineurs ou majeurs protégés. Toutefois, la loi du 4 avril 2006 a ouvert aussi cette possibilité au ministère public, ce surtout pour permettre de faire échec aux mariages forcés.

Depuis la loi du 4 avril 2006, le délai pour agir en nullité est de cinq ans, quelle que soit la cause de la nullité relative. Il est de trente ans, en cas de nullité absolue.

Le délai de prescription des nullités relatives commence à courir le jour de la connaissance de l'erreur ou de la cessation de la violence. Pour les représentants légaux des incapables, le délai court à partir du jour, où ils ont eu la connaissance du mariage, alors que pour l'incapable, le délai ne commence à courir, qu'à compter du jour de sa majorité, s'il s'agit d'un mineur, ou à compter de la cessation de la mesure de protection, s'il s'agit d'un majeur protégé. Le délai de prescription pour les nullités absolues, court à compter du jour de la célébration du mariage.

Une autre différence doit être relevée entre les nullités relatives et absolues. Il s'agit de la possibilité de couvrir les premières, alors que cela est impossible pour les secondes. Cela signifie que l'acte nul, de nullité relative, peut être validé par ceux qui auraient pu invoquer la nullité. Il en va ainsi, en cas de vices du consentement, lorsque l'époux victime de l'erreur ou de la violence, renonce à s'en prévaloir et par son attitude traduit sa volonté de poursuivre sa vie maritale.

B. Les effets des nullités

1. ***L'annulation*** met fin rétroactivement au mariage. Il est réputé n'avoir jamais existé. Il y a disparition du lien d'alliance et du droit à l'usage du nom de son conjoint. Le régime matrimonial est aussi annulé et chaque époux reprend ses biens, même ceux ayant fait l'objet de donations.

2. ***La rétroactivité*** est cependant limitée, lorsque le mariage est dit putatif. Dans ce cas, le mariage est annulé, mais certains effets seront conservés.

Ainsi, le mariage est toujours putatif, à l'égard des enfants. Par exemple, si les parents sont mariés, la filiation n'a pas à être établie à l'égard du mari, puisque les enfants d'une femme sont toujours présumés être les enfants du mari de cette femme. La présomption de paternité pesant sur le mari d'une femme continue donc à s'appliquer, même si le mariage est annulé.

Le mariage est aussi ***putatif***, à l'égard de l'époux de bonne foi, c'est-à-dire de celui qui ignorait la cause de nullité, au moment de la célébration du mariage. Tous les effets qui se sont déjà produits sont maintenus. Il en va ainsi de l'acquisition de la nationalité ou du droit à l'usage du nom du conjoint. L'époux de bonne foi peut aussi conserver le bénéfice des règles du régime matrimonial, pour la liquidation du patrimoine.

Fiche 40
L'opposition

A. Les conditions de l'opposition

1. L'opposition est un ***acte extrajudiciaire***. Elle doit obligatoirement être faite par voie d'huissier. L'huissier territorialement compétent, c'est-à-dire, l'huissier compétent dans le ressort de la mairie du lieu de célébration du mariage doit signifier l'opposition à l'officier d'état civil et aux deux futurs époux. L'acte d'opposition doit mentionner le nom de l'opposant ou des opposants, au mariage, leur qualité et les motifs de l'opposition.

Ces mentions, exigées à peine de nullité de l'acte d'opposition, sont destinées à éviter les oppositions abusives, de la part de personnes qui voudraient retarder le mariage ou tout simplement l'empêcher. Le fait que la loi impose que l'opposant donne son identité, sa qualité et les motifs juridiques de l'opposition, permet d'éviter ou au moins, de limiter les manœuvres dilatoires des personnes, désirant nuire aux futurs époux. L'officier d'état civil auquel l'acte est signifié devra y apposer son visa et en faire mention sur le registre des mariages.

2. Le droit de faire opposition n'est ouvert par la loi, qu'à un nombre limité de personnes. Il en va ainsi, ***des ascendants, du tuteur ou du curateur, des collatéraux, du conjoint et du ministère public***. Toutes ces personnes ne peuvent, faire opposition, que dans des cas bien précis. Ainsi, les ascendants, en l'occurrence, les père et mère ou les grands-parents, si ceux-ci sont décédés ou empêchés d'agir, peuvent faire opposition au mariage, même si les futurs époux sont majeurs. Les ascendants sont recevables à agir, pour toute cause de nullité du mariage.

Les collatéraux, frères, sœurs, oncles, tantes, cousines ou cousins germains, peuvent former opposition, seulement dans deux cas. Ils peuvent faire opposition, lorsque le consentement du conseil de famille qui est requis, en cas de mariage d'un mineur dont les ascendants sont décédés ou dans l'impossibilité de manifester leur volonté, n'a pas été obtenu. Ce droit leur est aussi ouvert, quand l'opposition est fondée sur l'état de démence du futur époux. Toutefois, dans ce cas, l'opposant doit provoquer l'ouverture de la tutelle du majeur concerné. Dans ces deux cas, le tuteur ou le curateur peuvent former opposition, s'ils y ont été autorisés par le conseil de famille. Le conjoint, de l'un des futurs époux, peut aussi former opposition, car il y a risque de bigamie.

Enfin, le ministère public peut former opposition, pour les cas dans lesquels il peut demander la nullité du mariage : impuberté, défaut de consentement, bigamie, inceste, fraude et vice du consentement.

L'officier d'état civil, chargé de célébrer le mariage, n'a pas le pouvoir de former opposition, mais il peut saisir le procureur de la République, lorsqu'il existe des indices sérieux, laissant présumer que le mariage envisagé est susceptible d'être annulé, faute de consentement valable. Le procureur de la République est tenu, dans les quinze jours de sa saisine, soit de laisser procéder au mariage, soit de faire opposition à celui-ci, soit de décider qu'il sera sursis à sa célébration, dans l'attente des résultats de l'enquête à laquelle il fait procéder. Il fait connaître sa décision motivée, à l'officier de l'état civil, et aux intéressés. La durée du sursis, décidé par le procureur de la République, ne peut excéder un mois, renouvelable une fois, par décision spécialement motivée. À l'expiration du sursis, le procureur de la République fait connaître, par une décision motivée, à l'officier de l'état civil, s'il laisse procéder au mariage ou s'il s'oppose à sa célébration. L'un ou l'autre des futurs époux, même mineur, peut contester la décision de sursis ou son renouvellement devant le président du tribunal de grande instance, qui statue dans les dix jours de sa saisine. La décision du président du tribunal de grande instance peut être déférée à la cour d'appel qui doit statuer dans le même délai.

B. Les effets de l'opposition

1. L'opposition, empêche la célébration du mariage. Lorsque l'officier d'état civil est informé de l'acte d'opposition, il doit surseoir à la célébration de mariage.

L'acte d'opposition cesse de produire effet, après une année. L'acte d'opposition cesse aussi de produire effet, s'il y a ***mainlevée de l'opposition*** sur décision judiciaire. L'acte d'opposition peut toujours être renouvelé, soit qu'il ait cessé de produire effet au bout d'un an, soit qu'il y ait eu mainlevée judiciaire. Seuls les ascendants sont irrecevables à former une nouvelle opposition, après une mainlevée judiciaire de leur premier acte d'opposition.

2. Dans les 10 jours de sa saisine, le tribunal de grande instance doit se prononcer, sur la demande en mainlevée formée par les futurs époux, même mineurs. Si un appel est interjeté, la cour d'appel aura aussi 10 jours pour statuer.

Si l'opposition est rejetée, les opposants, sauf s'il s'agit des ascendants, pourront être condamnés à des dommages-intérêts, pour opposition abusive, compte tenu du préjudice subi par les futurs époux, du fait de la non-célébration du mariage à la date prévue.

Aucune opposition n'est recevable contre les jugements ou arrêts rendus par défaut et rejetant les oppositions à mariage.

DES DATES À RETENIR

30 MAI 1838 : arrêt de la Cour de cassation érigeant en principe, le fait que toute promesse de mariage est nulle en soi, comme portant atteinte à la liberté illimitée qui doit exister dans le mariage.

24 AVRIL 1862 : arrêt des chambres réunies de la Cour de cassation écartant la demande de nullité, formée par une jeune femme qui avait épousé, sans le savoir, un ancien forçat, au motif que, seule l'erreur dans la personne était une cause de nullité du mariage.

31 DÉCEMBRE 1959 : loi fixant les conditions de validité d'un mariage posthume.

4 AVRIL 2006 : loi fixant à 18 ans, l'âge légal du mariage pour les femmes, instaurant la crainte révérencielle envers les ascendants comme cause de nullité du mariage et ouvrant la possibilité au ministère public, la possibilité d'invoquer la nullité du mariage, en cas de vice du consentement.

17 MAI 2013 : loi ouvrant le mariage aux couples de même sexe.

DES CHIFFRES À RETENIR

10 JOURS : délai imparti au président du tribunal de grande instance, pour statuer, sur recours de l'un époux, en cas de décision de sursis au mariage.

15 JOURS : délai imparti au procureur de la République, pour laisser procéder au mariage ou décider qu'il sera sursis à sa célébration.

5 ANS : délai de prescription pour invoquer les nullités relatives.

18 ANS : âge légal du mariage, pour les hommes et les femmes.

30 ANS : délai de prescription pour invoquer les nullités absolues.

CHAPITRE 9

LES EFFETS DU MARIAGE

Le Code civil avait consacré la ***prépondérance du mari*** en tant que chef de famille et l'incapacité de la femme mariée.

L'***incapacité de la femme mariée*** s'exprimait à l'origine, dans le Code civil, à l'article 213, lequel disposait en 1804 que « le mari doit protection à sa femme, la femme obéissance à son mari ». L'incapacité de la femme mariée et l'infériorité des droits des femmes dans la société étaient alors patentes.

Étape significative, en 1881 les lois Jules Ferry instaurent l'enseignement primaire, obligatoire et laïc, pour les filles comme pour les garçons. La place de la femme, au sein du couple va parallèlement et progressivement s'améliorer, tout au long du XXe siècle. La loi du 23 décembre 1985, va parfaire l'égalité des époux dans les régimes matrimoniaux et l'administration des biens de la famille, en prévoyant que chacun administre également la communauté.

Les deux époux sont désormais, sur un ***pied d'égalité***, dans l'administration de la communauté.

D'ailleurs, l'article 220 du Code civil dispose que « chacun des époux a pouvoir pour passer seul, les contrats qui ont pour objet l'entretien du ménage ou l'éducation des enfants : toute dette ainsi contractée par l'un oblige l'autre solidairement ».

Les deux époux peuvent également exercer les activités de leur choix et disposer librement de leurs gains et salaires, sous réserve toutefois, de ne pas omettre de contribuer aux charges du mariage. Cette liberté dans l'usage des gains et salaires implique celle d'en disposer à leur convenance et même les donner à un tiers, sans avoir de compte à rendre, à l'autre conjoint.

Chaque époux peut aussi se faire ouvrir librement un compte bancaire, sans avoir à solliciter le consentement de l'autre, qu'il s'agisse d'un compte de dépôt ou de titre. Le banquier est tenu au secret professionnel, vis-à-vis de l'autre conjoint et il ne peut le renseigner, sur le nombre, la nature et le contenu des comptes ouverts par l'autre époux. Le banquier n'a en outre pas à interroger, celui qui remet des fonds sur son compte, sur sa propriété, quant aux fonds. En effet, chaque époux est présumé avoir le pouvoir d'effectuer seul, des remises ou retraits, sur ses comptes et être propriétaire des fonds remis.

Chaque époux est aussi totalement libre et indépendant dans la gestion et l'administration des biens meubles qu'il détient individuellement. En conséquence, si l'un des époux se présente seul, pour faire un acte d'administration, de jouissance ou de disposition sur un bien meuble, qu'il détient personnellement, il est réputé, à l'égard des tiers de bonne foi, avoir le pouvoir de faire seul cet acte.

Cette indépendance des époux cesse cependant en période de crise, période pour laquelle le législateur a prévu des aménagements destinés à protéger l'ensemble de la famille.

Pour faire face à ces périodes, des mesures de représentation sont envisagées.

Si les époux bénéficient d'une certaine indépendance dans la gestion des biens, le mariage entraîne néanmoins une collaboration se traduisant par la nécessité de l'autorisation de l'autre, pour effectuer certains actes, mais aussi par l'acception d'obligations, résultant de la vie en commun. Chaque époux doit donc collaborer à la vie du ménage, notamment en contribuant aux charges du mariage et en étant responsable des dettes contractées par l'autre.

Aucun des époux ne peut, en outre, disposer du logement familial sans le consentement de l'autre, qu'il s'agisse d'un bien commun ou d'un bien propre. Le logement familial bénéficie d'une protection particulière prévue par l'article 215 al. 3 du Code civil selon lequel, « les époux ne peuvent l'un sans l'autre disposer des droits par lesquels est assuré le logement de la famille ni des meubles meublants dont il est garni ».

Le logement familial est le plus souvent, le domicile conjugal mais il n'en va pas toujours ainsi. En effet, le logement familial n'abrite pas nécessairement tous les membres de la famille. Le logement familial est distinct du domicile conjugal. Par exemple, en cas de séparation de fait entre les époux, le logement familial sera celui dans lequel l'un des époux vit avec les enfants. Sont donc interdits tous les actes faits par un époux seul et portant atteinte tant au logement familial qu'aux meubles meublants le garnissant. Il est ainsi interdit à un époux de consentir des droits réels sur le logement familial, comme par exemple de le vendre ou de le grever d'une hypothèque. Tout acte qui serait passé par un époux seul au mépris de cette interdiction serait entaché de nullité.

Contrairement à une idée répandue, un effet du mariage ne découle pas de la loi mais d'un simple usage. Il s'agit de l'usage du nom de famille du conjoint.

Le mariage n'est en principe, d'aucun effet sur le nom des époux. ***Chacun garde son nom de famille*** et ne saurait le perdre par l'effet du mariage.

Toutefois, en vertu d'un usage sans valeur normative, la femme prend généralement le nom de son mari. Il ne s'agit cependant pas d'un droit mais d'une simple pratique tolérée. Dans une décision du 17 avril 1864, la chambre des requêtes de la Cour de cassation devait cependant retenir, que les femmes en entrant par le mariage dans une famille étrangère cessent de porter le nom de leur père. Est-ce à dire, que le mariage opérait une perte pour la femme du droit au nom qu'elle tient de son père ?

Une telle analyse serait contraire aux textes.

Tout d'abord, il est constant depuis les lois du 6 fructidor an II et du 11 germinal an XI, lois jamais démenties, que l'état civil est immuable et que le changement de nom n'est admis que dans des cas limitativement prévus et au titre desquels le mariage ne figure pas.

En outre, si cela était, les différentes lois sur le divorce n'auraient pas pris soin de prévoir la possibilité pour la femme mariée de continuer exceptionnellement à user du nom de son mari.

Beaucoup l'ignorent, mais ***cet usage concerne tant la femme que le mari.*** La loi du 26 mai 2004, a d'ailleurs expressément précisé qu'à la suite du divorce, chacun des époux perd l'usage du nom de son conjoint et la loi du 17 mai 2013 consacre cette faculté d'usage du nom pour conjoint pour chaque conjoint quel que soit son sexe.

La Cour européenne des droits de l'homme a aussi retenu, que toute mesure, visant à manifester l'unité de la famille, par un nom de famille commun au couple doit, sauf raisons impérieuses, s'appliquer dans les mêmes conditions aux hommes et aux femmes, condamnant ainsi l'obligation pour une femme mariée d'utiliser le nom de son mari et non son nom de jeune fille dans des documents officiels, alors qu'elle était connue sous ce dernier nom dans son activité d'avocate (CEDH, sect. IV, 16 nov. 2004, U. C./Turquie rec. n° 29865/96).

POUR EN SAVOIR PLUS

- Rémy Cabrillac, *Droit des régimes matrimoniaux*, coll. « Précis Domat », L.G.D.J, 2017, 344 pages.
- *www.vos-droits.justice.gouv.* : sur ce site du gouvernement fiches thématique sur la famille.

LISTE DES FICHES

41. Les effets extrapatrimoniaux du mariage
42. Les effets patrimoniaux
43. Le régime matrimonial
44. Les aménagements en période de crise
45. Inégalités et égalité entre les époux

Fiche 41
Les effets extrapatrimoniaux du mariage

A. Les obligations morales

1. L'article 212 du Code civil prévoit que, les époux sont tenus des obligations de fidélité, secours, assistance et enfin, respect, depuis la loi du 4 avril 2006 renforçant la prévention et la répression des violences, au sein du couple ou commises contre les mineurs.

L'obligation de fidélité interdit bien évidemment toute liaison extraconjugale et donc l'adultère. L'obligation de fidélité est cependant une obligation à la fois matérielle et morale. Il en résulte que l'infidélité se traduit matériellement, par le fait que l'un des deux membres du couple entretienne une liaison amoureuse, avec un amant ou une maîtresse, sans qu'il y ait lieu de distinguer, selon que cette liaison soit hétérosexuelle ou homosexuelle.

L'infidélité seulement morale peut aussi être sanctionnée. Elle consiste dans des relations équivoques avec une tierce personne, par exemple des relations amicales, trop envahissantes ou des correspondances abondantes et de nature à mettre le couple en péril. La jurisprudence, à ce titre, a sanctionné, le comportement d'une épouse qui imposait à son mari, la présence d'un évêque, y compris pendant leurs vacances, ou encore celui d'un époux qui fréquentait assidûment des sites de rencontre sur internet.

En 1810, le code pénal faisait du manquement à l'obligation de fidélité, un délit. Il était cependant, bien plus lourdement sanctionné, lorsqu'il était commis par les femmes. L'adultère du mari, passible d'une amende n'était sanctionné que s'il était commis sous le toit familial et de façon répétée. Par contre, celui de l'épouse prise en flagrant délit, en quelque lieu que ce soit, était passible de réclusion en maison de correction. L'adultère a été dépénalisé avec la loi du 11 juillet 1975 réformant le divorce. Cependant, même si l'adultère n'est plus un délit, il reste une faute civile, une violation des devoirs et obligations du mariage pouvant justifier le prononcé du divorce pour faute et il peut servir de fondement à une demande de dommages et intérêts.

2. Ensuite, les époux sont tenus des devoirs de secours et assistance et respect. Les devoirs de secours et assistance, souvent associés, doivent néanmoins être distingués, dans leurs modalités d'exécution.

Le devoir de secours ne doit pas être confondu avec l'obligation de contribution aux charges du mariage. Il consiste dans une aide matérielle, financière, au profit de l'époux dans le besoin et à ce titre, il relève plus des obligations patrimoniales. Cependant, ce devoir n'acquiert de véritable spécificité, d'autonomie patrimoniale, que lorsqu'il y a cessation de la communauté de vie. En effet, dans ce cas, le devoir de secours est clairement identifiable, puisqu'il prend la forme d'une pension alimentaire. Ce devoir subsistait dans l'ancienne procédure de divorce pour rupture de vie commune. Il est aujourd'hui supprimé, dans la procédure de divorce pour altération définitive du lien conjugal, qui remplace le divorce pour rupture de vie commune. Ce devoir est un devoir, en réalité plus moral que matériel, quand la vie commune se déroule normalement et il s'exprime à travers le devoir d'assistance.

Le devoir d'assistance, est quant à lui, un devoir incontestablement plus moral que financier. Il se traduit par la nécessité d'assurer l'autre, de son soutien et de sa protection, en cas de maladie ou de besoin. Cela inclut aussi le dévouement et l'affection qui président aux rapports entre individus et plus spécialement entre individus, unis par des liens sentimentaux. La jurisprudence admet, depuis longtemps, que le non-respect de cette obligation, peut justifier, une demande de dommages et intérêts, fondée sur l'article 1240 du Code civil (ancien article 1382) ou une demande en divorce.

La jurisprudence a aussi toujours sanctionné les comportements abusifs vis-à-vis de l'autre, les manquements au devoir de loyauté, par exemple la dissimulation de certains faits antérieurs au mariage, ou les injures envers la famille. Ces manquements correspondent à un manque de ***respect*** envers l'autre conjoint ou sa famille, respect qui vient d'être expressément consacré comme une obligation entre époux par le législateur.

B. L'obligation de communauté de vie

1. L'article 215 du Code civil vise ***la communauté de vie***. L'obligation de communauté de vie est sur ce point, identique, à celle définie à propos du PACS. Les époux peuvent donc avoir temporairement des domiciles distincts, par exemple, pour des raisons professionnelles, sans que pour autant la communauté de vie soit rompue. Les deux époux doivent cependant faire le choix d'une résidence commune, dans laquelle la famille se retrouve périodiquement. La loi a supprimé la prééminence accordée au mari pour effectuer ce choix, et en cas de désaccord, l'un ou l'autre des époux, peut saisir le juge aux affaires familiales.

2. Si la communauté de vie est incontestablement matérielle, elle est aussi physique et comprend l'obligation d'avoir des relations sexuelles, de satisfaire comme le relèvent pudiquement les juges au devoir conjugal. L'absence de consommation du mariage peut entraîner son annulation ou justifier une procédure de divorce.

Fiche 42

Les effets patrimoniaux

A. La contribution aux charges du mariage

1. Cette obligation se distingue de l'obligation alimentaire, c'est-à-dire du devoir de secours et n'est pas soumise à la règle « aliments, n'arréragent pas ». On ne saurait cependant, lui dénier tout caractère alimentaire et ce pour deux raisons. Premièrement, elle fait l'objet d'une indexation tout comme les pensions alimentaires. Deuxièmement, la 1re chambre civile de la Cour de cassation, dans une décision du 6 novembre 1990, a jugé que la Convention de La Haye du 20 octobre 1973, à laquelle la législation sur les obligations alimentaires est soumise, est applicable dans le cadre d'un litige relatif au paiement d'une contribution aux charges du mariage. La contribution aux charges du mariage est donc, une obligation financière, qui pèse sur chaque époux, pendant toute la durée du mariage. Elle ne cesse pas, même en cas de séparation de fait. Seul le divorce peut y mettre fin.

Cette contribution est indépendante de tout état de besoin. Elle peut prendre différentes formes. Elle peut s'effectuer, en nature ou en industrie. En conséquence, la jurisprudence a pu retenir comme contribution aux charges du mariage, la mise à disposition, par un époux, d'un logement lui appartenant en propre, au profit de l'autre, pour le loger avec les enfants.

2. Le montant de cette contribution n'est pas fixe et dépend du train de vie du ménage.

Toutefois, il est admis par les juges que les époux puissent prévoir par contrat, notamment au moment du mariage, le montant et la nature de leurs contributions respectives.

Si l'un des époux ne satisfait pas à cette obligation, l'autre peut l'y contraindre en saisissant le juge aux affaires familiales et une condamnation de l'époux défaillant sera prononcée, en fonction des revenus respectifs, de chacun. Aucune dispense n'est possible et le non-respect de cette obligation constitue une cause divorce. Toutefois, la jurisprudence a dans certains cas admis que l'un des époux, pouvait être exonéré de cette contribution. Cela a été retenu, notamment par la 1re chambre civile de la Cour de cassation, dans un arrêt du 17 juillet 1985. Dans cette affaire, une femme qui avait quitté le domicile conjugal, avait été déboutée en appel, de sa demande en contribution aux charges du mariage, au motif qu'elle ne rapportait pas la preuve de l'attitude injurieuse de son mari. La Cour de cassation a cassé cet arrêt, au motif qu'il appartenait au débiteur de la contribution, d'apporter la preuve de circonstances particulières permettant de l'en dispenser.

B. La solidarité

1. La solidarité aux dettes est prévue par l'article 220 du Code civil aux termes duquel « chacun des époux a pouvoir pour passer seul les contrats qui ont pour objet l'entretien du ménage ou l'éducation des enfants : toute dette ainsi contractée par l'un oblige l'autre solidairement ».

Le domaine de la solidarité est bien déterminé, puisqu'il doit s'agir de dettes relatives à l'entretien du ménage ou à l'éducation des enfants. Cela concerne notamment, les frais de logement, de nourriture et de chauffage, ainsi que les frais scolaires et extrascolaires des enfants. Peu importe que ces frais soient engagés, par un seul ou par les deux époux. Les deux seront tenus solidairement, bien que l'article ne prévoie la solidarité, que quand l'un d'eux a passé seul des contrats, pour l'entretien du ménage et la vie des enfants. Il serait en effet illogique, d'en conclure que la solidarité ne joue pas, si les époux ont contacté ensemble. Cette solidarité s'applique, quel que soit le régime matrimonial choisi.

2. La loi a prévu des limites à la solidarité entre époux, laquelle permet d'engager, même celui qui n'a pas consenti, à un achat ou à la souscription d'un prêt.

D'une part, la solidarité cesse en cas de ***séparation légale***, c'est-à-dire après une ordonnance de non-conciliation, mais pas en cas de séparation de fait.

Ensuite, l'article 220 du Code civil prévoit expressément, que la solidarité n'a pas lieu, pour des ***dépenses manifestement excessives***, eu égard au train de vie du ménage, à l'utilité ou à l'inutilité de l'opération, à la bonne ou mauvaise foi du tiers contractant.

Elle est aussi exclue, s'ils n'ont pas été conclus, avec le consentement des deux époux, ***pour les achats à tempérament*** et pour les ***emprunts,*** sauf si ces derniers portent sur des sommes modestes, nécessaires aux besoins de la vie courante.

L'absence de solidarité, dans ces cas, repose sur la nécessité de la protection du ménage et à pour but, d'éviter un endettement excessif de la famille. Les achats à tempérament ne peuvent donc engager les deux époux, que s'ils ont été faits d'un commun accord, quel que soit leur montant. En effet, qu'ils soient de faible importance ne change rien, la solidarité est toujours exclue. Par contre, pour les emprunts, si la solidarité est a priori exclue, elle s'applique, s'ils portent sur des sommes modestes.

Fiche 43

Le régime matrimonial

A. Le choix d'un régime matrimonial

1. Si les époux ne font pas de contrat de mariage avant la célébration du mariage, par défaut, ils seront réputés avoir choisi le régime légal de la communauté réduite aux acquêts.

Mais avant la célébration du mariage, ils peuvent faire le choix d'un régime matrimonial, autre que le régime légal. Dans ce cas, ils doivent conclure un contrat de mariage qui sera obligatoirement passé par devant notaire car, le contrat de mariage est un contrat solennel. Ce contrat ne prend cependant pas effet, au jour de sa conclusion, mais au jour de la célébration du mariage. Si le mariage n'est pas célébré, le contrat de mariage ne produit jamais ses effets et est caduc.

2. Après deux années d'application du régime matrimonial, conventionnel ou légal, les époux peuvent convenir, dans l'intérêt de la famille de le modifier, ou même d'en changer entièrement, par un acte notarié qui est soumis à l'homologation du tribunal de leur domicile. L'homologation judiciaire n'est donc plus de droit. Toutefois, les enfants majeurs de chaque époux doivent être informés personnellement de la modification envisagée et ils ont un délai de délai de trois mois pour faire valoir leur opposition au changement de régime matrimonial. Les créanciers des époux doivent aussi être informés de la modification, par la publication d'un avis, dans un journal habilité à recevoir les annonces légales dans l'arrondissement ou le département du domicile des époux. Les créanciers peuvent alors s'opposer à la modification, dans les trois mois suivant la publication.

L'homologation judiciaire reste cependant obligatoire dans les cas suivants :

- opposition des enfants majeurs ou des créanciers ;
- présence d'enfants mineurs du couple ou de l'un des membres du couple ;
- demande de l'un des époux dans le cas de la séparation de biens ou d'une mesure judiciaire de protection.

Le changement prend effet, entre les parties, à dater du jugement et, à l'égard des tiers, trois mois après sa mention en marge de l'acte de mariage.

B. Les différents régimes matrimoniaux

1. Le régime légal est applicable aux couples qui n'ont pas conclu de contrat de mariage. Il s'agit du régime de la communauté réduite aux acquêts. La communauté légale, réduite aux acquêts, comprend tous les biens achetés, pendant le mariage par les époux et s'étend aux dettes contractées.

Restent des biens propres, les biens acquis, avant le mariage ou reçus par voir successorale.

Trois patrimoines doivent donc être distingués dans ce régime :

- ***le patrimoine propre de l'un époux*** qui comprend tous ses biens et toutes les dettes qu'il avait avant le mariage ;
- ***le patrimoine propre de l'autre époux*** qui est composé de la même manière ;
- ***le patrimoine de la communauté*** qui englobe tous les biens acquis, et toutes les dettes contractées par les époux après le mariage.

Les patrimoines propres restent la propriété exclusive de chacun des époux et seront gérés exclusivement par leur propriétaire.

2. Les époux peuvent conventionnellement adopter un autre régime.

Le régime de la communauté universelle est très souvent adopté, car ce régime matrimonial protège le conjoint survivant et évite les droits successoraux trop importants, à payer sur la part de l'autre, ou la dévolution aux enfants de leur part, immédiatement après le décès de l'un des conjoints.

La communauté universelle comprend, tous les biens meubles et immeubles, présents et à venir et toutes les dettes.

Les époux peuvent aussi choisir ***un régime matrimonial dit séparatiste***. Il en va ainsi, du ***régime de la séparation de biens***. Dans ce cas, chacun d'eux conserve l'administration, la jouissance et la libre disposition de ses biens personnels. Sont personnels, tous les biens acquis par chaque époux, avant ou pendant le mariage, à moins dans ce dernier cas, qu'ils ne choisissent de le mettre en indivision. Cela pourra être le cas, par exemple, pour le domicile conjugal. À défaut de toute manifestation de volonté contraire, les biens achetés par chacun des époux restent des biens propres. Dans ce régime, chacun reste seul, tenu des dettes nées de son chef, avant ou pendant le mariage, exception faite des dettes prévues à l'article 220 du Code civil. Ce type de régime est surtout choisi, lorsque l'un des époux exerce en son nom personnel, une activité commerciale, pour éviter qu'en cas de procédures collectives, c'est-à-dire de faillite, les biens personnels des époux soient saisis dans leur ensemble et protéger ainsi une partie du patrimoine des poursuites des créanciers. Ce régime est intéressant également, indépendamment de l'exercice de toute activité professionnelle, si l'un des époux peut, par son intempérance, mettre en péril, les intérêts de la famille.

Enfin, les époux peuvent choisir ***le régime de la participation aux acquêts*** qui est aussi un régime séparatiste. Ce régime a pour objectif, de permettre aux époux, d'éviter les inconvénients de la séparation de biens, lors de la dissolution du mariage. En cas de décès de l'un des époux, le conjoint survivant pourra bénéficier de l'enrichissement de l'autre.

Fiche 44
Les aménagements en période de crise

A. En l'absence de tout recours au juge

1. L'un des époux peut être amené à agir à la place de l'autre, sous couvert d'un mandat exprès ou tacite, ou de la gestion d'affaire. Dans ces deux cas, un époux peut agir pour le compte de l'autre.

2. Dans le cas, du mandat, l'autorisation de son conjoint est supposée exister, que le consentement ait été donné expressément ou tacitement. L'époux dont le consentement était requis est engagé par les actes de son conjoint.

Dans le cas de la gestion d'affaires (ou gestion pour autrui), un époux agit seul, aux lieux et place de l'autre, sans son consentement mais dans son intérêt. L'acte fait sans autorisation sera valable, s'il est conforme aux intérêts de celui qui aurait dû personnellement agir.

Il peut être nécessaire de recourir à ces mécanismes en cas d'impossibilité d'agir de l'un des époux, par exemple du fait d'une maladie. Cependant, pour des situations de crises longues et graves, il peut être opportun de solliciter la mise en place de mesures de représentation judiciaire.

B. Sur décision judiciaire

1. ***L'accroissement des pouvoirs*** de l'un des époux peut être un moyen de régir des périodes de crise.

Des mesures sont à cet égard, prévues par les articles 217 et 219 du Code civil.

Dans ces cas, un époux reçoit l'autorisation d'agir au lieu et place de l'autre ou sans son consentement alors que celui-ci était nécessaire. Un des époux voit donc, ses pouvoirs s'accroître, parce que son conjoint, soit est dans l'impossibilité d'agir, soit refuse.

Ainsi, selon l'article 217 du Code civil, un époux peut être autorisé par justice, à passer seul un acte pour lequel, le concours ou le consentement de son conjoint serait nécessaire, si celui-ci est hors d'état de manifester sa volonté ou si son refus n'est pas justifié, par l'intérêt de la famille. L'acte ainsi passé, est opposable à l'époux, dont le concours ou le consentement a fait défaut.

L'article 219 du Code civil concerne, non plus le cas dans lequel, le consentement d'un époux était nécessaire, mais celui dans lequel lui seul pouvait agir et se trouve dans l'impossibilité de le faire. Cet article prévoit dans ce cas, que l'autre peut se faire autoriser par le juge à représenter son conjoint, d'une manière générale, ou pour certains actes particuliers.

2. ***La suppression ou la diminution des pouvoirs*** de l'un des époux est un autre moyen de gestion des périodes de crise.

Il résulte de l'article 220-1 du Code civil, que l'un des époux peut être purement et simplement privé du droit d'agir, même sur ses propres biens, s'il manque gravement à ses devoirs et met ainsi en péril, les intérêts de la famille. Le juge aux affaires familiales peut alors prescrire toutes les mesures urgentes que requièrent ces intérêts et notamment interdire à cet époux de faire, sans le consentement de l'autre, des actes de disposition sur ses propres biens ou sur ceux de la communauté, qu'il s'agisse de biens meubles ou immeubles. Il peut aussi interdire le déplacement des meubles, sauf à spécifier ceux dont il attribue l'usage personnel à l'un ou à l'autre des conjoints. Un époux se trouve en conséquence, privé du droit d'agir, sans que pour autant l'autre reçoive cette autorisation à sa place, il y a donc simplement diminution, voir suppression, des pouvoirs de l'un des époux.

Pour que cette interdiction soit opposable aux tiers, l'ordonnance qui la prononce doit être publiée, à la diligence de l'époux requérant. Si l'ordonnance porte interdiction de disposer des meubles corporels, ou de les déplacer, elle est signifiée par le requérant à son conjoint. Celui-ci devient donc gardien, responsable des meubles, dans les mêmes conditions qu'un saisi. La décision peut être signifiée aux tiers avec lesquels l'époux concerné pourrait être amené à contracter, afin de les constituer de mauvaise foi, pour le cas où ils contracteraient, malgré l'interdiction d'agir qui le frappe. Ainsi, ils ne pourront pas faire valoir qu'ils ignoraient l'interdiction dont il était frappé, pour s'opposer à l'annulation de l'acte passé.

Les actes qui seraient faits, au mépris de cette interdiction, sont en effet annulables. La nullité encourue, est une nullité relative, qui peut être demandée par le conjoint. L'action en nullité doit être exercée dans un délai de 2 ans, à partir du jour où celui qui la réclame, a eu connaissance de l'acte et si cet acte est soumis à publicité, dans les 2 ans de sa publication, quel que soit le moment auquel il en a eu connaissance.

Fiche 45

Inégalités et égalité entre les époux

A. L évolution vers l'égalité entre les époux

1. Dès le milieu du XIXe siècle, ***l'incapacité de la femme mariée*** a été vivement critiquée et très lentement au bénéfice de petites réformes, la femme va trouver sa place dans la société.

Une loi du 20 juillet 1887 commença par accorder la capacité juridique à la femme séparée de corps.

Le 13 juillet 1907, une autre loi permit à la femme mariée de percevoir librement un salaire.

En 1943, le législateur a supprimé la nécessité de l'autorisation maritale, pour l'ouverture d'un compte bancaire. Mais en pratique, les banques ont continué à réclamer l'accord du mari.

La capacité de la femme mariée sera affirmée en 1938, mais elle restera limitée jusqu'en 1965. Par ailleurs, cette capacité se trouvait partiellement tenue en échec par le fait que la notion de chef de famille était maintenue, ce qui permettait au mari de s'opposer à l'activité professionnelle de sa femme, s'il considérait, que celle-ci lésait la famille.

Étape importante dans la marche vers l'égalité entre le mari et la femme au sein de la famille, la loi du 13 juillet 1965 accorda à la femme le droit de travailler sans restriction, d'ouvrir un compte à son nom et d'en disposer librement, consacra le droit pour chaque époux de passer seul, tous les contrats concernant l'entretien du ménage ou l'éducation des enfants, de disposer librement de ses salaires et autres rémunérations après s'être acquitté des charges du mariage en proportion de ses facultés.

La loi du 4 juin 1970 instaura l'autorité parentale conjointe et supprima la notion de chef de famille avec son corollaire, la toute-puissance du mari. Les deux époux peuvent depuis lors, assurer conjointement la direction de la famille. Puis, la loi du 23 décembre 1985 va instaurer l'égalité entre les père et mère dans l'administration légale des biens des enfants mineurs et de la communauté.

La loi du 22 juillet 1987, dite loi Malhuret, poursuivant cette évolution, va introduire la possibilité pour le juge d'ordonner l'autorité parentale conjointe, non seulement après divorce, pour chacun des parents, en fonction de l'intérêt des enfants mineurs mais aussi pour les parents non mariés. La loi du 8 janvier 1993 va ensuite généraliser l'exercice en commun de l'autorité parentale.

Quelques années après, la loi du 4 mars 2002, modifiant les dispositions du Code civil relatives au nom, va permettre la transmission du nom paternel ou maternel à l'enfant.

Enfin, le nouvel article 213 du Code civil énonce désormais clairement que « les époux assurent, ensemble, la direction morale et matérielle de la famille ». L'égalité est donc pratiquement réalisée entre les deux époux et parents.

2. Des lois, extérieures au droit de la famille, vont aussi contribuer à ***l'égalité entre les époux***.

L'égalité au sein du couple ne pouvait en effet, se faire sans une pleine reconnaissance des droits des femmes dans la société. Quelques dates permettent de mesurer les étapes parcourues :

- 1944 : ordonnance reconnaissant le droit de vote aux femmes ;
- 1995 : déclaration finale de la conférence de l'ONU affirmant que les droits des femmes sont partie intégrante et indivisible des droits humains ;
- 1992 : loi relative à l'abus d'autorité en matière sexuelle ;
- 1999 : loi portant création, de délégations parlementaires aux droits des femmes et à l'égalité des chances entre les hommes et les femmes ;
- 2000 : loi prévoyant une parité totale pour les scrutins de liste ainsi que des sanctions financières aux élections législatives si le nombre de candidats d'un sexe dépasse de 2 % celui de l'autre ;
- 2001 : loi relative à l'égalité professionnelle entre les femmes et les hommes et loi relative à la lutte contre les discriminations notamment entre les sexes.
- 2013 : loi relative au mariage homosexuel et disposant qu'en cas de désaccord entre les parents, quant à l'ordre des noms de famille retenus pour un enfant, ce n'est plus le choix du père qui prime mais l'ordre alphabétique.

B. Les inégalités subsistantes

1. Des inégalités légales persistent et concernent essentiellement le mari. Ainsi, ce dernier voit toujours peser sur lui la présomption de paternité. L'inégalité est double sur ce point. En effet, l'homme marié est automatiquement désigné par la loi, comme étant le père des enfants de sa femme. Par contre, le concubin et le partenaire doivent faire une reconnaissance, pour que leur lien de filiation soit retenu. Alors que le premier peut ressentir cette attribution comme injuste, puisqu'il n'est jamais à l'abri d'une infidélité de sa femme, les seconds se sentent relégués dans un rôle secondaire, puisque la seule indication de leur nom, dans l'acte de naissance ne suffit pas à établir le lien de filiation.

2. Enfin, une inégalité de fait subsiste et ce, malgré la consécration législative de la possibilité de la résidence alternée. En cas de désaccord des parents, ou s'ils ont des domiciles géographiquement éloignés, le lieu de résidence des enfants est dans la majorité des cas, fixé chez la mère, surtout si les enfants sont en bas âge.

DES DATES À RETENIR

13 JUILLET 1907 : loi permettant à la femme mariée de percevoir librement un salaire.

18 FÉVRIER 1938 : loi supprimant l'incapacité de la femme mariée.

22 SEPTEMBRE 1942 : loi supprimant le devoir d'obéissance de la femme.

13 JUILLET 1965 : loi permettant à la femme de travailler sans restriction, d'ouvrir un compte à son nom et d'en disposer librement.

8 JANVIER 1993 : loi généralisant l'exercice en commun de l'autorité parentale.

DES ARTICLES À RETENIR

212 : article du Code civil disposant que les époux sont tenus des obligations de fidélité, secours, assistance et respect.

213 : article du Code civil énonçant que : « les époux assurent, ensemble, la direction morale et matérielle de la famille ».

215 AL. 1 : article du Code civil imposant la communauté de vie.

215 AL. 3 : article du Code civil interdisant à chacun des époux de disposer seul, du domicile familial et des meubles meublants, même s'il s'agit de biens propres.

220 : article du Code civil énonçant que « chacun des époux a pouvoir pour passer seul, les contrats qui ont pour objet l'entretien du ménage ou l'éducation des enfants » et consacrant la solidarité pour les dettes ménagères.

CHAPITRE 10
LE DIVORCE

Sous l'Ancien Régime, le mariage religieux prévalait, comme il continue à prévaloir, dans certaines sociétés actuelles. Le concile de Trente, en 1563, avait alors consacré l'indissolubilité du mariage religieux. Toutefois, l'annulation du mariage était possible. Avec la révolution et la laïcisation du mariage, la dissolution se devait d'être réglementée.

Le Code civil a consacré, le ***divorce pour faute*** et le ***divorce par consentement mutuel***.

Cependant, sous la Restauration, avec la loi Bonald du 18 mai 1816, le divorce fut interdit. Il ne sera rétabli qu'avec la loi Naquet du 27 juillet 1884. Seul, le divorce pour faute était alors possible. Il faudra attendre, la ***loi du 11 juillet 1975***, pour qu'il y ait une libéralisation du divorce avec un élargissement de ses causes. La loi du 24 mai 2004 entrée en vigueur le 1er janvier 2005 a conservé quatre types de divorce, mais en a modifié considérablement la procédure. Le but du législateur a été non seulement d'alléger les procédures pour accélérer le règlement des divorces, mais aussi de dédramatiser le contentieux du divorce et d'éviter le recours systématique à la notion de faute.

À côté du divorce, une procédure peu usitée, existe toujours, il s'agit de la ***séparation de corps***. Déjà connue sous l'ancien droit, la procédure de séparation de corps ne devait pas survivre à la révolution et ainsi fut supprimée en 1792, pour être rétablie en 1804. À l'époque déjà, les causes de séparation de corps étaient les mêmes que les causes de divorce, mais la conversion de la séparation de corps en, divorce n'était pas possible. Si pendant longtemps, la procédure de séparation de corps était plus simple que celle du divorce, depuis 1975 les deux procédures sont strictement identiques, mais ont des effets différents.

La demande de séparation de corps peut être formée, à titre principal, par un époux ou par les deux époux ensemble ou par l'époux défendeur à une procédure de divorce, sauf si la demande principale en divorce est fondée sur l'altération définitive du lien conjugal. Dans cette hypothèse, l'article 297 du Code civil précise que la décision ne peut porter que sur la demande de divorce. En outre, lorsqu'une demande de séparation de corps est formée unilatéralement par l'un des époux, l'autre peut toujours former une demande reconventionnelle en divorce. En principe dans ce cas, si les deux demandes sont recevables et bien fondées, le juge prononcera un divorce aux torts partagés.

Seules, les personnes opposées au divorce, pour des raisons morales ou religieuses, auront en réalité, recours à cette procédure. Elle peut aussi être une situation temporaire, dans le cas d'un couple qui est au bord de la rupture ou aussi qui est encore indécis, quant à la décision à prendre. Les liens du mariage ne sont ainsi pas immédiatement rompus et, en cas de réconciliation tout se passera entre les époux, comme si aucune procédure n'avait jamais été formée.

La séparation de corps peut prendre fin, soit à la suite d'une ***réconciliation*** entre les époux, soit à la suite d'une demande en divorce de l'un ou l'autre. Pour que la réconciliation produise tous ses effets, à l'égard des tiers, elle doit être constatée par acte notarié ou faire l'objet d'une déclaration à l'officier d'état civil. Mention en est alors faite, en marge de l'acte de mariage des époux, ainsi qu'en marge de leurs actes de naissance. S'il y a réconciliation et que les époux reprennent la vie commune, le mariage revit pleinement mais les époux restent tout de même séparés de biens. ***À l'expiration d'un délai de 2 ans***, depuis la loi du 26 mai 2004, et non plus 3 ans comme antérieurement, en l'absence de réconciliation entre les époux, la séparation de corps est convertie en divorce. Cette ***conversion*** est automatique mais néanmoins, les époux (ou l'un d'entre eux) doivent en faire la demande, auprès du juge aux affaires familiales. La conversion ne peut intervenir que sur le même fondement que la demande initiale. Toutefois, les époux ont la possibilité de demander la conversion, d'un commun accord, même si la procédure initiale était contentieuse. La séparation de corps entraîne une dispense de cohabitation et donc une séparation du lieu de vie de chacun des époux. Il n'y aura plus de domicile conjugal. Tous les autres effets du mariage continueront cependant à s'appliquer. Ainsi, chacun des époux conservera l'usage du nom de l'autre. Toutefois, le jugement de séparation de corps ou un jugement postérieur peut, compte tenu des intérêts respectifs des époux, le leur interdire. Les époux restent aussi tenus, par l'obligation de fidélité. L'obligation de respect perdure et la séparation de corps laisse aussi subsister les devoirs de secours et assistance entre les époux. L'époux dans le besoin pourra donc obtenir la condamnation de l'autre à lui verser une pension alimentaire laquelle est indépendante des torts de l'un ou l'autre. L'époux débiteur pourra cependant, en être déchargé, s'il apporte la preuve que l'époux créancier a gravement manqué à ses obligations, par exemple en méconnaissant son devoir d'assistance, ou en entretenant une liaison avec une tierce personne.

S'agissant du régime matrimonial, la procédure de séparation de corps a aussi des incidences, même si elle n'emporte pas dissolution du mariage. La séparation de corps entraîne toujours séparation de biens. Si les époux étaient mariés sous le régime de la communauté, ils doivent donc procéder à une liquidation du régime matrimonial et en conséquence procéder au partage des biens. Par contre, sur le plan successoral, à la différence de l'époux divorcé, l'époux séparé de corps, reste héritier de son conjoint. Toutefois, en cas de séparation de corps par consentement mutuel, les époux peuvent valablement renoncer dans la convention, à leurs droits successoraux.

Tout comme le jugement de divorce, le jugement prononçant la séparation de corps, doit faire l'objet d'une transcription, en marge des actes de naissance et de l'acte de mariage des époux, pour être opposable aux tiers. Dans la mesure où la séparation de corps entraîne séparation de biens, il en résulte que les tiers, créanciers de l'un des époux, ne pourront saisir que le patrimoine de celui-ci et n'auront plus de droit de gage général sur l'ensemble des biens de la communauté, si les époux s'étaient mariés sous le régime légal. Il est donc important que les tiers soient informés de la procédure de séparation de corps par la publication du jugement de séparation de corps.

POUR EN SAVOIR PLUS

- Pascale Lalère, *Divorce mode d'emploi*, coll. « Delmas express », Delmas, 2015, 431 pages.
- *www.vos-droits.justice.gouv.fr :* sur ce site du ministère de la Justice, voir notamment un article sur les nouveaux cas de divorce.

LISTE DES FICHES

46. Les différents cas de divorce
47. Les effets du divorce entre les époux
48. Les particularités de la prestation compensatoire
49. Les effets du divorce à l'égard des enfants
50. Le jugement et sa révision

Fiche 46

Les différents cas de divorce

A. Le divorce par consentement mutuel

1. Depuis la loi du 18 novembre 2016, le divorce par consentement mutuel n'est plus soumis au contrôle du juge aux affaires familiales et résulte d'une ***convention établie par acte sous seing privé***. Par contre, ***chaque époux doit prendre un avocat***. Cette obligation a été imposée, pour permettre à la partie la plus faible de voir ses intérêts préservés. La convention de divorce, constatant la volonté de divorcer des époux et en réglant tous les effets, doit être établie par les avocats. Ensuite, un ***délai de réflexion de quinze jours*** doit être laissé à chaque époux, avant la signature de la convention. Ce délai court à compter de la réception par chaque époux, à l'initiative de son avocat, du projet de convention. À l'issue de ce délai, la convention définitive doit être signée par les deux parties et leurs avocats.

Enfin, ***la convention signée doit être déposée, au rang des minutes d'un notaire***, ce qui lui confère date certaine et force exécutoire.

Le notaire doit contrôler le respect des conditions de formes posées par la loi, notamment que le délai de réflexion a bien été respecté, que la convention comporte toutes les mentions prescrites, qu'elle est signée par les parties et les avocats et que l'enfant a été informé de son droit à être entendu.

Par contre, la loi ne prévoit pas que le notaire doive contrôler la validité du contenu. Ainsi, il ne peut refuser d'enregistrer la convention, s'il estime que les intérêts de l'un époux ne sont pas suffisamment préservés.

2. Le divorce par consentement mutuel reste obligatoirement s***oumis au contrôle du juge*** qui est alors seul compétent, ***si un enfant mineur demande à être entendu par le juge.***
Dans ce cas, le juge aux affaires familiales doit homologuer la convention, après audition des parties et s'il estime que les intérêts de chacun des époux et des enfants sont suffisamment préservés par les mesures prévues.

B. Les divorces contentieux

1. Variante de divorce par consentement mutuel, le ***divorce par acceptation du principe de la rupture*** remplace le divorce sur demande acceptée. Les époux, choisissant ce type de divorce, sont d'accord, sur le principe même du divorce, mais non sur ses effets. L'un des époux prend l'initiative de la procédure de divorce et dépose une requête en divorce, au greffe du tribunal de grande instance, sans toutefois énoncer les motifs, justifiant la demande de divorce. Le juge convoque les deux parties, pour une tentative conciliation. En l'absence de conciliation, il constate l'acceptation du principe de la rupture et autorise les parties à poursuivre la procédure, pour qu'il soit statué sur les effets du divorce.

2. En l'absence totale de consentement le divorce peut être demandé pour altération définitive du lien conjugal ou pour faute.
Le *divorce pour altération définitive du lien conjugal* succède au divorce pour rupture de vie commune, qui pouvait être demandé lorsqu'il y avait, depuis plus de six ans, séparation de fait des deux époux ou altération de facultés mentales de l'un d'eux. Désormais, il suffit d'une séparation de fait entre les deux époux, depuis plus de 2 ans, à la date de l'assignation en divorce pour que le divorce soit automatiquement prononcé.

L'époux demandeur, dépose une requête en divorce sans énoncer le fondement de la demande. À la différence de l'ancienne procédure, il n'a pas à proposer un devoir de secours au profit du conjoint à l'encontre duquel la demande est formée. Le demandeur n'est donc plus présumé être fautif. En outre, l'époux défendeur ne peut plus se prévaloir de la clause d'exceptionnelle dureté pour échapper au divorce. Il ne peut donc s'y opposer en faisant valoir que le divorce aurait pour lui des conséquences d'une exceptionnelle gravité. Le juge convoque les parties, pour une tentative de conciliation. En cas d'échec, il rend une ordonnance de non-conciliation et autorise l'époux demandeur à déposer une assignation en divorce.

3. Dans le cas du ***divorce pour faute,*** l'époux demandeur dépose une requête en divorce sans énoncer le fondement de la demande. Le juge convoque les parties pour une tentative de conciliation. En cas d'échec, il rend une ordonnance de non-conciliation et autorise l'époux demandeur à déposer une assignation en divorce pour faute.

La loi du 11 juillet 1975 a supprimé la distinction entre les causes péremptoires telles que l'adultère, et les causes facultatives de divorce. La loi n'énumère plus les fautes pouvant justifier le prononcé du divorce. Le juge est donc souverain, dans l'appréciation des motifs invoqués par l'époux demandeur. La définition de la faute permettant le prononcé du divorce est donnée par l'article 242 du Code civil, selon lequel, le divorce peut être demandé en cas de violation, grave ou renouvelée, par l'un des époux des devoirs et obligations du mariage et rendant intolérable, le maintien de la vie commune. Trois conditions doivent donc être réunies : une faute grave ou renouvelée ; la faute doit résulter d'un manquement aux devoirs et obligations du mariage. Enfin, cette faute doit rendre intolérable le maintien de la vie commune.

Constituent des causes fréquentes de divorce :

- l'adultère qui est la méconnaissance de l'obligation de fidélité, que cet adultère consiste dans des relations hétérosexuelles ou homosexuelles. L'infidélité morale a aussi été retenue comme cause de divorce ;
- l'absence de vie commune. Il peut s'agir d'un abandon du domicile conjugal ou du refus par l'un, d'avoir des relations sexuelles ;

- la méconnaissance du devoir d'assistance, laquelle consiste, par exemple, dans le fait de se désintéresser de son conjoint malade ;
- la non-contribution aux charges du mariage.

Fiche 47

Les effets du divorce entre les époux

A. Les effets extrapatrimoniaux du divorce

1. Dès le jugement de divorce, ***le mariage est dissous***. En conséquence, les époux sont déliés des obligations de fidélité, secours, assistance et respect.

Le devoir de secours qui subsistait dans le divorce pour rupture de vie commune n'a pas été repris, dans l'actuel divorce pour altération définitive du lien conjugal. Enfin, chacun des deux époux peut se remarier, dès que le jugement de divorce est devenu définitif.

Il ne subsiste donc plus aucun droit extra-patrimonial, entre les époux après le divorce, sous réserve des nuances apportées pour l'usage du nom du conjoint.

2. Si chacun des époux perd l'usage du nom de son conjoint, du fait du divorce, des tempéraments ont cependant été prévus par le législateur. L'un des époux peut conserver l'usage du nom de l'autre, soit avec l'accord de celui-ci, soit avec l'autorisation du juge, s'il justifie d'un intérêt particulier pour lui ou pour les enfants.

B. Les effets patrimoniaux du divorce

1. ***Le régime matrimonial prend fin*** et les biens entre les époux doivent être partagés. Cela implique le partage, tant de l'actif que du passif. Le problème se pose essentiellement, pour les époux mariés sous le régime de la communauté légal, car en cas de séparation de biens, chacun reprendra ses biens propres. Toutefois, même dans cette hypothèse, il faudra procéder au partage pour tous les biens qui ont été acquis en indivision. Dans le cadre du régime légal de la communauté réduite aux acquêts, le partage des biens se fait par moitié, pour tous les biens, sauf pour les biens propres, c'est-à-dire ceux qui ont été achetés avant le mariage ou reçus en héritage, pendant le mariage. Tous les autres biens, même les salaires, déposés sur un compte personnel, tombent dans la communauté, ainsi que les fonds de commerce ou les cabinets d'activités libérales.

2. ***Des dommages et intérêts*** peuvent être accordés à un époux, à la suite du divorce. Selon l'ancien article 266 du Code civil, quand le divorce était prononcé aux torts exclusifs de l'un des époux, celui-ci pouvait être condamné à des dommages-intérêts, en réparation du préjudice matériel ou moral, que la dissolution du mariage faisait subir à son conjoint.

Dans sa nouvelle rédaction, cet article prévoit que des dommages et intérêts peuvent être accordés à un époux, ***en réparation des conséquences d'une particulière gravité qu'il subit du fait de la dissolution du mariage,*** soit lorsqu'il est défendeur à un divorce prononcé pour altération définitive du lien conjugal et qu'il n'a lui-même formé aucune demande en divorce, soit lorsque le divorce est prononcé aux torts exclusifs de son conjoint. Cette demande ne peut être formée qu'à l'occasion de l'action en divorce.

Sous l'empire de l'ancienne législation, l'époux aux torts exclusifs duquel le divorce était prononcé ne pouvait jamais obtenir de dommages et intérêts. De même, cette demande était exclue, en cas de divorce pour rupture de vie commune, du fait du maintien du devoir de secours.

Auparavant, pour que la demande soit déclarée bien fondée, il fallait justifier d'un préjudice moral ou matériel, subi, du fait de la dissolution du mariage.

Dorénavant, l'attribution de dommages et intérêts est subordonnée à la preuve d'un préjudice d'une exceptionnelle gravité. On peut donc relever, un durcissement des conditions d'octroi des dommages et intérêts, suite à une procédure divorce et ce corrélativement à un élargissement des cas.

Si tant le préjudice moral que le préjudice matériel peuvent être indemnisés, la jurisprudence traduit une nette tendance, à ne prendre en considération que le préjudice moral, dans la mesure où le plus souvent, le préjudice matériel sera compensé par l'attribution d'une prestation compensatoire. Même si en réalité les deux ne se confondent pas, les juges répugnent cependant à accorder une double indemnisation, en réparation d'un préjudice matériel. La nuance entre le préjudice matériel et la réparation des disparités de niveau de vie du fait du divorce est, en effet, bien mince.

C'est donc le préjudice moral, résultant de la rupture, souvent après de très longues années de vie commune, qui justifiera l'octroi de dommages et intérêts. La jurisprudence a aussi admis cette demande de dommages et intérêts pour préjudice moral, au profit du conjoint délaissé alors qu'il était atteint d'une grave maladie.

L'article 266 du Code civil n'est pas le seul sur lequel une demande de dommages et intérêts puisse être formée. Ainsi, même dans le cadre du divorce, il est admis que l'un des époux se prévale des dispositions du droit commun et notamment de l'article 1240 du Code civil (ancien article 1382) pour former une demande de dommages et intérêts. L'époux demandeur doit, dans ce cas, non seulement justifier d'un préjudice, mais aussi d'une faute de son conjoint, distincte du divorce.

La preuve d'une faute réellement distincte du divorce et causant de ce fait un préjudice distinct, du préjudice moral ou matériel, résultant du divorce n'est cependant pas toujours facile à rapporter.

Fiche 48
Les particularités de la prestation compensatoire

A. Les conditions d'attribution d'une prestation compensatoire

1. ***L'attribution d'une prestation compensatoire,*** en cas de divorce, date de la loi du 11 juillet 1975. Elle peut être attribuée, dans tous les cas de divorce et ce, même au profit de l'époux fautif. Le législateur a ainsi voulu détacher l'attribution de la prestation compensatoire, de l'examen des fautes et rendre ainsi plus objectifs, ses critères d'attribution. Il a aussi voulu par ce moyen, réduire au maximum l'allégation de la faute dans les procédures de divorce. Le juge peut toujours refuser d'accorder une prestation compensatoire à l'époux fautif, si l'équité le justifie. Il en ira ainsi notamment en cas de fautes particulièrement graves, de la part de l'époux qui pourrait prétendre au bénéfice de la prestation compensatoire.

2. Le montant de la prestation compensatoire est fixé par le juge, en cas de divorce pour faute sur demande acceptée ou pour altération définitive du lien conjugal. Son montant est décidé par les parties, en cas de divorce sur demande conjointe. En l'absence d'accord entre les parties, les critères à prendre en considération, par le juge pour décider de l'attribution ou non au profit de l'un des époux, de l'attribution d'une prestation compensatoire ont été considérablement précisés. Il est bien évident que, le principe et le montant de l'attribution d'une prestation compensatoire, sont décidés, en fonction des ressources et des charges respectives des époux, lesquels constituent donc les deux premiers critères qui seront pris en considération par le juge. Au titre des ressources sont pris en compte, les rentes, gains et salaires. Les charges sont les loyers, remboursement d'emprunts et charges de la vie courante.

Mais, ces deux seuls critères ne sont pas suffisants. La prestation compensatoire est fixée selon les besoins de l'époux à qui elle est versée et les ressources de l'autre, mais selon la loi, en tenant compte de la situation au moment du divorce et de l'évolution de celle-ci, dans un avenir prévisible.

À cet égard, l'article 271 du Code civil tel qu'issu de la loi du 26 mai 2004 précise :

« … le juge prend en considération notamment :

- la durée du mariage ;
- l'âge et l'état de santé des époux ;
- leur qualification et leur situation professionnelles ;
- les conséquences des choix professionnels faits par l'un des époux pendant la vie commune pour l'éducation des enfants et du temps qu'il faudra encore y consacrer ou pour favoriser la carrière de son conjoint au détriment de la sienne ;

- le patrimoine estimé ou prévisible des époux, tant en capital qu'en revenu, après la liquidation du régime matrimonial ;
- leurs droits existants et prévisibles ;
- leur situation respective en matière de pensions de retraite ».

B. Les modalités de versement de la prestation compensatoire

1. La loi du 30 juin 2000 a prévu que, lorsque la prestation compensatoire est fixée par le juge, elle doit prendre la forme d'un ***capital***. Le capital doit être versé en une seule fois. Le capital peut être versé en nature sous forme de l'attribution d'un bien ou en numéraire.

Toutefois, le juge ne peut ordonner le versement du capital en nature, sous forme d'attribution d'un bien appartenant en propre au débiteur, qu'après accord de celui-ci, si le bien concerné avait été reçu par donation ou succession. L'attribution d'un bien peut se faire en pleine propriété, en usufruit ou nue-propriété. Si le capital est fixé en numéraire, il peut être exceptionnellement versé, de manière échelonnée, sur une durée ne pouvant excéder huit ans. Il est bien évident, que lors d'un divorce par consentement mutuel, les époux peuvent décider d'un échelonnement plus long. Plus exceptionnellement encore, la prestation compensatoire peut prendre la forme d'une rente viagère, lorsque l'âge ou l'état de santé du conjoint qui en est bénéficiaire ne lui permettent pas de subvenir à ses besoins. Dans ce cas, la prestation compensatoire prend fin au décès du créancier. Le juge ou les parties, en cas d'accord, peuvent aussi prévoir un panachage, entre le versement d'un capital et l'attribution d'une rente. En effet, il se peut que le patrimoine du créancier ne permette pas le versement d'un capital important et qu'ainsi le montant qui peut être versé, ne suffise pas à compenser les disparités de train de vie entre les époux. Le capital pourra donc être complété par une rente mensuelle.

2. Le versement de la prestation compensatoire fixée sous forme de ***rente*** prend fin au décès du créancier. Mais ce versement ne s'éteint cependant pas avec la mort du débiteur, puisque ce qui reste à payer, est prélevé sur la succession, à moins que les héritiers ne souhaitent maintenir les obligations initiales du débiteur. La transmissibilité de la prestation compensatoire, à la charge des héritiers, avait fait l'objet de nombreuses critiques et pourtant la loi du 30 juin 2000 en a maintenu le principe lorsqu'elle prend la forme d'une rente. Toutefois, les héritiers ne sont pas personnellement tenus du paiement de la prestation compensatoire, puisque celle-ci doit être prélevée sur l'actif successoral et dans la limite de cet actif.

Fiche 49

Les effets du divorce à l'égard des enfants

A. L'autorité parentale et la fixation du lieu de résidence de l'enfant

1. ***L'autorité parentale, toujours conjointe, au sein du couple, le reste en cas de séparation***, c'est-à-dire, dans tous les cas de divorce. Ce n'est qu'à titre tout à fait exceptionnel que le juge pourra retirer l'autorité parentale à l'un des deux parents. La dévolution de l'autorité parentale est indépendante de la fixation du lieu de résidence de l'enfant. L'exercice de l'autorité parentale nécessite des aménagements du fait de l'absence de vie commune. Il est en conséquence prévu, que tout changement de résidence de l'un des parents, dès lors qu'il modifie les modalités d'exercice de l'autorité parentale, doit faire l'objet d'une information préalable et en temps utile, de l'autre parent. En cas de désaccord, le parent le plus diligent saisit le juge aux affaires familiales qui statue, selon ce qu'exige l'intérêt de l'enfant. Par ailleurs, l'exercice de l'autorité parentale conjointe suppose un minimum d'accord entre les deux parents en cas de séparation. Cependant, pour les actes les plus graves, l'époux qui ne serait pas sollicité pourra toujours saisir le juge, pour que sa volonté soit respectée. Le juge peut exceptionnellement refuser le maintien de l'autorité parentale conjointe ou l'exercice du droit de visite et d'hébergement au profit du parent chez lequel l'enfant n'a pas son lieu de résidence habituelle, pour des motifs graves. C'est ainsi que, la 2e chambre civile de la Cour de cassation, le 13 juillet 2000, a approuvé la demande de modification de la résidence habituelle de l'enfant, qu'elle a alors fixée chez le père, en raison des convictions religieuses de la mère, témoin de Jéhovah. Au contraire, la Cour européenne des droits de l'homme dans une décision du 16 décembre 2003 a pu y voir une différence de traitement discriminatoire entre les deux parents et constituant, une atteinte au droit au respect de sa vie familiale. Elle avait de même condamné la jurisprudence portugaise qui avait refusé de confier l'autorité parentale sur sa fille, à un père, au seul motif de son homosexualité (CEDH 21 déc. 1999, Salgueiro Da Silva Mouta C./ Portugal).

2. Le lieu habituel de résidence des enfants mineurs est fixé par les époux, d'un commun accord en cas de divorce gracieux, par le juge dans les cas de divorce contentieux.

Depuis la loi de 1993, il n'est plus fait référence au droit de garde d'un parent ou de l'autre, mais au lieu de résidence des enfants. C'est ainsi que, l'article 287 al. 1 dispose que le juge désigne, à défaut d'accord amiable, ou si cet accord lui apparaît contraire à l'intérêt des enfants, le parent chez lequel les enfants ont leur résidence habituelle. Cependant, à la demande de l'un des parents ou en cas de désaccord entre eux sur le mode de résidence des enfants, le juge peut ordonner, à titre provisoire, une résidence en alternance dont il détermine la durée. Aux termes de celle-ci, le juge statue définitivement sur la résidence des enfants en alternance au domicile de chacun des parents ou au domicile de l'un d'eux. Le juge peut aussi décider de fixer la résidence des enfants chez un tiers, comme par exemple, chez les grands-parents ou des oncles et tantes, sans que pour autant l'autorité parentale soit retirée aux parents.

Dans les autres cas, à défaut d'accord des parents, le juge fixera les modalités du droit de visite et d'hébergement du parent chez lequel les enfants n'ont pas leur lieu de résidence habituel.

B. La pension alimentaire

1. Celui des parents chez lequel les enfants ne résident pas habituellement doit verser à l'autre, une pension alimentaire pour leur entretien et leur éducation. Cette obligation découle de l'article 371-2 du Code civil aux termes duquel, chacun des parents doit contribuer à l'entretien et l'éducation de ses enfants, proportionnellement à ses ressources, à celles de l'autre parent et aux besoins de l'enfant. Il est bien évident que lorsque cette obligation ne peut plus s'exécuter en nature, de la part de celui des parents chez lequel les enfants ne résident pas. Elle prendra donc la forme d'une pension alimentaire.

2. La pension alimentaire est fixée, soit d'un commun accord entre les époux ; soit par le juge qui prend en considération, les 3 critères contenus dans l'article 371-2 du Code civil en l'occurrence :

- les ressources du débiteur ;
- les ressources du créancier ;
- les besoins de l'enfant.

Les besoins des enfants sont appréciés en fonction du train de vie des époux, mais aussi et surtout de leur âge, de leur scolarité ou de leur état de santé. En effet, des frais médicaux importants peuvent devoir être engagés pour un enfant dont la santé serait déficiente ou qui serait affecté d'une maladie particulièrement grave. Outre ces critères, relatifs aux besoins des enfants, les revenus des parents seront pris en compte. Il en va ainsi de leur salaire ou autres sources de revenus imposables et des allocations qu'ils perçoivent, déduction faite des charges qu'ils doivent assumer, comme le loyer, les remboursements d'emprunt et toutes les dépenses incompressibles de la vie courante.

Fiche 50
Le divorce et sa révision

A. La portée de la décision de divorce

1. La ***date de la décision ou de la convention de divorce*** fixe, en principe, le ***point de départ de la date de ses effets***. Il ne faut cependant pas confondre la date de la décision et la date de ses effets.

En outre, la date des effets du jugement n'est pas nécessairement la même entre les époux et à l'égard des tiers.

Enfin, pour que le jugement devienne définitif, les voies de recours doivent être épuisées.

Dans les rapports personnels entre époux, en cas de divorce par consentement mutuel, le mariage est dissous par la convention de divorce, à la date à laquelle elle acquiert force exécutoire et en cas de divorce contentieux, il est dissout par la décision qui prononce à la date à laquelle elle acquiert force de chose jugée.

Dans les rapports patrimoniaux entre époux, le jugement de divorce est toujours rétroactif. Il convient cependant d'opérer une distinction selon la cause du divorce :

- lorsqu'il est constaté par consentement mutuel, par acte sous signature privée, il prend effet à la date à laquelle la convention réglant l'ensemble des conséquences du divorce acquiert force exécutoire, sauf dispositions contraires de la convention ou à la date de l'homologation de la convention si le divorce par consentement mutuel est judiciaire ;
- lorsqu'il est prononcé pour acceptation du principe de la rupture du mariage, pour altération définitive du lien conjugal ou pour faute, il prend effet à la date de l'ordonnance de non-conciliation.

Cependant, à la demande de l'un des époux, le juge peut fixer les effets du jugement à la date à laquelle ils ont cessé de cohabiter et de collaborer.

La convention ou le jugement de divorce est opposable aux tiers, en ce qui concerne les biens des époux, à partir du jour où les formalités de mention en marge prescrites par les règles de l'état civil ont été accomplies.

2. Rendu en audience non publique, pour les divorces contentieux, le jugement de divorce est adressé, aux avocats des parties, qui vont se charger de procéder aux formalités de signification, destinées à faire courir les délais des voies de recours et aux publications le portant à la connaissance des tiers.

L'appel est possible contre tous les jugements de divorce, sauf bien évidemment en cas de divorce par consentement mutuel. ***Le délai d'appel, contre l'ordonnance***

de conciliation ***est de 15 jours***, dans tous les types de divorce. ***Le délai d'appel, contre le jugement de divorce est de 1 mois***.

Dès lors qu'un appel est interjeté, les effets de la décision attaquée sont en principe suspendus. Toutefois, l'effet suspensif est écarté pour toutes les mesures provisoires, rendues lors de l'ordonnance de non-conciliation et pour les mesures concernant les enfants.

En cas de divorce par consentement mutuel, ***le délai de pourvoi est de 15 jours*** à compter de l'ordonnance, par laquelle le juge homologue la convention et prononce le divorce.

Les tiers y ayant intérêt peuvent former tierce opposition, pendant un délai de 1 an après la publication du jugement.

Dans les autres cas de divorce, le pourvoi en cassation est toujours recevable contre l'arrêt de la Cour d'appel et il doit être formé dans les 2 mois de la signification de la décision.

En principe, le pourvoi en cassation à la différence de l'appel n'a pas d'effet suspensif. Toutefois en matière de divorce, il y a une exception à cette règle et en conséquence, le pourvoi en cassation suspend les effets de la décision de divorce, sauf en ce qui concerne la contribution à l'entretien et l'éducation des enfants et la fixation de leur lieu de résidence.

B. Les modifications des mesures prévues

1. Le juge aux affaires familiales peut être saisi soit d'une demande de ***modification de la pension alimentaire***, voire de sa suppression, soit d'une demande concernant le lieu de résidence des enfants.

2. S'agissant de ***la prestation compensatoire***, la possibilité de saisir le juge, pour obtenir sa modification se trouve restreinte, depuis que le principe est de fixer cette prestation sous forme de capital. Néanmoins, toute demande de modification n'est pas exclue.

En cas de divorce par consentement mutuel, si la convention a la même force exécutoire qu'une décision de justice, elle peut tout de même être modifiée par une nouvelle convention entre les époux. Les époux peuvent aussi prévoir dans la convention que chacun d'eux, en cas de désaccord, pourra, en cas de changement important ou selon les besoins de l'une ou l'autre des parties, demander au juge de réviser la prestation compensatoire tout comme en cas de divorce contentieux.

En l'absence d'accord entre les époux, la prestation compensatoire peut ainsi être modifiée dans les cas et conditions suivants lorsqu'elle a été fixée sous forme de rente ; elle peut être ***suspendue ou supprimée*** en cas de changement important dans les ressources ou les besoins de l'une ou l'autre des parties. Elle ne peut cependant jamais être revue à la hausse.

Lorsque la prestation compensatoire prend la forme d'un capital, le débiteur qui a été autorisé à se libérer du capital par versements échelonnés sur 8 années peut demander la révision de ces modalités de paiement, en cas de changement important de sa situation. Le juge peut alors, par décision, autoriser le versement du capital, sur une durée totale supérieure à 8 ans et le créancier de la prestation compensatoire peut aussi saisir le juge d'une demande en paiement du solde du capital.

DES CHIFFRES À RETENIR

1 MOIS : délai de l'appel.

2 ANS : délai de la conversion de la séparation de corps en divorce.

2 ANS : durée de la séparation de fait, avant l'assignation en divorce, pour altération définitive du lien conjugal.

2 MOIS : délai du pourvoi en cassation.

4 : nombre de cas de divorce.

DES DATES À RETENIR

18 MAI 1816 : loi Bonald qui, sous la Restauration, interdit le divorce.

27 JUILLET 1884 : loi Naquet qui restaura le divorce.

11 JUILLET 1975 : loi qui a refondu le droit du divorce, en ajoutant au divorce pour faute, le divorce par consentement mutuel, le divorce sur demande acceptée et le divorce pour rupture de vie commune.

26 MAI 2004 : nouvelle loi opérant réforme du divorce.

18 NOVEMBRE 2016 : loi déjudiciarisant le divorce par consentement mutuel

CHAPITRE 11
LES RÈGLES GÉNÉRALES RELATIVES À LA FILIATION

En matière de filiation, le contentieux présente quelques particularités.

Le tribunal matériellement compétent est le ***tribunal de grande instance***. Le tribunal territorialement compétent est celui dans le ressort duquel, le défendeur à son domicile. La constitution d'avocat est obligatoire. Le procès a toujours lieu à ***huis clos***, comme pour tous les procès, en matière d'état des personnes. Les pièces du dossier sont communiquées au ministère public qui peut, s'il le souhaite prendre des réquisitions ou assister aux audiences. Enfin, quand l'enfant dont la filiation en cause, est un mineur, il est représenté en justice par son représentant légal. Cependant, lorsqu'il y a conflit d'intérêt, entre l'enfant et le représentant légal, un tuteur « *ad hoc* », c'est-à-dire spécialement pour l'instance est désigné

Le ***jugement*** rendu en matière de filiation est investi d'une autorité particulière. En effet, tout jugement est revêtu de l'autorité de la chose jugée. Mais cette autorité est dite relative, en ce qu'elle ne concerne que les parties au procès. Par contre, les jugements en matière de filiation ont une ***autorité absolue***, c'est-à-dire qu'ils sont opposables à tous, donc même à ceux qui n'ont pas été partie à l'instance, en l'occurrence les tiers qui sont, en conséquence, recevables à former tierce opposition, s'ils y ont intérêt.

Les procès relatifs à la filiation ont pour but, soit d'établir la réalité d'une filiation, soit de détruire une filiation existante. La recherche de la réalité de la filiation est donc, au cœur des procès en la matière.

Pendant longtemps, en droit de la filiation, la prééminence fut accordée à la filiation légitime, sans que l'on se soucie de savoir, si elle correspondait à une vérité, qu'elle soit biologique ou sociologique.

En effet, sous l'ancien droit, l'influence de l'église était telle, que la filiation hors mariage ne pouvait produire aucun effet, même si l'on admettait néanmoins l'établissement de la filiation naturelle. Avec la laïcisation consacrée par le Code civil, la situation n'évoluait pas beaucoup sur ce point et seule la famille légitime était véritablement reconnue.

La consécration de la possession d'état comme mode de preuve et d'établissement de la filiation devait modifier la nature de la vérité recherchée.

Avoir la possession d'état, c'est être considéré comme l'enfant de telle personne. Selon les articles 311-1 et 311-2 du Code civil, « la possession d'état s'établit par une réunion suffisante de faits qui révèlent le lien de filiation et de parenté entre une personne et la famille à laquelle elle est dite appartenir ».

Ces principaux faits sont :

1. « Que cette personne a été traitée par celui ou ceux dont on la dit issue comme leur enfant et qu'elle-même les a traités comme son ou ses parents ;
8. Que ceux-ci ont, en cette qualité, pourvu à son éducation, à son entretien ou à son installation ;
9. Que cette personne est reconnue comme leur enfant, dans la société et par la famille ;
10. Qu'elle est considérée comme telle par l'autorité publique ;
11. Qu'elle porte le nom de celui ou ceux dont on la dit issue. »

Ces éléments de faits, énumérés par la loi, sont aussi appelés NOMEN, TRACTATUS et FAMA.

NOMEN : il s'agit du nom. Il faut donc que l'enfant ait toujours porté le nom de ceux dont on le dit issu ;

TRACTATUS : il s'agit du traitement, il faut que ceux vis-à-vis desquels la filiation est revendiquée l'aient traité comme leur enfant, et qu'il les ait traités comme ses père et mère ; qu'ils aient, en cette qualité, pourvu à son éducation, à son entretien et à son établissement ;

FAMA : il s'agit de ***la renommée***. Cela signifie que l'enfant est reconnu comme l'enfant de telle personne ou tel couple, par la famille, la société et que l'autorité publique le considère comme tel.

Ces différents critères ne sont pas toujours exigés cumulativement. Ainsi, par exemple, l'enfant n'aura pas nécessairement le nom de ses deux parents. D'ailleurs, pendant longtemps, cela était impossible et aujourd'hui cela ne constitue qu'une faculté. Par exemple, un enfant a la possession d'état d'enfant d'un couple, s'il porte le nom de l'un ou de deux membres du couple, s'il est traité par les deux membres du couple comme leur enfant et si l'entourage considère cet enfant comme l'enfant du couple.

Selon l'article 311-2 du Code civil, la possession d'état doit être ***paisible, publique et non équivoque***. Cette disposition légale ne fait en réalité que préciser une jurisprudence déjà bien établie qui ne se contentait pas de la continuité. La preuve des faits dont la réunion établit la possession d'état peut se faire par tous moyens, dont les juges du fond apprécient souverainement la force probante.

Le droit de la filiation a considérablement évolué avec les nouvelles techniques médicales et l'apparition de nouvelles formes de procréation, comme la procréation médicalement assistée. Celle-ci est réglementée, depuis les deux lois en matière de bioéthique du 29 juillet 1994 et la loi du 6 août 2004. Selon l'article L 512-1 du code de la santé publique « l'assistance médicale à la procréation s'entend des pratiques cliniques et biologiques permettant la conception in vitro, le transfert d'embryon et l'insémination artificielle ».

Si la procréation médicalement assistée est autorisée, elle est cependant très réglementée, en ce qui concerne, tant ses conditions que ses effets.

Certaines pratiques sont limitées, d'autres interdites.

En principe, l'insémination avec des gamètes de deux tiers-donneurs, donc en l'occurrence, le transfert d'embryon, est interdite. À titre exceptionnel cependant, les deux membres d'un couple ayant recours à l'insémination artificielle, sans tiers-donneur ou avec un tiers-donneur, peuvent consentir par écrit, à ce que les embryons surnuméraires conservés, soient accueillis par un autre couple.

D'autres pratiques sont totalement interdites par la loi. Il en va ainsi, tout d'abord, de l'***insémination post-mortem***. Le mari, le concubin ou le partenaire doit donc être vivant au moment de l'insémination ou de la fécondation in vitro et de la réimplantation. Si le mari, le concubin ou le partenaire décède avant l'insémination ou avant la réimplantation, le processus est arrêté. La loi condamne aussi et sanctionne pénalement, la pratique des ***mères porteuses*** et le ***clonage***, c'est-à-dire le fait de procéder à une intervention ayant pour but de faire naître un enfant génétiquement identique à une autre personne vivante ou décédée, ainsi que le fait de mettre en œuvre une pratique eugénique, tendant à l'organisation de la sélection des personnes.

POUR EN SAVOIR PLUS

- Françoise Dekeuwer-Défossez, *Les droits de l'enfant*, coll. « Que sais-je ? », PUF, 2010, 128 pages.
- *www.vie-publique.fr* : sur ce site à la rubrique panorama des lois, voir la présentation de la loi du 16 janvier 2009 ratifiant l'ordonnance du 4 juillet 2005 portant réforme de la filiation et modifiant ou abrogeant diverses dispositions relatives à la filiation.

LISTE DES FICHES

51. La vérité recherchée
52. Les preuves relatives à la filiation
53. Les actions relatives à la filiation
54. La procréation médicalement assistée
55. Les présomptions dans la filiation

Fiche 51
La vérité recherchée

A. La primauté de la vérité biologique ou de la filiation légitime

1. L'enfant naturel a, pendant longtemps, eu des difficultés à faire établir sa filiation puisque, en l'absence de reconnaissance des parents, dans la première version du Code civil, seule l'action en recherche de maternité naturelle était ouverte et non l'action en recherche de paternité, sauf en cas d'enlèvement de la mère. Ses droits étaient en outre très limités par rapport aux enfants légitimes. Les enfants naturels adultérins étaient encore plus mal considérés, puisque leur lien de filiation, tout comme celui des enfants incestueux, ne pouvait tout simplement pas être établi.

Ce n'est qu'avec la loi du 16 novembre 1912, que l'action en recherche de paternité devint possible pour les enfants naturels.

S'agissant des enfants naturels adultérins ou incestueux, la loi du 11 juillet 1955 sans permettre l'établissement de leur filiation, leur accorda le bénéfice d'une action alimentaire, à l'encontre de leur père ou de celui prétendu tel, à l'égard duquel toutefois, la filiation ne pouvait pas être légalement établie. Le souci de rétablir la vérité et donc une filiation, conforme à la vérité biologique ou supposée telle, apparu avec la place accordée à la reconnaissance puis à la recherche de paternité naturelle.

2. La loi du 3 janvier 1972 qui fut la première à réformer en profondeur le droit de la filiation a eu le mérite de tendre à établir l'égalité entre les enfants légitimes et naturels, et à favoriser l'établissement de la vérité biologique, en ouvrant largement les actions relatives à la filiation. Elle fit aussi une part importante à la filiation sociologique.

Égalité et vérité biologique présidèrent à cette réforme. Toutefois, la vérité biologique ne fut pas la seule à être prise en considération.

Si les différentes possibilités d'établissement de la filiation naturelle furent grandement améliorées, tout au long du XXe siècle, dans le souci de l'établissement de la filiation d'un enfant, conformément à sa filiation biologique, le législateur devait aussi prendre en considération la vérité sociologique, dite vérité du cœur, en faisait une large place à la possession d'état.

B. Le compromis entre la vérité biologique et la vérité sociologique

1. Avec la ***loi du 25 juin 1982***, la possession d'état a été renforcée, concernant la filiation naturelle et a trouvé la même place que pour la filiation légitime.

La vérité sociologique reposant sur la possession d'état, c'est-à-dire le fait de se comporter comme le véritable parent, apparut dès lors tout aussi importante que la vérité biologique. À quoi sert, en effet, dans l'esprit du législateur, l'établissement ou le maintien d'une vérité biologique, si elle ne correspond pas à une réalité sociologique, c'est-à-dire si le parent vis-à-vis duquel la filiation d'un enfant est établie ne s'occupe pas de lui ?

Ainsi, l'existence d'une possession d'état devait rendre parfois inattaquable la filiation d'un enfant. Par exemple, aux termes de l'ancien l'article 334-9 du Code civil, toute reconnaissance, toute action en recherche de paternité était irrecevable si l'enfant avait une filiation légitime, déjà établie par la possession d'état. Il en résultait donc que la filiation légitime établie par le titre avait moins de force que celle établie par la possession d'état. De même, en application de l'article 322 du Code civil, la concordance du titre et de la possession d'état rendait inattaquable, une filiation légitime.

Toutefois, la possibilité d'établir non plus la filiation la plus vraisemblable, en fonction des preuves apportées, mais la vérité biologique, avec notamment les expertises ADN, devait parallèlement conduire de plus en plus à rechercher cette vérité, et la jurisprudence se montra de plus en plus favorable aux actions en contestation de paternité notamment de paternité légitime en élargissant les cas d'action en contestation.

Cependant, la recherche de la vérité et le souci de rétablir la vérité biologique, qui peut certes correspondre à un besoin psychologique pour l'enfant et à une volonté affective pour les parents, peuvent aussi s'avérer déstabilisants pour l'enfant, si la remise en cause de la filiation, établie à sa naissance, est trop largement ouverte.

2. ***L'ordonnance du 4 juillet 2005*** ratifiée par la loi du 16 janvier 2009, en simplifiant les conditions d'exercice des actions en recherche ou en contestation de filiation a certes, entendu permettre de rétablir assez facilement la véritable filiation biologique d'un enfant, mais enfermant les actions dans des délais très stricts, elle a aussi voulu préserver la stabilité de l'enfant.

Entre la recherche de la vérité biologique et la préservation d'une vérité sociologique bien établie, le compromis devait s'avérer difficile à trouver et il n'est pas sûr, que les nouvelles dispositions y aient réussi. Seul le temps le dira. Cependant, il est à craindre que certains ne s'estiment lésés par les délais très courts d'exercice des actions qui ne leur permettront plus d'agir, s'ils découvrent trop tard la vérité. Cette frustration risque d'être d'autant plus grande qu'effectivement les preuves, aujourd'hui à la disposition des juges, permettent d'établir avec certitude la filiation d'un enfant.

Fiche 52
Les preuves relatives à la filiation

A. Les preuves en l'absence de contentieux

1. En l'absence de tout litige, le titre et la possession d'état sont les modes classiques de preuve de la filiation d'un enfant. ***Le titre*** est l'acte de naissance sur lequel figurent en principe, les noms et prénoms des pères et mère de l'enfant. L'acte de naissance doit être établi dans les 3 jours de l'accouchement. Passé ce délai, l'officier d'état civil ne peut recevoir la déclaration de naissance. L'acte de naissance comporte, le jour, l'heure et le lieu de la naissance, le sexe de l'enfant puis, les noms et prénoms qui lui seront donnés. Concernant le nom de famille, il devra y avoir, si nécessaire, mention de la déclaration conjointe de ses parents, quant au choix effectué. Le titre vaut ainsi, preuve de la filiation, seulement s'il comporte l'indication du nom des parents. Mais, ce n'est pas le seul mode de preuve, il y a aussi la possession d'état.

2. L'établissement de la filiation repose en outre, sur des présomptions relatives au moment de la conception ou de la naissance de l'enfant (voir fiche 55).

B. Les preuves lors d'un procès

1. ***En cas de contentieux***, c'est-à-dire en l'absence d'établissement de tout lien de filiation ou d'établissement, d'un lien de filiation erroné, il faut alors démontrer en justice, la réalité d'une filiation ou au contraire la non-conformité à la réalité, de la filiation existante.

La ***preuve par tous moyens*** est recevable. Cependant, sous l'empire de la législation en vigueur jusqu'au 1er juillet 2006, avant d'être admis à prouver en justice la réalité ou la fausseté d'un lien de filiation, encore fallait-il être recevable à agir. Le système mis en place était relativement complexe, puisque certaines actions relatives à la filiation n'étaient recevables que dans des conditions, déterminées par la loi, qui s'apparentaient à des preuves de ce que l'on demandait au juge. Ainsi, par exemple, l'action en recherche de maternité n'était recevable que si existaient des présomptions ou indice graves, c'est-à-dire des présomptions ou indices graves de la filiation de l'enfant vis-à-vis de la femme à l'encontre de laquelle l'action était exercée. L'existence des présomptions ou indices supposait donc déjà, la réunion d'éléments laissant présumer la filiation maternelle. Ces éléments n'étaient pas autre chose que des preuves. Pour l'établissement judiciaire de la filiation naturelle, en l'absence de possession d'état, il fallait, pour exercer l'action, qu'existent des adminicules, c'est-à-dire des commencements de preuve, non pas au sens de 1347 du Code civil, mais des bribes de preuves, rendant recevable, l'action en justice et autorisant la preuve par tous moyens. Pour l'établissement de la filiation paternelle naturelle, la loi subordonnait l'action en recherche de paternité, à l'existence de présomptions ou indices graves.

Ces conditions de recevabilité ont été supprimées, de sorte que désormais, lorsque les conditions d'exercice d'une action, aux fins d'établir ou de contester une filiation, sont réunies, la preuve par tous moyens, c'est-à-dire par témoignages, indices et présomptions, est admissible. Toutefois, dans la plupart des cas, le juge a recours aux expertises médicales et notamment aux expertises ADN, qui permettent d'avoir une totale certitude sur le lien de filiation ou non d'un enfant.

2. L'administration des preuves résultant de prélèvements sur le corps humain fait l'objet d'une réglementation particulière. Ainsi, ce type de preuve ne peut être rapporté par les parties elles-mêmes, lesquelles ne peuvent recourir aux expertises ADN hors contentieux. L'article 16-11 du Code civil dispose à cet égard que « l'identification d'une personne par ses empreintes génétiques ne peut être recherchée que dans le cadre de mesures d'enquête ou d'instruction diligentée lors d'une procédure judiciaire ou à des fins médicales ou de recherche scientifique ou d'identification d'un militaire décédé à l'occasion d'une opération conduite par les forces armées ou les formations rattachées ». Il en résulte que les expertises ADN ne peuvent être diligentées, que sur décision du juge, c'est-à-dire dans le cadre d'un procès. Les parties ne peuvent y recourir librement, en dehors de tout contentieux. Si une décision du juge est nécessaire, ce dernier ne saurait cependant, contraindre une partie, à accepter des prélèvements, permettant de procéder aux expertises ADN. Le recours à ce type de preuve suppose l'accord exprès de la personne concernée et la loi exclut formellement que l'on puisse y recourir, après le décès de cette personne. Toutefois, en cas de refus d'une personne de se soumettre aux expertises biologiques ordonnées, le juge pourra en tirer toutes les conséquences nécessaires du refus. Si le refus ne peut être assimilé à un aveu, il est bien évident qu'il ne plaide pas en faveur de la personne concernée. Enfin, dans une décision de principe du 28 mars 2000, la première chambre civile de la Cour de cassation a retenu que le recours aux expertises biologiques est de droit, si les parties à un procès en font la demande, sauf si le juge estime qu'il existe un motif légitime de ne pas l'ordonner.

Fiche 53
Les actions relatives à la filiation

A. La nature des actions

1. Les ***actions*** relatives à la filiation sont ***intransmissibles*** et ***personnelles***. Il en résulte qu'elles appartiennent à l'enfant, mais seulement à l'enfant né viable, ainsi qu'aux parents véritables ou à ceux prétendus tels. Elles sont personnelles, elles sont donc intransmissibles, entre vifs ou à cause de mort. Elles ne peuvent être engagées que par les personnes y ayant intérêt et limitativement prévues par les textes.

Les actions en recherche de maternité ou paternité sont ainsi réservées à l'enfant, lequel devra prouver qu'il est celui, dont la mère prétendue a accouché. Pendant sa minorité, cette action sera exercée, par celui de ses parents à l'égard duquel la filiation est établie. En l'absence de tout lien de filiation ou si le parent à l'égard duquel la filiation est établie, est décédé ou dans l'impossibilité de manifester sa volonté, l'action sera exercée par le tuteur, après autorisation du conseil de famille, laquelle autorisation est obligatoire, pour les actions relatives à des droits qui ne sont pas patrimoniaux.

L'action devra être dirigée, contre le parent prétendu ou ses héritiers, ou contre l'état, en l'absence d'héritiers ou si ceux-ci ont renoncé à la succession.

En outre, ces actions ne peuvent en principe se transmettre aux héritiers des intéressés. Il y a toutefois, ***deux tempéraments*** à ce principe :

- premièrement, l'action peut toujours être exercée par les héritiers d'une personne décédée avant l'expiration du délai qui était imparti à celle-ci pour agir ;
- deuxièmement, si l'action en justice était déjà engagée, avant le décès de l'intéressé, elle pourra être poursuivie par les héritiers de celui-ci, à moins qu'il n'y ait eu désistement ou péremption d'instance.

Ces deux tempéraments ne concernent cependant pas l'action à fins de subsides qui peut être exercée par l'enfant ou sa mère. Cette action, concerne l'enfant, dont la filiation paternelle n'a pas pu être établie. Même s'il n'y a pas de liens de filiation, la mère peut exercer l'action à fins de subsides. La mère peut réclamer des subsides, à tel homme qui pourrait être le père de l'enfant, mais qui n'a pas été prouvé comme étant tel.

2. Les actions sont ***indisponibles*** et ***imprescriptibles***. Les actions sont indisponibles, cela signifie, qu'elles ne peuvent faire l'objet de, renonciation, transaction, acquiescement ou désistement. L'état des personnes est, en effet, hors du commerce juridique. Ainsi, par exemple, un homme ne peut pas s'engager, par avance, envers sa maîtresse, à ne pas reconnaître l'enfant dont elle va accoucher. Il est libre, de reconnaître ou non l'enfant, mais aucune convention ne saurait être valablement passée, entre les parents, sur ce point. De même, une femme agissant en qualité de représentant légal, de son enfant mineur, ne peut renoncer à exercer une action en recherche de paternité naturelle, contre le père de cet enfant.

Pendant longtemps, considérées comme imprescriptibles, les actions relatives à la filiation ont été soumises à la prescription de droit commun de 30 ans, par la loi du 3 janvier 1972, avec toutefois de nombreuses exceptions prévues par des textes, enfermant certaines actions dans des délais beaucoup plus courts. Ce délai de 30 ans courait en principe, à partir du jour de la naissance de l'enfant, mais si le représentant légal de l'enfant n'agissait pas, la prescription était suspendue, pendant toute la minorité de l'enfant et recommençait donc à courir, à compter du jour de sa majorité.

Il existait cependant de nombreuses des exceptions, à ce délai de prescription de droit commun, avec notamment des délais plus courts. La nouvelle législation a cependant voulu consolider le plus rapidement possible, la situation des enfants et réduire à 10 ans, le délai de prescription de droit commun, pour établir ou contester une filiation. Ce délai commence à courir, du jour de l'établissement du lien de filiation contesté, ou du jour auquel l'enfant a été privé du lien de filiation revendiqué. Un nouveau délai de 10 ans court, à compter du jour de la majorité de l'enfant concerné, pour que celui-ci puisse agir, si ses représentants légaux ont omis de le faire pendant sa minorité. Toutes les actions relatives à la filiation seront donc désormais en principe, prescrites au plus tard, au jour du 28e anniversaire de l'enfant.

B. Les spécificités procédurales

1. Le ***jugement*** rendu par le tribunal de grande instance est un jugement, non pas constitutif d'état, en ce qu'il ne crée pas une situation juridique, il ne crée pas le lien de filiation. Il est ***déclaratif***, car il établit ou anéantit rétroactivement un lien de filiation, en constatant un état préexistant ou en anéantissant, un état qui n'aurait jamais dû exister, en rétablissant donc une situation.

2. De cette rétroactivité découlent certaines conséquences, indépendamment de la déclaration d'un état. Ainsi, il peut avoir lieu à remboursement, au profit de celui qui avait reconnu un enfant, en croyant qu'il s'agissait de son enfant et qui avait donc indûment contribué à son entretien. Ce remboursement ne pourra cependant pas être obtenu, en cas de reconnaissance délibérément mensongère.

Fiche 54
La procréation médicalement assistée

A. La procréation médicalement assistée *stricto sensu*

1. Peuvent recourir à ***la procréation médicalement*** assistée, les couples, en âge de procréer, mariés ou vivant ensemble, hors mariage, c'est-à-dire en concubinage ou partenariat. Le recours à la procréation médicalement assistée n'est possible, qu'en cas d'***infertilité médicalement établie*** de l'un d'eux ou des deux ou pour éviter la transmission d'une maladie particulièrement grave à l'enfant. Le consentement des 2 membres du couple est nécessaire.

Si l'intervention d'un tiers-donneur est nécessaire, le consentement des deux membres du couple doit préalablement être donné, dans des conditions garantissant le secret, devant un juge ou un notaire, lequel doit les informer, des conséquences de leur acte, au regard de la filiation.

Le consentement est privé d'effets, en cas de décès du futur père, en cas de dépôt d'une requête en divorce ou en séparation de corps ou de cessation de la communauté de vie, avant la réalisation de la procréation médicalement assistée.

Le consentement est également privé d'effet lorsque l'homme ou la femme le révoque, par écrit, avant la réalisation de la procréation médicalement assistée, auprès du médecin chargé de mettre en œuvre cette assistance.

En cas de transfert d'embryon, l'accueil de l'embryon est toujours subordonné à une décision de l'autorité judiciaire, qui reçoit aussi préalablement le consentement écrit du couple à l'origine de sa conception.

Le juge s'assure que le couple demandeur remplit les conditions, prévues par la loi, pour recourir à la procréation médicalement assistée. Il fait aussi procéder à toutes les investigations, lui permettant d'apprécier les conditions d'accueil que ce couple est susceptible d'offrir à l'enfant à naître, sur les plans familial, éducatif et psychologique. L'autorisation d'accueil est délivrée pour une durée de trois ans renouvelable.

Il y a procréation médicalement assistée dans trois hypothèses : insémination artificielle, fécondation in vitro et transfert d'embryon.

L'***insémination artificielle*** consiste dans l'insémination d'une femme, avec le sperme soit de son conjoint soit d'un tiers-donneur. Dans le premier cas, on parle d'insémination artificielle endogène et dans le second, d'insémination artificielle exogène.

La ***fécondation in vitro*** consiste dans la fécondation d'ovules, en laboratoire, provenant de gamètes du couple ou de tiers donneurs. Il peut s'agir de dons de sperme ou d'ovocytes.

Le ***transfert d'embryon*** implique l'implantation, dans l'utérus d'une femme, d'un embryon conçu in vitro, avec des gamètes d'un autre couple.

2. La procréation médicalement assistée entraîne obligatoirement, l'établissement d'un lien de filiation, entre l'enfant né et les personnes qui ont donné leur consentement, à cette technique de procréation.

Si le consentement est donné par un couple marié, l'enfant sera déclaré être l'enfant du couple. Aucun des deux parents ne pourra contester le lien de filiation ainsi établi.

Si les deux parents ne sont pas mariés, ils doivent reconnaître l'enfant ou tout du moins, l'homme qui a consenti à l'insémination de sa compagne ou partenaire doit procéder à la reconnaissance. Celui qui, après avoir consenti à l'assistance médicale à la procréation, ne reconnaît pas l'enfant qui en est issu, engage sa responsabilité envers la mère et envers l'enfant.

La paternité hors mariage de celui qui, après avoir consenti à l'assistance médicale à la procréation, ne reconnaît pas l'enfant qui en est issu sera judiciairement déclarée, suite à une action en recherche de paternité.

Le consentement donné à une procréation médicalement assistée, interdit de la part de ceux qui y ont consenti, toute action en contestation de filiation ou en réclamation d'état.

L'***anonymat*** entre donneurs et receveurs doit être préservé sous peine de sanctions pénales. L'enfant ne pourra jamais voir sa filiation établie, vis-à-vis du donneur.

Certes, cette obligation d'anonymat, posée par la loi, paraît contraire à l'intérêt de l'enfant et aux dispositions de l'article 7 de la convention de New York du 26 novembre 1990 qui prévoit au profit de l'enfant, le droit de connaître ses parents. Un assouplissement de la loi sur ce point, si ce n'est la levée de cet anonymat, commence alors à être évoqué.

Toutefois, en cas de nécessité thérapeutique, un médecin pourra accéder aux informations médicales, non identifiantes, concernant le tiers-donneur ou le couple ayant renoncé à l'embryon.

Enfin, aucun paiement, quelle qu'en soit la forme, ne peut être alloué au donneur d'ovocyte ou de sperme ou au couple ayant renoncé à l'embryon surnuméraire.

B. Les conventions de mère porteuse

Depuis **les lois bioéthiques du 30 juillet 1994**, les articles 16-1 et 16-7 du Code civil disposent que « Le corps humain, ses éléments et ses produits ne peuvent faire l'objet d'un droit patrimonial » «et que « Toute convention portant sur la procréation ou la gestation pour le compte d'autrui est nulle ».

La première chambre civile de la Cour de cassation, dans l'arrêt rendu le 13 décembre 1989 à propos des contrats passés par l'association « Alma Mater », créée pour mettre en relation des couples dont la femme est stérile, désireux d'accueillir un enfant à leur foyer et des mères porteuses volontaires, avait commencé par poser le **principe de l'illicéité des conventions de mère porteuse**.

Dans un arrêt du 31 mai 1991, l'assemblée plénière de la Cour de cassation avait clairement précisé la **nullité de ces conventions**, qu'elles soient **conclues à titre gratuit ou à titre onéreux**.

Pourtant la gestation pour autrui devait à nouveau susciter la controverse, avec les conventions de mère porteuses passées à l'étranger. Le 6 avril 2011, la Cour de cassation a étendu les conséquences de l'illicéité, à des conventions valablement conclues à l'étranger, en précisant qu'une convention portant sur la gestation pour le compte d'autrui, même conclue valablement l'étranger ne peut produire aucun effet en France, pays dans lequel cette convention est considérée comme nulle de nullité absolue. La Cour de cassation refusait en conséquence, la transcription en Frances des actes de naissance des enfants nées à l'étranger dans ces conditions.

Cependant, à propos de l'affaire Menesson ayant donné lieu à la décision de la cour de cassation de 2011, le 26 juin 2014, la Cour européenne des droits de l'homme, a condamné la France en retenant que le refus de transcription constituait une atteinte à la vie privée des enfants.

Fiche 55

Les présomptions dans la filiation

A. Les présomptions relatives au moment de la conception de l'enfant

1. ***Certaines présomptions sont relatives à la date de conception de l'enfant.*** L'enfant, selon la loi, est présumé avoir été conçu, pendant la période qui s'étend, du 300ᵉ jour au 180ᵉ jour inclusivement, soit du 10ᵉ au 6ᵉ mois, avant la date de la naissance. La preuve contraire peut cependant, toujours être rapportée. Le père ou la mère, ou ceux qui se prétendent tels, peuvent en effet apporter la preuve, que l'enfant est né, en dehors de cette période, c'est-à-dire plus de 300 jours ou moins de 180 jours avant la naissance. D'ailleurs, certains droits retiennent une durée de conception possible plus longue, comme par exemple, le droit allemand qui a fixé à 302 jours la durée maximale de la grossesse. Cette preuve résultera, le plus souvent, d'une expertise médicale. À l'intérieur de cette période, la conception est présumée avoir eu lieu, à un moment quelconque, suivant ce qui est demandé dans l'intérêt de l'enfant, en application de la présomption *Omni meliore momento*.

La preuve contraire est cependant toujours recevable, pour combattre ces présomptions, ainsi que ne manque jamais de le rappeler la Cour de cassation. C'est ainsi, que la première chambre civile, de la Cour de cassation a retenu, dans une décision du 27 novembre 1979, que « le défendeur à une action à fins de subsides est recevable à combattre la présomption d'après laquelle la conception de l'enfant est réputée avoir eu lieu à un moment quelconque de la période légale de cette conception ».

2. ***La présomption de paternité permet de ne pas avoir à apporter la preuve de la filiation paternelle d'un enfant.*** La loi présume en effet que l'enfant conçu ou né pendant le mariage a pour père, le mari de sa mère. Avant la nouvelle législation, la présomption ne concernait que les enfants conçus pendant le mariage. Dorénavant, elle s'applique pour les enfants conçus ou nés pendant le mariage. Toutefois, même avant cette modification, l'enfant né avant le 180ᵉ jour du mariage était réputé légitime. La présomption s'étendait donc déjà à des enfants qui ne pouvaient avoir été conçus pendant le mariage. Cette présomption non seulement n'est pas irréfragable, mais encore, elle est automatiquement écartée, dans certains cas. Avant la nouvelle réglementation, la présomption de paternité était écartée si l'acte de naissance n'indiquait pas que le mari de la mère était le père de cet enfant et que ce dernier n'avait de possession d'état, qu'à l'égard de celle-ci. *A contrario*, il en résultait que, si l'enfant avait la possession d'état d'enfant légitime, à l'égard du mari de sa mère, la présomption de paternité était rétablie. Actuellement, la présomption de paternité est écartée, lorsque l'acte de naissance de l'enfant ne désigne pas le mari, en qualité de père et que l'enfant n'a pas de possession d'état à son égard. La possession d'état à l'égard de la mère n'est donc plus exigée. La présomption est aussi écartée, en cas de demande en divorce ou en séparation de corps, ***si l'enfant est né plus de trois cents jours*** après, la date ***soit de l'homologation*** de la convention réglant l'ensemble des conséquences du divorce ou des mesures provisoires prises en application de l'article 250-2 du Code civil, ***soit de l'ordonnance de non-conciliation***, et ***moins de cent quatre-vingts jours depuis le rejet définitif de la demande en divorce ou la réconciliation***. La présomption est cependant rétablie, si l'enfant a la possession d'état, à l'égard de chacun des époux et s'il n'a pas une filiation paternelle, déjà établie à l'égard d'un tiers.

B. La possession d'état

1. La possession d'état permet, de présumer, la réalité du lien de filiation. Certes, l'apparence créée ne correspond pas nécessairement, à la réalité biologique. Néanmoins, les dispositions légales font de la possession, tant un mode de preuve, qu'un mode d'établissement de la filiation, ce tout comme le titre (voir fiche 52).

2. Dès lors, pour établir la filiation par la possession d'état, il faudra, soit apporter la preuve de la possession d'état, lors d'une action en justice, soit faire établir ***un acte de notoriété***, soit agir en justice, en constatation de la possession d'état. L'acte de notoriété est délivré par le juge des tutelles, sur demande, formée par l'un ou l'autre des parents ou par l'enfant. Il peut même être demandé, si le parent concerné est décédé, avant la naissance de l'enfant. La ***demande de délivrance d'un acte de notoriété*** doit être effectuée au plus tard ***dans les 5 ans qui suivent la cessation de la possession d'état***. Le lien de filiation résultant de l'acte de notoriété, doit faire l'objet d'une transcription, en marge de l'acte de naissance de l'enfant, comme une reconnaissance. Mais, ***la possession d'état peut aussi être constatée en justice***, dans le cadre d'une action, tendant à établir le lien de filiation. Cette action doit être exercée ***dans un délai de 10 ans***, à compter de la cessation de la possession d'état.

DES CHIFFRES À RETENIR

5 ANS : délai après la cessation de la possession d'état, pour faire établir un acte de notoriété.

10 ANS : délai pour faire constater en justice la possession d'état et ce, à partir de sa cessation.

311-1 : article du Code civil définissant la possession d'état.

312 : article du Code civil consacrant la présomption de paternité pesant sur le mari d'une femme.

300e À 180e JOUR AVANT LA DATE DE LA NAISSANCE D'UN ENFANT : date présumée de la conception d'un enfant.

DES DATES À RETENIR

16 NOVEMBRE 1912 : loi ouvrant l'action en recherche de paternité, pour les enfants naturels.

11 JUILLET 1955 : loi accordant d'une action alimentaire, au profit des enfants adultérins, contre le père prétendu.

3 JANVIER 1972 : première loi, réformant en profondeur, le droit de la filiation, depuis la rédaction du Code civil.

25 JUIN 1982 : loi accordant à la possession d'état, la même place, dans la filiation naturelle que dans la filiation légitime.

4 JUILLET 2005 : ordonnance réformant le droit de la filiation, en simplifiant les conditions d'exercice des actions en recherche ou en contestation de filiation et supprimant la distinction entre la filiation légitime et la filiation naturelle.

CHAPITRE 12
LE LIEN DE FILIATION

Avant l'ordonnance du 4 juillet 2005, les modes d'établissement et de contestation de la filiation étaient très différents, selon que l'on se trouvait dans le cadre d'une filiation légitime ou naturelle. Les deux types de filiation obéissaient à des régimes bien distincts, même si les conséquences, du caractère légitime ou naturel, étaient depuis longtemps aplanies et/ou supprimées. La filiation légitime, filiation indivisible, s'établissait simultanément à l'égard des deux parents et la filiation naturelle s'établissait, à l'égard de l'un ou de l'autre ou des deux, mais ce, de manière indépendante.

Cependant, toute filiation pouvait être établie, qu'elle soit légitime, naturelle simple ou adultérine.

Actuellement, une différence subsiste encore, entre les enfants, puisque certains enfants ne pourront jamais voir leur filiation établie vis-à-vis de leurs deux parents. Il s'agit premièrement des enfants dont la mère a choisi l'***accouchement sous X***. Selon l'article 341-1 du Code civil, tel qu'issu de la loi du 8 janvier 1993, toute mère peut demander lors de son accouchement que le secret de son admission et de son identité soit préservé. L'expression accouchement sous X qui apparaît à l'époque qui est donc relativement récente. Toute femme a la possibilité d'accoucher, sans dévoiler son identité et l'établissement dans lequel elle a accouché doit respecter sa volonté. Cependant, l'article L 222-6 du code de l'action sociale et des familles prévoit ainsi, que « toute femme qui demande, lors de son accouchement, la préservation du secret de son admission et de son identité par un établissement de santé est informée des conséquences juridiques de cette demande et de l'importance pour toute personne de connaître ses origines et son histoire. Elle est donc invitée à laisser, si elle l'accepte, des renseignements sur sa santé et celle du père, les origines de l'enfant et les circonstances de la naissance ainsi que, sous pli fermé, son identité. Elle est informée de la possibilité qu'elle a de lever à tout moment le secret de son identité [...]. Elle est également informée qu'elle peut à tout moment donner son identité sous pli fermé ou compléter les renseignements qu'elle a donnés au moment de la naissance ». Pour encourager l'accouchement non clandestin, pouvant mettre en péril la vie de l'enfant, il est aussi prévu que, lorsqu'une femme, décide de confier son enfant, en vue d'une adoption ou accoucher anonymement, les ***frais d'hébergement et d'accouchement*** dans un établissement public ou privé conventionné, sont pris en charge par le ***service de l'aide sociale à l'enfance***.

Or, de nombreux enfants dont la mère a accouché anonymement essaient, pendant de longues années, de retrouver leur mère biologique. La Cour européenne des droits de l'homme a toutefois refusé de condamner l'État français qui refusait à une fille le droit à connaître l'identité de sa mère ayant accouché anonymement, et qui faisait valoir l'atteinte ainsi portée au respect de sa vie privée, en relevant que « la France n'a pas excédé la marge d'appréciation qui doit lui être reconnue en raison du caractère complexe et délicat de la question que soulève le secret des origines au regard du droit de chacun à son histoire, du choix des parents biologiques, du lien familial existant et des parents adoptifs » (CEDH 13 février 2003, Odièvre C./France).

Compte tenu, néanmoins, du droit de chaque enfant de connaître ses origines, la loi du 22 janvier 2002 a créé un Conseil national pour l'accès aux origines personnelles (CNAOP). Ce Conseil est composé d'un magistrat de l'ordre judiciaire, d'un membre de la juridiction administrative, de représentants des ministres concernés, d'un représentant des conseils généraux, de trois représentants d'associations de défense des droits des femmes, d'un représentant d'associations de familles adoptives, d'un représentant d'associations de pupilles de l'État, d'un représentant d'associations de défense du droit à la connaissance de ses origines, et de deux personnalités que leurs expérience et compétence professionnelles médicales, paramédicales ou sociales qualifient particulièrement pour l'exercice de fonctions en son sein. Il est compétent pour recevoir, les demandes d'accès à la connaissance de ses origines, formées par l'enfant, ses représentants légaux ou ses descendants après son décès, ainsi que les déclarations de levée de secret, exprimées par les parents de naissance. Il peut obtenir copie des éléments d'identité, des femmes qui accouchent dans le secret et lorsque le secret a été levé par le parent biologique, il peut communiquer à l'enfant, l'identité de ses parents. Il est aussi habilité, à demander leur accord, pour la levée du secret.

En outre, la mère peut, éventuellement, reconnaître son enfant après avoir accouché sous X, et depuis la loi du 16 janvier 2009, l'enfant peut engager une action judiciaire en recherche de maternité, pour établir sa filiation, s'il retrouve sa mère biologique et qu'il n'a pas de lien de filiation déjà établi.

En second lieu, ne peuvent voir l'intégralité de leur filiation établie les ***enfants issus de relations sexuelles incestueuses***. Ce cas concerne uniquement les enfants nés de relations d'inceste dit absolu, c'est-à-dire lorsque les relations familiales entre les parents sont telles que, le mariage entre eux est toujours interdit et ne peut donc faire l'objet d'une autorisation du président de la République. Il en va ainsi lorsque l'enfant est né des relations entre ascendants et descendants, entre collatéraux frères et sœur, entre adoptant et adopté et les descendants de l'adoptant. Ces enfants ne peuvent être rattachés, qu'à un seul de leurs parents, afin que le caractère incestueux de la filiation n'apparaisse pas.

Troisièmement, l'établissement d'un lien de filiation est enfin prohibé, quand ***un enfant a déjà une filiation***. Dorénavant, tout conflit de filiation est donc impossible, puisque deux filiations ne peuvent jamais coexister, que la première filiation soit établie par la possession d'état, par le titre ou les deux en même temps.

Enfin, tout comme sous l'ancienne législation, lorsque la filiation paternelle d'un enfant n'est pas établie et ne peut l'être, en raison de l'incertitude, quant à l'identité du véritable père, une ***action à fins de subsides*** peut être exercée à l'encontre du père probable, c'est-à-dire à l'encontre de l'homme, avec lequel la mère a eu des relations, pendant la période légale de la conception.

POUR EN SAVOIR PLUS

- Aude Mirkovic, *La PMA : un enjeu de société*, coll. « Art. société », Artège, 2018, 176 pages.
- *www.conseil-constitutionnel.fr :* sur ce site voir notamment un article de Monsieur Mathieu à propos de l'accès aux origines personnelles (Décision n° 2012-248 QPC du 16 mai 2012).

LISTE DES FICHES

56. L'établissement de la filiation
57. La contestation du lien de filiation
58. La filiation adoptive
59. La procédure d'adoption
60. L'accouchement sous X et les droits du père

Fiche 56

L'établissement de la filiation

A. L'établissement extra-judiciaire de la filiation

1. Depuis l'entrée en vigueur de l'ordonnance du 4 juillet 2005, plus aucune distinction n'est faite au sein de la filiation maternelle, selon que la mère est ou non mariée. Dans les deux cas, la preuve de la filiation, se fait par le ***titre*** ou par la ***possession d'état.*** En ce qui concerne le titre, il suffit que l'acte de naissance mentionne le nom de la mère, pour que la filiation soit établie, sans qu'aucun acte de volonté de la mère ne soit nécessaire.

2. Bien que la nouvelle loi ne distingue plus entre les filiations légitimes et naturelles, cette distinction perdure s'agissant de l'établissement non judiciaire de la paternité. En effet, la paternité d'un homme marié obéit à un régime particulier et n'a pas à être prouvée, puisqu'elle résulte, automatiquement, de la ***présomption de paternité*** qui découle de l'article 312 du Code civil selon lequel « l'enfant conçu ou né pendant le mariage a pour père le mari ».

La présomption de paternité pesant sur le mari d'une femme concerne les enfants, nés à partir du 180e jour du mariage jusqu'au 300e après sa dissolution.

Avec la nouvelle législation, la présomption de paternité subsiste et concerne l'enfant conçu ou né, dans le mariage, et non plus seulement l'enfant conçu, pendant le mariage.

Si le père n'est pas marié, la possession d'état est, là encore, un mode d'établissement de la filiation paternelle d'un enfant. Mais le mode traditionnel d'établissement de la filiation paternelle d'un enfant, vis-à-vis d'un homme non marié, est, comme antérieurement, ***la reconnaissance***. La reconnaissance est la déclaration par laquelle une personne reconnaît être le père ou la mère d'un enfant. Elle doit être faite par acte authentique. Il peut s'agir d'un acte dressé par l'officier d'état civil ou par un notaire. Cette reconnaissance sera mentionnée en marge de l'acte de naissance de l'enfant.

B. L'établissement judiciaire de la filiation

1. Pour établir la filiation maternelle, deux actions sont recevables, il s'agit de l'***action en constatation de possession d'état*** et de l'***action en recherche***.

L'action en constatation de possession d'état est identique, qu'il s'agisse d'établir la paternité ou la maternité et que l'homme ou la femme, soit ou non marié. Cette action peut être exercée, par tout intéressé pendant un délai de 10 ans, à compter de la cessation de la possession d'état et suppose, la preuve de la possession d'état d'enfant, vis-à-vis de la mère ou du père ou des 2.

En l'absence de possession d'état, il existe l'action en recherche de paternité ou maternité.

S'agissant de l'action en recherche de maternité, il faut rapporter de la preuve l'accouchement de la femme, ainsi que l'identité entre l'enfant dont elle a accouché et celui, vis-à-vis duquel on veut établir la filiation.

Ces preuves peuvent être rapportées par tous moyens, sans qu'il soit besoin, qu'existent, pour intenter l'action, des indices ou présomptions laissant supposer le lien de filiation, comme cela était le cas antérieurement. Les conditions de recevabilité de l'action qui étaient réalité, des preuves de la filiation, ont disparu.

Cette action, réservée à l'enfant, peut être exercée par son père, pendant sa minorité ou par son représentant légal, en l'occurrence son tuteur, après autorisation du conseil de famille. Le délai pour agir est toujours de 10 ans, à compter de la naissance de l'enfant.

2. Pour établir judiciairement la filiation paternelle, tout comme pour la filiation maternelle, deux actions peuvent être engagées. Il s'agit, premièrement, de l'action en constatation de la possession d'état et deuxièmement, de l'action en recherche de paternité.

L'***action en constatation de la possession d'état*** est la même que celle concernant la maternité et ne fait l'objet d'aucune spécificité.

Concernant l'***action en recherche de paternité*** des précisions s'imposent.

Si le prétendu père est marié, aucune action n'a à être intentée, puisque par le jeu de la présomption de paternité, le lien de filiation à son égard, est établi lors de l'action en recherche de maternité. Par contre, si la présomption de paternité a été écartée, une action spécifique en rétablissement de la présomption de paternité peut être exercée. Elle peut être exercée, par les parents de l'enfant, dans les 10 ans de sa naissance ou dans les 10 ans suivant sa majorité, par l'enfant lui-même. Si le père n'est pas marié, la mère, le tuteur de l'enfant ou l'enfant à sa majorité peuvent exercer une action en recherche de paternité contre le père prétendu ce, toujours pendant un délai de 10 ans. La preuve du lien de filiation pourra être rapportée par tous moyens.

Fiche 57

La contestation du lien de filiation

A. Les actions possibles

1. Avant l'ordonnance du 4 juillet 2005, deux actions pouvaient être intentées pour faire tomber la filiation maternelle légitime.

Premièrement, l'article 322 du Code civil ouvrait ***une action en contestation d'état d'enfant légitime*** à tout intéressé, dès lors que la filiation légitime de l'enfant n'était pas établie par un titre et par la possession d'état. Deuxièmement, la maternité pouvait aussi être contestée, en cas de ***substitution ou supposition*** d'enfant, même si la filiation était établie par le titre et par la possession d'état. Le délai était toujours de trente ans.

Quatre actions, destinées à faire tomber la paternité légitime, devaient être distinguées.

Deux résultaient directement des textes et deux étaient le résultat d'une interprétation jurisprudentielle.

La loi avait prévu ***les actions en désaveu de paternité,*** réservées au père légitime et ***l'action en contestation de paternité aux fins de légitimation,*** réservée à la mère.

Le père ou du moins le mari de la mère, présumé être le père de l'enfant de sa femme, pouvait agir en désaveu de paternité, dans les 6 mois de la naissance de l'enfant ou de sa connaissance de la naissance, si elle lui avait été cachée.

Ensuite, l'article 318 du Code civil donnait à la mère d'un enfant, la possibilité de contester la paternité, à condition qu'elle soit remariée avec le véritable père de l'enfant. Cette action devait être exercée, dans les 6 mois, suivant le remariage de la mère et avant que l'enfant n'ait atteint l'âge de 7 ans.

La jurisprudence avait dégagé deux autres actions possibles.

Sur le fondement de l'article 334-9 du Code civil, interprété a contrario, elle avait considéré, qu'en l'absence de possession d'état d'enfant légitime, un tiers, en l'occurrence l'amant de la mère, pouvait reconnaître l'enfant. La reconnaissance engendrait un conflit de filiation que le juge devait trancher, car un enfant ne peut avoir une double filiation. Par une interprétation, toujours a contrario, de l'article 322 du Code civil, elle avait admis, que tout intéressé, pouvait agir en contestation de la paternité d'un enfant, quand sa filiation était établie, seulement par le titre ou par la possession d'état. Enfin, la reconnaissance pouvait être contestée, dans deux cas : s'il y avait eu vice du consentement ou si la reconnaissance était mensongère.

Ces actions pouvaient être intentées, tant pour contester la filiation maternelle que pour contester la filiation paternelle.

2. Depuis l'ordonnance du 4 juillet 2005, la contestation du lien de filiation a été considérablement simplifiée.

La nouvelle loi a le mérite, d'avoir consacré une dénomination unique, pour les actions permettant de faire tomber la filiation d'un enfant. Il s'agit de ***l'action en contestation de la filiation.***

La contestation peut concerner, la seule maternité d'une femme mariée. Dans ce cas, les deux liens de filiation, maternelle et paternelle, de l'enfant, seront anéantis, si l'action aboutit.

Si la contestation concerne, la filiation paternelle, d'un homme marié, il pourra être suffisant de faire tomber la présomption de paternité, si elle a joué à tort ou alors il faudra contester la réalité de la paternité. Il peut s'agir aussi, de contester une filiation maternelle ou paternelle établie par voie de reconnaissance. Il faudra alors faire annuler la reconnaissance, par la voie de l'action en contestation.

Enfin, l'action en contestation peut concerner, une filiation maternelle ou paternelle, d'un homme ou d'une femme, mariés ou non, établie ou corroborée ou non, par la possession d'état.

Chacune de ces actions obéit à un régime juridique différent.

B. Le régime des actions

1. ***En l'absence de possession d'état, toute personne y ayant intérêt*** y compris le ministère public, ***peut agir, en contestation de la filiation maternelle ou paternelle,*** d'un enfant, que ses parents soient mariés ou non. Cette action doit être exercée, dans un ***délai de 10 ans***, à compter du jour où le lien de filiation contesté a été établi. Celui qui agit, doit apporter par tous moyens, la preuve de la non-maternité ou de la non-paternité.

2. ***Si la possession d'état corrobore la filiation,*** établie par le titre, ou si elle est seule, à établir le lien de filiation, l'action en contestation du lien de filiation n'est admise que de manière très restrictive. Ainsi, seul l'enfant, ses parents ou celui qui se prétend le véritable parent peuvent agir. Le délai pour agir n'est pas ici le délai de droit commun de 10 ans, mais un ***délai de 5 ans,*** à compter du jour de la cessation de la possession d'état. Par contre, dans ce cas, le délai pour former l'action en contestation est toujours de ***10 ans, si l'action est exercée par le ministère public.***

Si la filiation est établie par une possession d'état, qui a duré au moins 5 ans, plus aucune action en contestation de filiation ne peut être exercée.

Enfin, si la possession d'état est constatée par un acte de notoriété, l'action en contestation doit être exercée dans les 5 ans, de l'établissement de l'acte de notoriété.

Fiche 58

La filiation adoptive

A. Les conditions de l'adoption

1. Certaines conditions concernent le ou les adoptants. ***L'adoption peut être faite, par un couple ou par une seule personne***, que cette personne soit célibataire ou mariée. Cependant, dans ce dernier cas, le consentement du conjoint qui ne souhaite pas adopter sera nécessaire. Si l'adoption est faite par un couple, les époux peuvent être de sexe différents ou de même sexe mais, ils doivent être ***mariés depuis au moins 2 ans, s'ils ont moins de vingt-huit ans.*** Cette condition d'âge n'est pas exigée, en cas d'adoption de l'enfant du conjoint.

La présence d'enfants, biologiques ou adoptés, n'est pas un obstacle à l'adoption.

Pour l'adoption d'enfants, pupilles de l'état, ou d'enfants étrangers, l'agrément du conseil général, après avis d'une commission départementale est indispensable. Cet agrément est délivré pour 5 ans et est caduc, dès l'arrivée d'un enfant, au foyer du ou des adoptants.

Même si les conditions d'âges sont respectées, des oppositions peuvent être apportées à l'adoption, si le mode de vie de l'adoptant ou des adoptants paraît contraire à l'intérêt de l'enfant. Ainsi, dans une décision du 9 octobre 1996, le Conseil d'État a considéré que le refus, de la demande d'agrément, aux fins d'adoption, était justifié car la demande avait été présentée par un célibataire homosexuel.

Le refus d'agrément est aussi considéré comme légitime, si le choix de vie des adoptants est de nature, à présenter un danger, pour l'adopté, comme les juges l'ont à plusieurs reprises retenu, s'agissant du refus opposé à des demandes d'adoption, formées par des couples témoins de Jéhovah, en raison, non pas de leurs convictions religieuses, mais du mode de vie qu'elles impliquent et notamment de leur opposition aux transfusions sanguines.

2. D'autres conditions sont relatives à l'adopté. Un enfant est adoptable lorsque ses parents ont consenti à son adoption, lorsqu'il n'a pas de filiation établie ou lorsqu'il a été déclaré judiciairement abandonné. La déclaration d'abandon est faite par le tribunal de grande instance, lorsque les parents d'un enfant se sont volontairement désintéressés de lui, dans l'année précédant la demande d'abandon. L'adoption simple est alors possible, quel que soit l'âge de l'adopté. En revanche, l'adoption plénière n'est possible, que si l'adopté a moins de quinze ans. Un enfant de plus de quinze ans peut cependant faire l'objet d'une adoption et ce jusqu'à l'âge de vingt ans, s'il a été placé dans un foyer, en vue d'une adoption avant l'âge de quinze ans, ou s'il a fait l'objet d'une adoption simple. Pour ***l'adoption plénière***, une ***différence d'âge de 15 ans est exigée entre les adoptants et l'adopté***, ***sauf***

si l'adopté est l'enfant du conjoint. Dans ce cas, ***la différence d'âge exigée n'est que de dix ans***.

La différence d'âge, comme condition à l'adoption, peut être levée par le tribunal de grande instance, pour justes motifs. Cela a été retenu par exemple, dans le cas d'un frère adopté par sa sœur, de treize ans son aînée, dans des circonstances familiales particulièrement dramatiques.

Tous les enfants de plus de treize ans doivent donner leur consentement à l'adoption.

B. Les effets de l'adoption

1. L'adoption simple ne fait entrer l'adopté que de manière restreinte dans la famille de l'adoptant. L'adopté conserve tous ses droits, dans sa famille d'origine, mais l'adoptant devient titulaire de l'autorité parentale. L'adoptant et l'adopté sont tenus à une obligation alimentaire réciproque. L'adopté a les mêmes droits successoraux, à l'égard de l'adoptant, que les enfants biologiques de ce dernier. L'adopté n'a cependant aucun lien de parenté avec la famille de l'adoptant. Toutefois, l'adoption entraîne des empêchements au mariage de l'adopté, avec la famille de l'adoptant. L'adoption simple est révocable pour motifs graves, à la demande de l'adoptant, si l'adopté a plus de quinze ans ou de l'adopté à sa majorité. Pendant la minorité de l'adopté, sa famille par le sang ou le ministère public peuvent demander la révocation de l'adoption. L'adoption simple confère le nom de l'adoptant à l'adopté, en l'ajoutant au nom de ce dernier, sans pouvoir excéder deux noms, si chacun a déjà un double nom de famille. Le choix du nom de l'adopté est effectué par l'adoptant, qui doit néanmoins recueillir le consentement de l'adopté, s'il est âgé de plus de 13 ans.

Le tribunal peut, toutefois, à la demande de l'adoptant, décider que l'adopté ne portera que le nom de l'adoptant. En cas d'adoption par 2 époux, le nom de famille substitué à celui de l'adopté peut, au choix des adoptants, être soit celui du mari, soit celui de la femme, soit les noms accolés des époux.

2. Dans le cas de l'adoption plénière, l'adopté perd tout lien avec sa famille par le sang et entre pleinement dans la famille adoptive. Trois réserves doivent cependant être apportées à cette rupture avec la famille d'origine. Il s'agit :

- des prohibitions au mariage ;
- de l'adoption de l'enfant du conjoint. Celle-ci laisse subsister sa filiation d'origine à l'égard de ce conjoint et de sa famille. Elle produit, pour le reste, les effets d'une adoption classique par deux époux ;
- de l'octroi possible d'un droit de visite et d'hébergement au profit des grands-parents par le sang.

L'adoption plénière à la différence de l'adoption simple est irrévocable.

Fiche 59

La procédure d'adoption

A. L'attitude des parents

1. L'adoption internationale est strictement réglementée. Ainsi deux époux français peuvent à l'adopter un enfant à l'étranger si la loi personnelle de l'enfant ne connaît pas, ou prohibe, cette institution, à la condition que le représentant du mineur ait donné son consentement en pleine connaissance des effets attachés par la loi française à l'adoption et, en particulier, dans le cas d'adoption en forme plénière, du caractère complet et irrévocable.

Plusieurs lois ont jalonné le parcours de l'adoption. La dernière réforme date de l'ordonnance du 5 juillet 2005, entrée en vigueur le 1er juillet 2006. Cette ordonnance a eu principalement pour but d'uniformiser sur l'ensemble du territoire les demandes d'agrément et de créer une agence française de l'adoption (AFA) pour favoriser l'adoption internationale. Elle n'a cependant pas fondamentalement modifié la procédure de l'adoption.

2. Un enfant est ***adoptable*** lorsque ***ses parents ont consenti à son adoption***. Lorsque la filiation d'un enfant est établie à l'égard de son père et de sa mère, ceux-ci doivent consentir l'un et l'autre à l'adoption. Si l'un des deux est mort, ou dans l'impossibilité de manifester sa volonté, s'il a perdu ses droits d'autorité parentale, le consentement de l'autre suffit. Lorsque les deux sont décédés, dans l'impossibilité de manifester leur volonté ou s'ils ont perdu leurs droits d'autorité parentale, le consentement est donné, par le conseil de famille, après avis de la personne qui, en fait, prend soin de l'enfant. Il en va de même, lorsque la filiation de l'enfant n'est pas établie. Le consentement à l'adoption est donné devant le greffier en chef du tribunal d'instance du domicile ou de la résidence de la personne qui consent, devant un notaire français ou étranger, ou devant les agents diplomatiques ou consulaires français. Il peut également être reçu par le service de l'aide sociale à l'enfance, lorsque l'enfant lui a été remis. Lorsque ce consentement est donné, une possibilité de rétractation est donnée aux parents ou à l'un des parents de l'adopté. La ***rétractation*** d'un seul suffit. Le consentement à l'adoption peut être rétracté, pendant deux mois. La rétractation doit être faite par lettre recommandée, avec demande d'avis de réception, adressée à la personne ou au service qui a reçu le consentement à l'adoption. La remise de l'enfant, à ses parents, sur demande même verbale, vaut également preuve de la rétractation. Si à l'expiration du délai de deux mois, le consentement n'a pas été rétracté, les parents peuvent encore demander la restitution de l'enfant, à condition que celui-ci n'ait pas été placé, en vue de l'adoption. Si la personne qui l'a recueilli refuse de le rendre, les parents peuvent saisir le tribunal, qui apprécie, compte tenu de l'intérêt de l'enfant, s'il y a lieu d'en ordonner la restitution. La restitution de l'enfant rend caduc le consentement à l'adoption. L'adoption plénière, à la différence de l'adoption simple, doit être précédée d'un placement au foyer de l'adoptant, pendant une durée minimum de six mois, avant la procédure d'adoption. Le placement en vue de l'adoption est réalisé par la remise effective aux futurs adoptants, d'un enfant pour lequel il a été valablement et définitivement consenti à l'adoption, d'un pupille de l'état ou d'un enfant déclaré abandonné par décision judiciaire. Lorsque la filiation de l'enfant n'est pas établie, il ne peut y avoir de placement, en vue de l'adoption, pendant un délai de deux mois, à compter du recueil de l'enfant. Le placement ne peut avoir lieu, lorsque les parents ont demandé la restitution de l'enfant, tant qu'il n'a pas été statué sur le bien-fondé de cette demande, à la requête de la partie la plus diligente. Le placement, en vue de l'adoption, met obstacle, à toute restitution de l'enfant, à sa famille d'origine. Il fait échec, à toute déclaration de filiation et à toute reconnaissance.

Si le placement en vue de l'adoption cesse ou si le tribunal a refusé de prononcer l'adoption, les effets de ce placement sont rétroactivement résolus.

B. Le jugement

1. L'adoption, qu'elle soit simple ou plénière, doit être demandée au ***tribunal de grande instance***. Elle prendra effet à compter de la demande et non pas du jugement. L'adoption est prononcée à la requête de l'adoptant, par le tribunal de grande instance qui vérifie, dans un délai de six mois à compter de sa saisine, si les conditions de la loi sont remplies et si l'adoption est conforme à l'intérêt de l'enfant. Dans le cas où l'adoptant a des descendants, le tribunal vérifie, en outre, si l'adoption n'est pas de nature à compromettre la vie familiale.

2. Si l'adoptant décède après avoir régulièrement recueilli l'enfant en vue de son adoption, la requête peut être présentée, en son nom, par le conjoint survivant ou l'un des héritiers de l'adoptant. Si l'enfant décède, après avoir été régulièrement recueilli en vue de son adoption, la requête peut toujours être présentée.

Le jugement produit effet, le jour précédant le décès et emporte uniquement modification de l'état civil de l'enfant. Le jugement prononçant l'adoption n'est pas motivé.

Fiche 60

L'accouchement sous X et les droits du père

A. La négation du père

1. Un décret-loi de 1793 avait déjà prévu la possibilité d'accouchement, sans que l'identité de la mère soit dévoilée. Ce décret-loi officialisa et généralisa une pratique qui était apparue à l'initiative de saint Vincent de Paul, à l'Hôtel-Dieu de Paris, dès 1634. En 1811, seront instaurées les « tours », c'est-à-dire, des tourniquets, placés à l'entrée des hospices et des hôpitaux, permettant aux femmes d'abandonner, de manière anonyme, leur enfant.

Cette possibilité donnée aux femmes d'accoucher et d'abandonner leur enfant, sans que personne n'en soit informé, était destinée à éviter des infanticides ou des abandons en n'importe quel lieu, d'enfants non désirés car nés, de relations adultères ou à la suite de viols.

2. Lorsque ***la mère accouche anonymement***, non seulement elle prive l'enfant de son droit à connaître ses origines, mais encore, le père de l'enfant se voit privé de ses droits. La filiation de l'enfant, à l'égard du père, ne peut pas être établie, si la mère ne dévoile pas son identité. La présomption de paternité ne peut pas jouer, si elle est mariée, et si elle n'est pas mariée, le père aura des difficultés à faire valoir ses droits.

En effet, normalement, le père non marié procède à la reconnaissance de l'enfant dont telle femme vient d'accoucher. Cependant, comment procéder à cette reconnaissance, s'il ignore la naissance de l'enfant ou si le sachant, il ne peut déclarer reconnaître, tel enfant, identifié par rapport à sa date de naissance et au nom de sa mère ?

C'est ainsi que la cour d'appel de Riom dans un arrêt du 16 décembre 1997 a jugé que la reconnaissance prénatale, par un homme, d'un enfant né d'un accouchement sous X, est sans effet. Pour la Cour d'appel, la reconnaissance suppose l'identification de l'enfant par rapport à la femme qui a accouché. Or par définition, cette identification est impossible lorsque la mère a souhaité garder l'anonymat. La cour d'appel relève d'ailleurs que la reconnaissance est inopérante car elle « concerne l'enfant d'une femme qui, selon la loi, n'a jamais accouché ».

B. L'affaire Benjamin

1. L'affaire Benjamin a enfin permis de reconnaître des droits, au père d'un enfant, dont la mère a choisi l'accouchement sous X. Dans cette affaire, un homme a eu en 1999, une liaison avec une femme mariée, qui s'est retrouvée enceinte. Le 13 mars 2000, cet homme a effectué une reconnaissance prénatale et l'enfant est né le 14 mai 2000. Il a été prénommé Benjamin, mais la mère a souhaité accoucher sous X. Le 22 juin 2000, le père biologique est intervenu auprès du procureur de la République en lui adressant un courrier pour lui demander la procédure à suivre, pour récupérer l'enfant que la mère a abandonné. Mais, l'enfant a été recueilli par les services sociaux et le 28 septembre 2000, le conseil de famille, des pupilles de l'État a décidé de son placement, en vue d'une adoption. Il a été placé dans la famille le 28 octobre 2000 et le conseil de famille a donné son consentement à l'adoption le 26 juin 2001, bien que le père biologique se soit manifesté, pour demander la restitution de son enfant. C'est dans ces conditions, que le tribunal de grande instance de Nancy a été saisi et a rendu deux jugements, sur les deux demandes formulées par le couple candidat à l'adoption qui non seulement sollicitait le jugement d'adoption, mais aussi manifestait son refus de restituer l'enfant, au père biologique.

Le tribunal de grande instance de Nancy, dans son premier jugement, en date du 16 mai 2003, a retenu qu'il convenait de rejeter les demandes d'adoption plénière ou simple de l'enfant, au motif que cet enfant connaîtrait rapidement la vérité sur ses origines et obligerait les requérants à lui expliquer que son adoption a été prononcée au mépris de la volonté exprimée par le père d'élever son fils. Par le second jugement en date du même jour, il a ordonné la restitution de l'enfant à son père.

La cour d'appel de Nancy a été saisie d'un appel contre chacun des jugements et elle a totalement infirmé les décisions de première instance, par deux arrêts en date du 23 février 2004.

Par un premier arrêt, elle a prononcé l'adoption plénière de l'enfant, et par le second, elle a refusé la demande de restitution de l'enfant, à son père biologique, au motif que la reconnaissance du père s'est trouvée privée de toute efficacité, du fait de la décision de la mère d'accoucher anonymement et de dissimuler au père, tous les éléments susceptibles de permettre de retrouver l'enfant. La cour d'appel a poursuivit en relevant, que l'identification de l'enfant, résultant de la seule désignation de la mère qui est censée n'avoir jamais accouché, était donc inopérante et que la reconnaissance prénatale et la lettre adressée au procureur de la République de Colmar étaient insuffisantes, pour constituer une possession d'état permettant de consacrer la paternité de celui qui demande la restitution de l'enfant.

2. Par un ***arrêt de principe, en date du 7 avril 2006***, la 1re chambre civile de la Cour de cassation a cassé les deux arrêts, ouvrant ainsi la voie à la reconnaissance, par un homme, d'un enfant dont la mère a souhaité accoucher anonymement.

Toutefois, certains enfants souffrent toujours de l'inégalité liée aux circonstances de leur naissance. Ainsi, en cas d'accouchement sous X, même si les droits du père sont reconnus, encore faut-il que la mère ne lui ait pas caché sa grossesse et qu'il puisse faire valoir ses droits en temps utile. À défaut, l'enfant fera l'objet d'un placement en vue d'une adoption.

Par ailleurs, si les droits du père sont maintenant pris en compte tous les problèmes ne sont pas résolus.

Ainsi, la première chambre civile de la Cour de cassation, dans une décision du 8 juillet 2009, a retenu qu'en cas d'accouchement sous X, en l'absence de lien de droit entre l'enfant et la famille de la mère, les grands parents maternels sont irrecevables à s'opposer à la requête en adoption plénière formée par la famille d'accueil. Cette solution, fondée au regard des textes, semble contraire au droit de l'enfant à connaître ses origines et le prive d'une partie de sa famille biologique.

DES CHIFFRES À RETENIR

5 ANS : délai pour contester un lien de filiation, à compter du jour de la cessation de la possession d'état.

5 ANS : délai pour contester un lien de filiation, si la possession d'état est constatée par un acte de notoriété, ce à compter de l'établissement de l'acte de notoriété.

5 ANS : durée de la possession d'état ne permettant plus aucune action en contestation de filiation.

10 ANS : délai pour contester un lien de filiation, si elle n'est pas établie la possession d'état.

10 ANS : délai pour contester un lien de filiation, si elle est établie par la possession d'état, si l'action est exercée par le ministère public.

DES DATES À RETENIR

9 JANVIER 1993 : loi réglementant l'accouchement sous X.

22 JANVIER 2002 : loi créant un conseil national pour l'accès aux origines personnelles (CNAOP).

4 JUILLET 2005 : ordonnance réformant le droit de la filiation.

5 JUILLET 2005 : ordonnance portant réforme de l'adoption.

7 AVRIL 2006 : arrêt de la 1re chambre civile de la Cour de cassation, ouvrant la voie à la reconnaissance par un homme, d'un enfant dont la mère a souhaité accoucher anonymement.

CHAPITRE 13
LES EFFETS DU LIEN DE PARENTÉ

La famille classique, composée du couple parental, marié avec des enfants ou non, est aujourd'hui dépassée, avec des familles à dimension variable, des familles non mariées, des familles monoparentales, des familles recomposées et des familles homoparentales.

On peut tout d'abord remarquer, sociologiquement, une tendance à la restriction de la dimension familiale. La famille vivant sous le même toit et partageant les mêmes intérêts est en effet, aujourd'hui, limitée à la famille nucléaire, composée des ***parents, mariés ou non,*** et des enfants. En outre, de nouvelles familles émergent. Il y a tout d'abord, ***la famille monoparentale*** qui résulte du choix, d'une femme ou plus exceptionnellement d'un homme, d'avoir et élever seule (ou seul) un enfant, ou qui peuvent être les conséquences, d'un divorce ou d'un veuvage. La famille monoparentale comprend donc, un parent, avec un ou plusieurs enfants à charge. Il y a également ***la famille recomposée,*** qui résulte des divorces, remariages ou vie en couple, d'un parent, avec un ou plusieurs enfants, avec une autre personne, de même sexe ou de sexe différent, avec ou sans enfants. Il en va ainsi, par exemple, si une femme divorcée avec un enfant se remarie ou vit en concubinage avec un homme veuf avec trois enfants.

La prise en compte de la famille recomposée est aujourd'hui à l'origine de la reconnaissance de certains droits, comme les droits des tiers dans l'exercice d'un droit de visite et d'hébergement, concernant un enfant. En droit successoral, il est aussi prévu que, la donation-partage soit étendue aux demi-frères et demi-sœurs et qu'un partage égal entre les enfants issus de mariages différents soit effectué.

C'est cependant, à partir des liens de parenté, entendus au sens strict, c'est-à-dire comprenant les parents et les enfants, que la cellule familiale est appréhendée.

La famille regroupe un ensemble de personnes, liées entre elles, par des liens de parenté ou alliance, lesquels vont entraîner, au profit et à la charge de chacun, des droits et obligations.

Ces droits et obligations seront cependant différents, selon le degré de parenté et les plus nombreux, concernent la cellule familiale, c'est-à-dire les personnes vivant sous le même toit.

Les liens de parenté génèrent des droits et obligations réciproques, entre ascendants et descendants.

Ainsi, les enfants et petits-enfants sont tenus d'une ***obligation alimentaire***, vis-à-vis de leurs parents et grands-parents. Cette obligation s'étend aux descendants par alliance en l'occurrence, les gendres et belles-filles, qui sont donc, débiteurs d'aliments, à l'égard de leur beau-père et belle-mère. Le second conjoint des ascendants ne peut cependant pas en bénéficier.

Cette obligation cesse toutefois, en cas de divorce des gendres et belles-filles avec le descendant, ou si ce dernier décède. En outre, les parents par alliance ne peuvent être tenus qu'à l'égard de leurs beaux-parents, c'est-à-dire à l'égard de leurs ascendants par alliance au premier degré, et non à l'égard des ascendants au second degré.

Le droit des ascendants à une pension alimentaire est d'ordre public. Ces derniers ne peuvent donc y renoncer. L'ascendant sollicitant le paiement d'aliments doit prouver qu'il est dans le besoin et qu'il ne peut plus exercer d'activités rémunérées, pour pourvoir à son entretien.

Tous les enfants et leurs conjoints sont tenus et ce, sans qu'un ordre doive être respecté entre eux. Cette obligation est proportionnelle, aux revenus de chacun des débiteurs d'aliments.

Ces derniers peuvent être déchargés, si le créancier a antérieurement, manqué gravement à ses obligations, à leur égard. Par exemple, un enfant qui aurait été abandonné par ses parents, pourra légitimement refuser de contribuer à leur entretien.

Réciproquement, les ascendants ont des droits vis-à-vis de leurs petits-enfants.

D'ailleurs, la Cour européenne des droits de l'homme, dans une décision du 27 avril 2000, a jugé que « le droit au respect de la vie familiale peut être invoqué par les grands-parents » (CEDH, sect. IV, L. C./ Finlande). Il est désormais incontestable, que les grands-parents peuvent agir contre leurs enfants et beaux-enfants, pour obtenir un droit de visite et d'hébergement, concernant leurs petits-enfants, si les relations familiales sont telles, qu'ils en sont injustement privés. Ce droit ne peut leur être refusé, qu'en cas de motifs graves.

Pour bénéficier d'un droit de visite et d'hébergement, vis-à-vis de leurs petits-enfants, les grands-parents doivent saisir le juge aux affaires familiales.

Au cœur de la famille se trouve l'enfant, dont l'intérêt doit toujours être au centre des décisions. L'article 7 de la convention internationale de New York du 26 janvier 1990, ratifiée par la France le 7 août 1990, dispose que l'enfant a « le droit de connaître ses deux parents et d'être élevé par eux ». L'article 48 de cette même convention, énonce que « les deux parents ont une responsabilité commune pour ce qui est d'élever l'enfant et d'assurer son développement ».

En droit interne, à partir de 1970, le père a perdu son statut de ***chef de famille*** et l'autorité parentale est devenue conjointe, quand les parents sont mariés. À défaut de mariage, elle est exercée par la mère seule. Mais le père a conservé un pouvoir prépondérant, pour l'administration légale des biens des enfants. Il fallut attendre la loi du 23 décembre 1985, pour que l'égalité soit réelle, entre le père et la mère, lorsqu'ils sont mariés. Ce n'est qu'avec la loi du 22 juillet 1987, dite loi Malhuret que l'autorité parentale conjointe apparaît en cas de séparation des parents, selon l'intérêt des enfants mineurs. Cette autorité parentale conjointe, deviendra le principe, avec la loi du 8 janvier 1993.

La grande réforme du 4 mars 2002 a redéfini la notion d'autorité parentale et a renforcé le principe de l'exercice commun, de l'autorité parentale, que les parents soient mariés ou non.

L'autorité parentale, depuis cette loi, est régie par les articles 371 à 387 du Code civil se trouvant au titre IX du livre I, et n'est plus reléguée dans le chapitre relatif aux effets du divorce. En effet, l'autorité parentale concerne tous les parents, mariés ou non, et s'exerce de la même manière dans les deux cas. Avant l'ordonnance du 4 juillet 2005, la loi du 4 mars 2002 avait donc gommé les distinctions entre les enfants légitimes et naturels, au moins en ce qui concerne l'autorité parentale.

POUR EN SAVOIR PLUS

- Pierre-Brice Lebrun, *L'autorité parentale en clair*, coll. « En clair », Ellipses, 2010, 96 pages.
- *www.ladocumentationfrancaise.fr* : sur site voir le rapport de Monsieur Jean Léonetti, député, intitulé « Intérêt de l'enfant, autorité parentale et droits des tiers ».

LISTE DES FICHES

61. La notion de famille

62. Les contours de l'autorité parentale

63. Les modifications dans l'exercice de l'autorité parentale

64. Les aménagements de l'exercice de l'autorité parentale en cas de séparation des parents

65. La protection spéciale des mineurs

Fiche 61

La notion de famille

A. Des liens de parenté : verticaux et horizontaux

1. *La définition des liens de parenté* à l'origine de la famille et la détermination de la cellule familiale méritent des explications. La notion de famille est fonction des liens de sang et par alliance. Cependant, le lien de parenté sera pris en compte, à différents degrés, selon le domaine du droit concerné.

Pour qu'un lien de parenté se constitue, il faut qu'il y ait, au départ, un couple marié ou non et procréation. Un lien de filiation par le sang va ainsi se créer, en ligne directe et par le sang, entre l'enfant et chacun de ses parents. Le lien de filiation, en ligne directe, continuera, entre ascendants et descendants, jusqu'à l'infini.

Dans les deux branches, paternelles et maternelles, si l'enfant a des frères et sœurs, des liens de filiation, en ligne collatérale, vont se créer, entre les frères et sœurs et leurs descendants. Ce sont les liens de parenté, en ligne collatérale.

2. Des liens de parenté supplémentaires résultent du ***mariage***, puisque dans ce cas, des liens de parenté par alliance, vont se créer, avec la famille des conjoints. Des liens de parenté par alliance, en ligne directe, se créent avec l'ascendant du conjoint et en ligne collatérale, avec les collatéraux par le sang du conjoint ou les conjoints de collatéraux par le sang, c'est-à-dire, oncle et tante, frères et sœurs, neveux et nièces.

B. La famille : Une notion variable

1. La famille est appréhendée différemment, selon les domaines du droit concerné. Elle n'intéresse en effet, pas uniquement le droit de la famille, au sens strict, avec l'étude des différents statuts du couple, du divorce et la filiation, mais elle est importante aussi, en droit pénal avec des infractions spécifiques, en droit des successions, en droit fiscal, ou en procédure civile, avec la création d'un juge aux affaires familiales.

2. Selon le domaine du droit concerné, la famille sera prise en compte de manière plus ou moins élargie.

En droit de la famille, les liens de parenté sont pris en compte, de manière plus ou moins élargie, selon la nature des obligations concernées.

Ainsi, l'obligation alimentaire ne concerne que les ascendants et les descendants, donc les liens de parenté en ligne directe. L'article 203 du Code civil prévoit que « les époux contractent ensemble, par le seul fait du mariage, l'obligation de nourrir, entretenir et élever leurs enfants » et l'article 205 du Code civil, que

« les enfants doivent des aliments à leur père et mère ou autres ascendants qui sont dans le besoin ».

Par contre, en ce qui concerne les prohibitions au mariage, donc la répression de l'inceste, le droit de la famille, prend en compte, les liens de parenté en ligne directe et collatérale jusqu'au 3e degré.

Le droit pénal appréhende quant à lui, différemment la répression de l'inceste au sein de la famille. En effet, il ne condamne pas les relations sexuelles librement consenties, entre personnes, ayant atteint l'âge de la majorité sexuelle, même si ces personnes sont unies par des liens de parenté. En droit pénal, le lien de famille est conçu comme une simple circonstance aggravante des infractions sexuelles et non comme constituant une infraction spécifique. En outre, il n'est pris en compte qu'autant que les relations ont eu lieu entre un ascendant et un descendant. Le droit pénal ne prend donc pas en considération les autres liens de parenté, au titre des relations incestueuses.

En droit des successions, la famille est prise en compte, jusqu'au 6e degré. Aux termes de l'article 734 du Code civil, « en l'absence de conjoint successible, les parents sont appelés à succéder ainsi qu'il suit :

- les enfants et leurs descendants ;
- les père et mère ; les frères et sœurs et les descendants de ces derniers ;
- les ascendants autres que les père et mère ;
- les collatéraux autres que les frères et sœurs et les descendants de ces derniers.
- chacune de ces quatre catégories constitue un ordre d'héritiers qui exclut les suivants. »

Le droit fiscal lui ne prend en compte que les personnes de la famille à charge.

Enfin, en procédure civile, le juge aux affaires familiales est compétent pour tous les litiges concernant le couple marié, en ce qui concerne, le prononcé du divorce et ses conséquences et les relations des parents avec leurs enfants. Il est aussi compétent, en cas de séparation ou de désaccord entre couples non mariés et parents non mariés, quant au lieu de résidence des enfants ou quant au versement des pensions alimentaires. Devant le juge aux affaires familiales, la famille prise en compte, concerne donc, les époux et l'enfant, dans ses relations avec ses parents, ses grands-parents ou les tiers avec lesquels il est de son intérêt que des liens soient maintenus (par exemple l'ex-concubin ou partenaire de l'un de ses parents avec lequel il aurait tissé des liens affectifs).

Fiche 62

Les contours de l'autorité parentale

A. Le principe de la coparentalité

1. Quand les parents sont mariés, ***l'autorité parentale est exercée conjointement*** par les deux parents et chacun des époux est réputé agir, avec l'accord de l'autre, quand il fait seul un acte usuel de l'autorité parentale.

Si les parents ne sont pas mariés, depuis la loi du 8 janvier 1993, l'autorité parentale est conjointe si les deux parents ont reconnu l'enfant dans l'année de sa naissance et s'ils vivaient ensemble au moment de la seconde reconnaissance.

Toutefois, dans tous les cas dans lesquels l'autorité parentale n'est pas automatiquement conjointe, elle peut le devenir sur déclaration des deux parents au greffe du tribunal de grande instance ou par décision du juge aux affaires familiales.

L'autorité parentale conjointe au sein du couple, le reste en cas de séparation, c'est-à-dire dans tous les cas de divorce.

2. Avant que des modifications n'interviennent, quant à la dévolution de l'autorité parentale, des ***mesures d'assistance éducative*** peuvent être décidées, par le juge pour enfants, lorsque la santé, la sécurité ou la moralité d'un mineur sont en danger ou lorsque les conditions d'éducation sont gravement compromises. La mise en place de mesures d'assistance éducative est décidée, par le juge des enfants qui est un juge pénal. Dans ce cas, les père et mère, conservent leur autorité parentale et en exercent tous les attributs. Ils restent aussi tenus de pourvoir à l'entretien de l'enfant, même s'il fait l'objet d'une mesure de placement. Les mesures d'assistance éducative peuvent être ordonnées par le juge, sur demande des père et mère conjointement, de l'un d'eux, du tuteur, du mineur lui-même, du ministère public, de la personne ou du service à qui l'enfant a été confiée. Le juge peut aussi se saisir d'office. Le mineur concerné est, autant que possible, maintenu dans son milieu. Cependant, le juge peut désigner une personne qualifiée ou un service d'observation, éducation et rééducation en milieu ouvert, avec mission d'apporter aides et conseils à la famille, afin de surmonter les difficultés matérielles ou morales rencontrées. Cette personne ou ce service doit suivre le développement de l'enfant et faire périodiquement, un rapport au juge.

Ces mesures peuvent consister dans l'obligation d'inscrire l'enfant dans un établissement scolaire précis, de lui faire suivre certains soins ou une activité professionnelle.

Le juge vérifie si les parents se soumettent bien à ces mesures.

Exceptionnellement, l'enfant pourra être retiré à ses parents qui resteront tout de même titulaires de l'autorité parentale.

Les mesures d'assistance éducatives sont toujours provisoires et le juge doit en fixer la durée qui ne peut excéder 2 ans, quand un service ou une institution ont été désignés. Leur renouvellement peut toutefois être ordonné, par décision motivée.

Les décisions, prises en matière d'assistance éducative, peuvent être, à tout moment, modifiées ou rapportées, d'office, par le juge qui les a rendues.

B. Les droits et obligations découlant de l'autorité parentale

1. L'autorité parentale qui appartient, en principe, aux parents d'un enfant, engendre des droits et obligations, notamment des droits et devoir de garde, de surveillance et d'éducation, des droits et devoirs de protéger la sécurité, la santé et la moralité, de l'enfant.

Le droit de garde implique que l'enfant mineur est domicilié chez les titulaires de l'autorité parentale.

À ce titre, ils sont chargés ***d'un devoir de surveillance***. Cela signifie que l'enfant ne peut, sans permission, quitter la maison familiale. À défaut, des poursuites pourraient être engagées pour le rechercher, alors qu'un majeur a le droit de quitter son domicile sans que l'on puisse d'office le contraindre à revenir. Le devoir de surveillance implique également, que les titulaires de l'autorité parentale surveillent l'enfant dans ses déplacements, ses fréquentations et ses activités habituelles.

De ce devoir de surveillance résulte une ***responsabilité de plein droit*** des parents, sur le fondement de l'article 1438 al. 4 du Code civil et ce, en cas de dommages causés aux tiers, par leur enfant.

Les parents ont aussi ***l'obligation, d'assurer la formation scolaire, professionnelle, religieuse, civique, morale et politique*** de l'enfant et ils sont tenus de ***le scolariser***.

Ils doivent ***veiller à sa santé et sa moralité***. L'article L 1111-4 al. 5 du code de la santé publique dispose que « dans le cas où le refus d'un traitement par la personne titulaire de l'autorité parentale risque d'entraîner des conséquences graves pour la santé du mineur, le médecin délivre les soins indispensables ». Ils doivent enfin, ***assurer l'entretien de l'enfant***, c'est-à-dire, sa nourriture et son entretien matériel.

2. Le mineur non émancipé étant frappé d'une incapacité d'exercice, ses biens sont gérés et administrés, par ses parents, investis de l'autorité parentale, qui sont aussi ses représentants légaux. Toutefois, en l'absence de ses parents, s'ils sont inconnus, décédés ou déchus de l'autorité parentale, un tuteur est désigné.

Fiche 63

Les modifications dans l'exercice de l'autorité parentale

A. La délégation de l'autorité parentale

1. *La délégation volontaire* intervient, sur décision du juge aux affaires familiales, suite à une renonciation des parents à tout ou partie de leurs prérogatives, en faveur, d'un parent, d'un particulier digne de confiance, du service de l'aide sociale, d'un établissement ou organisme agréé.

2. *La délégation forcée* intervient, en vertu d'une décision du juge aux affaires familiales, en cas de désintérêt manifeste des père et mère depuis plus d'un an, vis-à-vis de l'enfant ou s'ils se trouvent dans l'impossibilité d'exercer, tout ou partie de l'autorité parentale.

La délégation peut être totale ou partielle et le jugement de délégation peut prévoir, pour les besoins d'éducation de l'enfant, que les père et mère, ou l'un d'eux, partageront tout ou partie de l'exercice de l'autorité parentale avec le tiers délégataire.

En cas de difficultés, lors de l'exercice partagé de l'autorité parentale, le juge aux affaires familiales est compétent. C'est ainsi que le tribunal de grande instance de Paris a admis, à la demande de la mère adoptive des enfants, la délégation de son autorité parentale, au profit de la mère biologique de ceux-ci, avec laquelle elle vit en concubinage et ce, avec un exercice partagé pour les besoins de l'éducation des enfants (TGI Paris, 2 juillet 2004). La jurisprudence est sur ce point prudente et contradictoire, d'autres décisions refusant une telle délégation de l'autorité parentale.

B. Le retrait ou refus de l'autorité parentale

1. Le *retrait de l'autorité parental* peut être prononcé dans 6 cas.

Le premier cas relève d'une décision des juridictions pénales et les 5 autres des juridictions civiles.

Le *juge pénal* peut retirer l'autorité parentale aux parents, s'ils sont condamnés, soit comme auteurs, coauteurs ou complices d'un crime ou délit, commis sur la personne de leur enfant, soit comme coauteurs ou complices d'un crime ou délit commis par leur enfant.

Les *juridictions civiles* peuvent prononcer le retrait de l'autorité parentale, lorsque les parents, mettent manifestement en danger la sécurité, la santé ou la moralité de l'enfant et notamment dans les cas suivants :

- des mauvais traitements ;
- une consommation habituelle et excessive de boissons alcooliques ou un usage de stupéfiants ;
- une inconduite notoire ou des comportements délictueux ;
- un défaut de soins ou un manque de direction ;
- quand une mesure d'assistance éducative avait été prise à l'égard de l'enfant, et que les père et mère pendant plus de 2 ans, se sont volontairement abstenus d'exercer les droits et obligations auxquels ils étaient tenus.

Le juge civil compétent est le tribunal de grande instance. Il peut être saisi, par le ministère public, par un membre de la famille ou par le tuteur de l'enfant.

Enfin, cas de litige entre les parents, qu'ils soient séparés ou tout simplement en désaccord ; sur l'exercice de l'autorité parentale, le juge aux affaires familiales peut être saisi et décider, en fonction de l'intérêt de l'enfant, de n'attribuer l'autorité parentale, qu'à un seul des parents. L'intérêt de l'enfant doit être la motivation principale de la décision du juge.

Cet intérêt ne saurait cependant être déduit, du mode de vie ou des pratiques religieuses des parents, s'il n'est pas établi, que ce mode de vie ou ces pratiques sont contraires à l'intérêt de l'enfant.

C'est ainsi que, la Cour européenne des droits de l'homme, a remis en cause un arrêt ayant refusé de confier, l'autorité parentale, sur sa fille, à un père, au seul motif de son homosexualité (CEDH 21 décembre 1999, Salgueiro Da Silva Mouta C./Portugal). Elle a aussi retenu dans une décision du 16 décembre 2003, que l'arrêt de la cour d'appel, fondé sur une appréciation générale et abstraite de la situation, résultant de l'appartenance de la mère aux témoins de Jéhovah, caractérisait une différence de traitement discriminatoire, entre les deux parents et constituait, en conséquence, une atteinte au droit de la mère au respect de sa vie familiale.

Les motifs invoqués pour refuser à un parent l'exercice de l'autorité parentale doivent donc être particulièrement graves. Il en va ainsi en cas de violences, abus sexuels, risques d'enlèvement ou de sortie définitive du territoire.

2. ***Le retrait peut être total ou partiel.*** En cas de retrait partiel de l'autorité parentale, ce retrait sera limité aux attributs spécifiés par le juge et il peut être prononcé seulement à l'égard de l'un des parents.

Si le retrait total ou partiel de l'autorité parentale ou du droit de garde concerne un seul des parents et que l'autre est décédé ou a déjà perdu l'exercice de l'autorité parentale, le tribunal doit soit désigner un tiers auquel l'enfant sera provisoirement confié, à charge pour lui de requérir l'organisation de la tutelle, soit confier l'enfant au service départemental de l'aide sociale à l'enfance.

Après un retrait total ou partiel de l'autorité parentale, les père et mère peuvent saisir, par requête, le tribunal de grande instance, en justifiant de circonstances nouvelles, pour obtenir la restitution de leurs droits.

Fiche 64

Les aménagements de l'exercice de l'autorité parentale en cas de séparation des parents

A. Coparentalité et lieu de résidence des enfants

1. Même si l'article 373-2 du Code civil prévoit que la séparation est sans incidence sur l'autorité parentale, l'exercice de cette ***autorité parentale*** nécessite des aménagements en l'***absence de vie commune***. Il est ainsi prévu que tout changement de résidence de l'un des parents, dès lors qu'il modifie, les conditions d'exercice de l'autorité parentale, doit faire l'objet d'une information préalable et en temps utile, de l'autre parent. En cas de désaccord, le parent le plus diligent saisit le juge aux affaires familiales qui statue selon ce qu'exige l'intérêt de l'enfant.

Le lieu habituel de résidence des enfants mineurs est fixé par les époux, d'un commun accord, en cas de divorce gracieux, par le juge, dans les cas de divorce contentieux.

La résidence habituelle, comme antérieurement le droit de garde, était pendant longtemps généralement, fixée chez la mère. Elle ne pouvait être envisagée, qu'au domicile d'un parent, la jurisprudence ayant condamné la résidence alternée, en estimant qu'elle était source de déséquilibre pour l'enfant.

Cependant, afin de rétablir les droits des pères, la loi Malhuret du 27 juillet 1987 avait envisagé la garde conjointe. Ce n'est cependant, qu'avec la loi du 4 mars 2002, que la résidence alternée encore appelée coparentalité, a été consacrée. Il est en effet, depuis cette loi, clairement prévu que la résidence de l'enfant peut être fixée, en alternance, au domicile de chacun des parents ou à défaut au domicile de l'un d'eux.

Lorsqu'en l'***absence d'accord des parents*** le juge décide de mettre en place une résidence alternée, il le fait selon différents critères, bien qu'aucune condition ne soit imposée par la loi. Il tient compte, notamment, de la proximité du domicile de chacun des parents, et des possibilités qu'ils ont de s'occuper de l'enfant, en fonction de leurs obligations professionnelles. L'âge de l'enfant ne semble pas être un critère généralement pris en considération même si, s'agissant d'un enfant non scolarisé, la tendance est encore de le confier à titre principal à la mère.

Enfin, en cas de danger trop grand, pour les enfants, le droit de visite et d'hébergement au profit du parent, chez lequel l'enfant n'a pas son lieu de résidence habituel, pourra être supprimé.

2. ***Le droit de visite et d'hébergement*** n'est cependant qu'exceptionnellement ***supprimé***. En effet, il résulte clairement des textes, que tout doit être mis en œuvre, pour que des relations soient maintenues entre l'enfant et chacun de ses parents. À cet égard, il est même prévu que si l'un des parents ne satisfait pas à ses obligations en n'exerçant pas son droit de visite et d'hébergement ou en refusant ce droit à l'autre, il pourrait y être contraint, sous astreinte. Une telle mesure est cependant peu utilisée et d'une efficacité douteuse, dans l'intérêt de l'enfant. Par ailleurs et inversement, celui des parents chez lequel l'enfant a son lieu de résidence habituelle se rendrait coupable du délit de non-représentation d'enfant, s'il mettait obstacle à l'exercice par l'autre de son droit de visite et d'hébergement.

B. Coparentalité et pension alimentaire

1. Celui des parents chez lequel l'enfant ne réside pas habituellement doit verser à l'autre une ***pension alimentaire***, pour son entretien et son éducation. Cette obligation résulte de l'obligation alimentaire prévue par l'article 203 du Code civil selon lequel les parents doivent nourrir, entretenir et élever leurs enfants. Il est bien évident que cette obligation ne peut plus s'exécuter en nature, de la part de celui des parents chez lequel l'enfant ne réside pas. Elle prend donc la forme d'une pension alimentaire. Cette pension est fixée soit d'un commun accord entre les époux, soit par le juge qui prend en considération les 3 critères contenus dans l'article 371-2 du Code civil à savoir :

- les ressources du débiteur ;
- les ressources du créancier ;
- les besoins de l'enfant.

Les besoins de l'enfant sont appréciés, en fonction du train de vie des époux, mais aussi et surtout de son âge, de sa scolarité ou de son état de santé. En effet, des frais importants peuvent devoir être engagé pour un enfant dont la santé est déficiente ou qui est affecté d'une maladie particulièrement grave.

Outre ces critères, relatifs aux besoins de l'enfant, les revenus des parents sont aussi pris en compte. Il en va ainsi de leur salaire, des autres sources de revenus imposables et des allocations qu'ils perçoivent, déduction faite des charges qu'ils doivent assumer comme le loyer, les remboursements d'emprunt et toutes les dépenses incompressibles de la vie courante.

Si l'un des deux parents se remarie, vit en concubinage ou sous le régime du PACS, les revenus, de l'autre membre du couple seront pris en considération.

2. En cas de ***résidence alternée***, la pension alimentaire devrait en principe être supprimée, puisque chacun est censé contribuer, à part égale. Mais, dans la mesure où sont prises en compte, les ressources de chacun, celui qui gagne le plus, peut être amené à verser une contribution à l'autre, pour que le train de vie de l'enfant ne soit pas modifié, selon qu'il est avec l'un ou l'autre de ses parents.

Fiche 65

La protection spéciale des mineurs

A. Des institutions spécialisées

1. *Une loi du 6 mars 2000* avait institué en France un défenseur des enfants. Ce dernier était une autorité indépendante chargée de défendre et de promouvoir les droits de l'enfant consacrés par la loi ou un engagement international. Il recevait les réclamations du mineur lui-même ou de ses représentants légaux lorsqu'il estimait qu'une personne publique ou privée n'avait pas respecté les droits de l'enfant.

Le défenseur des enfants a été remplacé par le défenseur des droits, institution prévue par la constitution depuis le 23 juillet 2008 et mis en place par une loi 29 mars 2011. Le défenseur des droits cumule les anciennes missions du médiateur de la République, du défenseur des enfants, de la HALDE (Haute Autorité de lutte contre les discriminations et pour l'égalité) et de la Commission nationale de déontologie de la sécurité (CNDS).

Il est nommé pour 6 ans non renouvelables, par le président de la République par décret pris en Conseil des ministres.

2. Celui que l'on a coutume d'appeler « le juge pour enfants » représente une des juridictions habilitées pour juger les mineurs.

Le juge pour enfants est compétent, pour des mesures tant pénales que civiles et selon une procédure toujours réglementée par l'ordonnance du 2 février 1945.

Il peut seulement prescrire des mesures éducatives : admonestation, remise aux parents, liberté surveillée.

Si les contraventions ou délits commis par les mineurs, lui paraissent de nature à justifier une sanction pénale, il doit alors renvoyer l'affaire, devant le tribunal pour enfants ou devant la cour d'assises, selon la nature de l'infraction et l'âge du mineur.

Le tribunal pour enfants est composé d'un juge des enfants et de 2 assesseurs qui sont des particuliers, choisis en raison de leurs compétences et de l'intérêt qu'ils portent aux questions relatives à l'enfance. Il juge les contraventions de 5e classe et les délits. Il connaît aussi des crimes commis par les mineurs de 16 ans.

La cour d'assises des mineurs est composée d'un président et de 2 assesseurs qui sont des juges pour enfants, ainsi que de 9 jurés comme la cour d'assises traditionnelle. Cette cour d'assises siège toujours à huis clos. Elle juge les délits et crimes commis par les mineurs de 16 à 18 ans.

L'instruction est effectuée, soit par un juge d'instruction spécialement désigné notamment en cas de crime, soit par le juge des enfants pour les autres infractions. ***La chambre de l'instruction*** compétente en appel, comprend nécessairement un conseiller délégué à la protection de l'enfance.

B. Des droits particuliers

1. L'enfant, quel que soit son âge est considéré comme une personne à part entière et bénéficie de droits propres, destinés à assurer sa protection.

Depuis la loi du 8 janvier 1993, concernant l'audition de l'enfant en justice et la défense de ses intérêts, l'article 388-1 du Code civil prévoit que « dans toute procédure le concernant, le mineur capable de discernement peut [...] être entendu par le juge ou la personne désignée par le juge à cet effet ».

Lorsque le mineur en fait la demande, son audition ne peut être écartée que par une décision spécialement motivée.

Aucune ***condition d'âge n'est donc posée pour l'audition d'un enfant,*** dans son intérêt, alors que la loi Malhuret avait fixé, l'âge d'audition des enfants, à 13 ans.

La loi du 10 juillet 1991, relative à l'aide juridique, dispose aussi que, dorénavant ***le mineur a droit à ce titre à un avocat***.

2. Le droit pénal accorde également une place importante aux enfants, en assurant la répression des infractions contre les mineurs, comme le délaissement, la privation de soins et aliments, le défaut de scolarisation, les incitations à commettre des infractions notamment à l'usage de substances illicites ou dangereuses et les incitations à commettre des crimes ou délits.

Sont aussi plus sévèrement sanctionnées lorsqu'elles sont commises sur un mineur de quinze ans, les atteintes à la vie et à l'intégrité corporelle, les violences habituelles et toutes les infractions de nature sexuelle.

La lutte contre les violences commises contre des enfants, s'étend aussi aux violences commises à l'étranger, ce par dérogation à la règle selon laquelle une infraction est soumise à la loi du lieu de sa commission. Ainsi, les violences, ayant entraîné une mutilation ou une infirmité permanentes, commises à l'étranger, sur des enfants résidants en France, sont sanctionnées, de la même manière que si elles avaient été commises en France.

La loi lutte aussi efficacement contre le tourisme sexuel en prévoyant :

- que soit prononcée, une interdiction de sortie du territoire français, pour les auteurs de viol sur mineurs ;
- que les agressions sexuelles commises à l'étranger, contre un mineur, par un Français ou par une personne résidant habituellement sur le territoire français, sont réprimées conformément au droit interne français.

Enfin, la Convention de La Haye du 25 octobre 1980, ratifiée par la France, a pour objet de protéger les enfants contre les enlèvements internationaux, en facilitant le retour immédiat des enfants déplacés ou retenus illicitement dans tout état contractant.

DES CHIFFRES À RETENIR

5 ANS : délai pour contester un lien de filiation, à compter du jour de la cessation de la possession d'état.

5 ANS : délai pour contester un lien de filiation, si la possession d'état est constatée par un acte de notoriété, ce à compter de l'établissement de l'acte de notoriété.

5 ANS : durée de la possession d'état ne permettant plus aucune action en contestation de filiation.

10 ANS : délai pour contester un lien de filiation, si elle n'est pas établie par la possession d'état.

10 ANS : délai pour contester un lien de filiation, si elle est établie par la possession d'état, si l'action est exercée par le ministère public.

DES DATES À RETENIR

9 JANVIER 1993 : loi réglementant l'accouchement sous X.

22 JANVIER 2002 : loi créant un conseil national pour l'accès aux origines personnelles (CNAOP).

4 JUILLET 2005 : ordonnance réformant le droit de la filiation.

5 JUILLET 2005 : ordonnance portant réforme de l'adoption.

7 AVRIL 2006 : arrêt de la 1re chambre civile de la Cour de cassation ouvrant la voie à la reconnaissance par un homme, d'un enfant dont la mère a souhaité accoucher anonymement.

CHAPITRE 14
LES DROITS SUR LES BIENS

Le droit des biens englobe l'étude de différents types de biens et des droits réels sur les biens.

Les biens représentent l'objet des droits subjectifs. La catégorie des biens englobe les choses qui sont les biens matérialisables et les droits sur les biens.

Le plus important et le plus connu des droits sur les biens, donc des droits réels, est le ***droit de propriété***. Il ne faut pas oublier les ***droits réels démembrés***. Ces derniers sont ainsi appelés, car ils confèrent à leur titulaire une ou plusieurs des prérogatives du droit de propriété mais non l'intégralité. Le droit de propriété est considéré comme le droit réel le plus parfait, comme un ***droit absolu***. Cependant, tant ses attributs que ses caractères ont au fil du temps subi des limites. L'article 554 du Code civil lui-même prévoit que le droit de propriété s'exerce pourvu qu'on n'en fasse pas un usage prohibé par les lois ou par les règlements.

Certaines ***limites*** légales ont pour but la protection d'un intérêt public. Les nationalisations et le droit d'expropriation des pouvoirs publics constituent ainsi une entrave au droit de disposer. D'autres limites légales résultent de la prise en compte d'intérêts privés. Ainsi, la constitution d'une servitude peut limiter le droit pour le propriétaire, d'user de sa chose, puisqu'il peut être obligé de consentir un droit d'usage de sa chose, à un tiers. Par exemple, il peut être obligé de consentir, une servitude de passage sur sa propriété, à son voisin, si le terrain de celui-ci est enclavé, c'est-à-dire s'il n'a pas d'accès direct à la route.

Un propriétaire peut aussi être limité, dans son droit d'usage de son bien, par l'interdiction qui lui est faite de nuire à autrui, ou de causer des troubles anormaux de voisinage (voir fiche 68).

Le Code civil, tel que rédigé au lendemain de la Révolution française, n'a fait aucune place à la notion d'***abus de droit.***

Pourtant, rapidement, cette notion devait être invoquée devant les juges, dans des litiges opposant des propriétaires voisins.

Une partie de la doctrine a alors réagi, en considérant que, la notion même d'abus de droit était un non-sens, puisque l'on ne saurait à la fois, être dans le cadre de l'exercice d'un droit et abuser de ce droit. C'est notamment, la position qui a été défendue par Planiol. Josserand a néanmoins relevé, que les deux notions n'étaient pas antinomiques et que la notion d'abus de droit, peut être retenue, lorsqu'il y a méconnaissance de la finalité sociale du droit.

C'est ainsi que, conformément à la conception finaliste de Josserand, la jurisprudence a retenu que l'exercice du droit de propriété, avait pour limite, la satisfaction d'un intérêt sérieux et légitime.

L'arrêt de principe en la matière, est l'***arrêt Clément-Bayard,*** rendu par la chambre des requêtes de la Cour de cassation, le 3 août 1915. Les faits de cette espèce méritent d'être retenus. Jules Coquerel vivant en mésintelligence avec son voisin Clément-Bayard, avait établi sur la limite de sa propriété, deux carcasses en bois d'une longueur de 15 mètres environ surmontées de quatre piquets en fer de 2 à 3 mètres de hauteur, d'une hauteur de 10 à 11 mètres, et en face de la porte du hangar de Clément-Bayard qui faisait évoluer des ballons dirigeables. La Cour de cassation l'a condamné pour abus de droit, au motif que Coquerel n'avait fait édifier ses constructions, que dans l'unique but de nuire à Clément-Bayard, en rendant plus difficiles, notamment en cas de vent violent, les manœuvres de ses dirigeables à leur départ. Depuis cette décision, la notion d'abus de droit, n'a plus été contestée. Le domaine d'application de cette notion, a d'ailleurs, aujourd'hui, largement dépassé son domaine d'application initial.

Initialement appliquée au droit de propriété, la notion d'abus de droit a d'abord été étendue à tous les droits démembrés du droit de propriété, pour ensuite être retenue, en matière commerciale (abus de majorité), en matière contractuelle (rupture abusive d'un contrat) et en matière de procédure (abus du droit d'ester en justice).

Le Code civil n'ayant pas expressément retenu la notion d'abus de droit, sa seule consécration jurisprudentielle ne suffisait pas à lui conférer une légitimité. Encore fallait-il qu'il repose sur un fondement juridique précis. L'article 1382 du Code civil, consacrant la responsabilité civile pour faute, est généralement visé par les décisions rendues en la matière. Mais, l'abus de droit n'est pas une application pure et simple, de la responsabilité pour faute. En effet, ce qui est sanctionné, c'est l'utilisation fautive d'un droit, et non une faute donc un comportement, contraire au droit. L'acte constitutif de l'abus qui va engager la responsabilité de son auteur, est donc objectivement licite. C'est alors, l'intention de nuire, dans l'exercice d'un droit, qui caractérise l'abus de droit. L'abus de droit suppose, selon la jurisprudence, son usage, par le titulaire de ce dernier, à des fins malicieuses, dans le but de nuire à autrui. Elle a alors précisé, pour justifier la mise en œuvre de l'abus de droit, que l'exercice d'un droit, devait avoir pour limite, la satisfaction d'un intérêt sérieux et légitime.

La ***sanction de l'abus de droit*** se traduira le plus souvent, par une condamnation à des dommages et intérêts, condamnation destinée à compenser le préjudice subi, par la victime de l'abus.

Si le droit de propriété est un droit essentiellement ***individuel,*** il peut parfois, être exercé ***collectivement*** (voir fiche 70). La ***multipropriété,*** appelée aussi « time-share », ne confère pas un véritable droit de propriété sur un bien immobilier, contrairement à ce que l'appellation multipropriété laisse sous-entendre. Il s'agit d'une transaction qui permet à un acquéreur, de bénéficier, pendant une certaine période, de l'usage d'un bien immobilier, qu'il s'agisse d'un appartement ou d'une maison. Le droit de propriété ne porte cependant pas sur ce bien immobilier. En effet, l'acquéreur ne devient propriétaire que de parts sociales ou d'actions d'une société, lesquelles lui donnent le droit d'occuper, pendant une durée et à une période déterminée, l'appartement sur lequel portent les parts.

Compte tenu des abus engendrés par les promoteurs de ce type de biens, le législateur français a réglementé le « time-share » avec la loi 18 du 6 janvier 1986. Une directive européenne du 26 octobre 1994 protégeant les acquéreurs d'immeuble en jouissance à temps partagé a été transposée en France et intégrée dans le code de la consommation par une loi du 8 juillet 1998 laquelle a imposé les mentions obligatoires que doivent comporter les offres de contrat de jouissance à temps partagé.

POUR EN SAVOIR PLUS

- Marie-Hélène Renault, *Histoire du droit de la propriété*, coll. « Mise au point », Ellipses, 2004, 128 pages.
- *www.courdecassation.fr* : Rapport 2008 sur les limitations à l'exercice du droit de propriété.

LISTE DES FICHES

66. Les biens
67. Le droit de propriété
68. Les troubles anormaux de voisinage
69. Les droits réels démembrés
70. La propriété collective

Fiche 66

Les biens

A. Les biens *stricto sensu*

1. Les ***biens corporels*** correspondent aux choses. Ils sont matérialisables et commercialisables.

Les ***biens incorporels***, qui font aussi partie du patrimoine des personnes, correspondent aux droits sur les choses, ainsi qu'aux droits personnels et aux droits dits mixtes, comme les droits de propriété littéraire et artistique et les droits de propriété industrielle.

2. Les biens corporels peuvent être des immeubles ou des meubles. ***Les immeubles*** se caractérisent par leur immobilité. Le Code civil distingue les immeubles par nature, par leur objet ou par destination. Les immeubles par nature sont les biens corporels qui ne peuvent se déplacer ou être déplacés, comme les maisons ou les terrains. Les immeubles par leur objet, sont les droits portant sur les immeubles et les immeubles par destination sont des biens meubles, qui juridiquement sont considérés comme des immeubles, en raison de leur rattachement, à un immeuble. La classification d'un meuble, dans la catégorie des immeubles par destination, suppose que le meuble et l'immeuble appartiennent au même propriétaire et que ce dernier ait affecté le meuble à l'immeuble. Cette affectation peut se traduire matériellement ou intellectuellement. Matériellement, l'affectation consiste dans le scellement du meuble, dans l'immeuble, dans son attache à perpétuelle demeure. Il en va ainsi des éléments de décoration, comme des statues ou tableaux, fixés dans mur ou d'éléments utilitaires, incorporés à un immeuble, comme les cuisines intégrées. Ces biens meubles, deviennent immeubles par destination, dès lors qu'ils ne peuvent être détachés, sans altérer la substance de l'immeuble, donc sans entraîner sa détérioration. L'affectation peut également être intellectuelle, en ce sens, qu'il n'y a pas attache physique, mais seulement volonté, de mettre le meuble au service du fond. L'affectation a alors un but économique.

Les immeubles par destination suivent alors, le même régime juridique, que l'immeuble auxquels ils sont affectés.

Les biens meubles sont meubles par nature, par l'effet de la loi ou par anticipation.

Les meubles par nature, sont les biens corporels, qui peuvent se transporter d'un lieu à un autre, soit par eux-mêmes, soit qu'ils se meuvent par l'effet d'une force étrangère, en l'occurrence la main de l'homme. C'est ainsi qu'une armoire, un vêtement, un animal, un tableau ou une voiture sont des meubles.

Les meubles, par l'effet de la loi, sont les droits portant sur les meubles, ainsi que les droits de créance et les droits intellectuels.

Les meubles par anticipation, sont des immeubles destinés à être détachés, auxquels on attribue le régime des meubles avant cette séparation. Il en va ainsi, des récoltes sur pied ou des matériaux d'une carrière avant leur extraction.

B. Les classifications des choses

1. Trois catégories de choses peuvent être distinguées, en fonction de leur nature.

Les choses fongibles et non fongibles : ***les choses fongibles***, que l'on appelle aussi choses de genre, sont celles qui sont interchangeables, comme des billets de banque ou des sacs de blé. On les oppose, ***aux choses non fongibles***, ou corps certains, qui ne peuvent être remplacées, car elles sont individualisées, par exemple une œuvre d'art, un véhicule ou un immeuble.

Les choses consomptibles ou non : ***les choses consomptibles*** sont celles qui se consomment par leur usage, comme la nourriture ou l'essence. ***Les choses non consomptibles*** peuvent au contraire, faire l'objet de plusieurs utilisations, sans qu'il y ait altération de leur substance. Il en va ainsi des véhicules, des appareils électroménagers ou informatiques.

Les choses frugifères ou non : ***les choses frugifères*** produisent des fruits et les autres non. Par exemple, les arbres produisent des fruits qui peuvent être cueillis et consommés, un appartement mis en location rapporte des loyers. Les fruits résultent périodiquement de choses sans altérer leur substance. On oppose les fruits, aux produits qui sont recueillis de manière occasionnelle et qui diminuent la substance de la chose dont ils sont issus, comme les matériaux des carrières.

2. Deux catégories de choses peuvent être distinguées en fonction de leur affectation :

- les choses appropriées ou non : ***les choses appropriées*** sont toutes celles qui ont un maître, un propriétaire, à la différence des choses non appropriées ;
- les choses sans maître et les choses communes : elles constituent une subdivison des choses inappropriées. ***Les choses sans maître*** sont les choses abandonnées, qui peuvent faire l'objet d'une appropriation privée, alors que les ***choses communes*** sont les choses qui, par nature n'appartiennent à personne, mais que chacun peut utiliser ou utilise, comme l'eau, la lumière ou l'air.

Fiche 67

Le droit de propriété

A. La définition du droit de propriété

1. L'article 2 de la Déclaration des droits de l'homme et du citoyen dispose que : « Le but de toute association politique est la conservation des droits naturels et imprescriptibles de l'homme. Ces droits sont la liberté, la propriété, la sûreté et la résistance à l'oppression. »

Le Conseil constitutionnel dans une décision du 16 janvier 1982 a retenu que « si, postérieurement à 1789 et jusqu'à nos jours, les finalités et les conditions d'exercice du droit de propriété ont subi une évolution, caractérisée à la fois par une notable extension de son champ d'application à des domaines individuels nouveaux et par des limitations exigées par l'intérêt général, les principes mêmes énoncés par la Déclaration des droits de l'homme ont pleine valeur constitutionnelle tant en ce qui concerne le caractère fondamental du droit de propriété dont la conservation constitue l'un des buts de la société politique et qui est mis au même rang que la liberté, la sûreté et la résistance à l'oppression, qu'en ce qui concerne les garanties données aux titulaires de ce droit et les prérogatives de la puissance publique ».

Le ***droit de propriété*** est donc ***consacré par la Constitution*** et il a une place fondamentale dans le Code civil où il est défini à l'article 544 comme étant « le droit de jouir et de disposer des choses de la manière la plus absolue pourvu qu'on en fasse pas un usage prohibé par les lois ou par les règlements ».

Le droit de propriété est ainsi considéré comme le droit réel le plus parfait, comme un droit absolu. Cependant, tant ses attributs que ses caractères, ont au fil du temps, subi des limites. L'article 554 du Code civil lui-même prévoit le droit de propriété s'exerce pourvu qu'on n'en fasse pas un usage prohibé par les lois ou par les règlements.

2. Le droit de propriété est un droit absolu, exclusif et perpétuel.

Il est ***absolu,*** ce qui signifie qu'aucune restriction ne peut lui être apportée. Pourtant, l'exercice de l'une ou l'autre de ses prérogatives peut être entravé par des considérations d'intérêt général ou privé. Les nationalisations et le droit d'expropriation des pouvoirs publics constituent une entrave au droit de disposer. Le propriétaire ne peut plus disposer de son bien selon sa volonté. Il ne peut le vendre qu'à l'autorité expropriante et non à l'acheteur de son choix. L'autorité publique peut le contraindre à vendre même, s'il ne le veut pas. Il ne peut pas non plus s'opposer aux nationalisations.

Toute la législation relative à l'urbanisme est aussi une atteinte au droit d'usage du propriétaire, puisqu'il ne peut construire, selon son bon vouloir sur un terrain lui appartenant.

La jurisprudence est également venue limiter, les droits du propriétaire, avec la mise en œuvre, des notions d'abus de droit et de troubles anormaux de voisinage.

Il est ***exclusif,*** en ce sens qu'en principe, le propriétaire ne partage ses prérogatives avec personne d'autre (exception : voir fiche 70).

Enfin, il est ***perpétuel,*** cela signifie qu'il ne se perd pas par le non-usage. Il est donc imprescriptible. L'imprescriptibilité du droit de propriété n'est pas en contradiction avec son acquisition par la possession. En cas d'acquisition, du droit de propriété, par la possession, le droit ne s'est pas perdu par non-usage, mais parce qu'il a été acquis par quelqu'un d'autre, en raison du désintérêt de son propriétaire. Par contre, si le propriétaire ne fait pas usage de son droit de propriété, pendant plus de trente ans et qu'il n'en est pas dépossédé, par un tiers, il ne perd pas son droit

B. Les prérogatives résultant du droit de propriété

1. L'article 544 du Code civil vise expressément deux prérogatives, ***le droit de jouir*** et ***de disposer*** des choses. Un troisième attribut tout aussi important est cependant incidemment visé, il s'agit du ***droit d'user*** auquel il est fait référence dans la 2e partie de l'article. Les attributs du droit de propriété sont donc trois prérogatives, généralement retenues sous leur dénomination latine USUS, FRUCTUS ET ABUSUS.

2. ***L'usus*** correspond au droit d'user de la chose. Cela signifie que le propriétaire peut s'en servir, comme bon lui semble. Ainsi, il peut habiter ou non, une maison qui lui appartient, cultiver ou laisser en friche son champ. Le droit d'usage englobe en effet, la possibilité pour le propriétaire, de ne pas se servir de la chose.

Le fructus ou droit de jouissance correspond au droit de faire fructifier son bien et de bénéficier de ses fruits et produits. Le propriétaire d'un appartement peut le mettre en location et ainsi percevoir des loyers. Le propriétaire de terrains peut percevoir les récoltes de ses champs ou des vergers. Enfin***, l'abusus*** confère au propriétaire le droit d'abuser de la chose, c'est-à-dire d'en disposer. Ainsi, il peut la vendre ou la détruire sans s'exposer à des sanctions.

Fiche 68
Les troubles anormaux de voisinage

A. La notion de troubles anormaux de voisinage

1. En principe le droit de propriété est absolu et ne subit que les limites résultant de la loi ou des usages (voir fiche 67). Cependant, il résulte de la jurisprudence, qu'il peut aussi, être limité, en cas d'abus de droit et que, si chacun a l'obligation, de supporter les inconvénients normaux de voisinage, les inconvénients anormaux sont sanctionnés. La Cour de cassation avait, dès 1844 (Cass. civ. 7 novembre 1844 *DP* 1845.1.13) consacré un droit à réparation, fondé sur l'article 1382 du Code civil, pour les riverains d'une usine, de laquelle émanaient des fumées, sans toutefois retenir à l'époque, des troubles excédant les obligations ordinaires du voisinage mais sans exiger non plus l'intention de nuire de la part du propriétaire de l'usine à l'origine des nuisances.

2. Plusieurs ***fondements*** ont été invoqués à l'appui de la ***théorie des troubles anormaux de voisinage***. Tout d'abord, l'application de l'article **1240** du Code civil (ancien article 1382), supposant l'existence d'une faute. Ce fondement sera abandonné, car il n'y a pas nécessairement de faute. Ainsi, un propriétaire peut exercer, tout à fait légalement, une activité qui cause des nuisances à autrui, parce qu'elle est trop bruyante, ou parce qu'elle est à l'origine d'émanations d'odeur. Par exemple, des restaurateurs, bien qu'agissant dans le cadre de la réglementation relative à l'exercice de leur commerce, peuvent causer involontairement, un préjudice à leurs voisins, incommodés par le bruit de la clientèle ou par les odeurs de cuisine.

Puis la ***théorie du risque*** a été développée par une partie de la doctrine et notamment par Stark. Cependant, là encore, cette théorie présentait des limites et elle ne pouvait concerner toutes les situations, dans la mesure où peuvent exister, des troubles sans risque particulier assumé par son auteur et liés, à l'activité de ce dernier, sauf à admettre un risque, dans l'exercice de tout agissement, ce qui serait abusif. Ensuite, la ***théorie de l'IMISSIO*** a été émise. Il y aurait sanction, car il y aurait immixtion, empiétement sur la propriété d'autrui par des fumées, des bruits, des odeurs, etc. Tel n'est cependant pas toujours le cas. Enfin, il a été proposé par la doctrine de justifier la condamnation pour troubles de voisinage sur le fondement de l'article 1384 al. 1 du Code civil, réglementant la responsabilité du fait des choses. Les spécificités de mise en œuvre de ce régime ont cependant conduit à l'écarter, comme les autres théories. En effet, la responsabilité du fait des choses suppose le rôle actif d'une chose, dans la réalisation d'un dommage. Or, il n'y a pas nécessairement de rôle actif d'une chose, en cas de trouble de voisinage.

Cette théorie apparaît donc, comme une responsabilité *sui generis*, « comme un régime spécial de responsabilité civile » (G. Viney et P. Jourdain, *Traité de droit civil* – « Les conditions de la responsabilité », *LGDJ*, 2006).

Il en résulte, qu'une personne peut être sanctionnée, si des troubles occasionnés par son activité, troubles souverainement appréciés par les juges, dépassent les inconvénients normaux de voisinage. Un exemple classique et récurrent est souvent, l'objet d'articles, dans la presse. Il s'agit des nuisances invoquées par les riverains des aéroports. Les exploitants des aéroports ne font qu'user de leur bien, selon l'usage auquel il est destiné et sans enfreindre aucune réglementation néanmoins, les riverains subissent un préjudice dont ils n'hésitent pas à demander réparation. La Cour de cassation a érigé la prohibition des troubles anormaux de voisinage, en principe général du droit et dès lors, en « chapeau » de certaines décisions, on peut relever « vu le principe selon lequel nul ne doit causer à autrui un trouble anormal de voisinage ».

B. La mise en œuvre des troubles anormaux de voisinage

1. La mise en œuvre de cette notion suppose seulement, la ***preuve d'un préjudice*** et non d'une faute. Il faut un ***préjudice grave***, dépassant le préjudice, admis, en cas de trouble normal de voisinage.

La réparation peut s'effectuer, sous forme de dommages et intérêts ou, par la condamnation de celui, dont l'activité est à l'origine des nuisances, à certaines diligences, donc en une obligation de faire. Il peut s'agir par exemple, d'une obligation de procéder à une insonorisation des locaux, d'une obligation de procéder à des travaux permettant une déviation de l'évacuation des odeurs, ou tous autres travaux, préconisés par des professionnels et qui permettront d'apporter un remède, aux inconvénients dénoncés.

Certains troubles de voisinage peuvent même, permettre de poursuivre leur auteur, devant les juridictions pénales, car ils constituent, outre une faute civile, une infraction pénale, par exemple, en cas de tapage nocturne.

2. Toutefois, la condamnation pour troubles de voisinages n'est pas systématique et la personne, à l'origine des nuisances, peut être exonérée de toute responsabilité, en application de la ***théorie de la préoccupation***.

Ainsi, la cour d'appel de Paris, dans un arrêt du 7 juillet 1995, a retenu que « l'installation à proximité de la zone d'implantation d'un aéroport, alors que la réalisation et la localisation sont connues est de nature à constituer une imprévoyance fautive susceptible de faire écarter la responsabilité des compagnies d'aviation utilisatrices et d'exclure en conséquence tout droit à indemnisation ».

Fiche 69

Les droits réels démembrés

A. Les servitudes

1. *Les servitudes* sont des charges, imposées au propriétaire d'un immeuble, sur son bien, pour l'usage et l'utilité d'un immeuble, appartenant à un autre propriétaire.

Elles durent, tant qu'elles sont justifiées, tant qu'une partie n'y a pas renoncé ou tant qu'elles n'ont pas disparu, par le jeu de la prescription extinctive de 30 ans.

Elles peuvent être classées selon leur mode d'exercice ou leur source.

La classification, selon leur mode d'exercice, concerne les servitudes du fait de l'homme et conduit à distinguer ***les servitudes continues***, qui s'exercent sans aucune intervention de leur titulaire, comme les servitudes de vue et ***les servitudes discontinues***, qui nécessitent un rôle actif de leur titulaire, comme les servitudes de passage ou de puisage. Il y a aussi, ***les servitudes apparentes***, qui se traduisent par un signe distinctif de leur existence, comme les servitudes de passage qui se distinguent par l'existence d'un chemin ou ***non apparentes***, qui ne se distinguent pas par un signe extérieur, comme les servitudes *non edificandi*, ou servitudes de ne pas bâtir.

2. La classification des servitudes, en fonction de leur source, qui permet d'en avoir une vision plus complète, distingue entre les servitudes imposées par la loi, celles résultant de la situation naturelle des lieux, et celles résultant de conventions, entre les propriétaires de deux biens immobiliers.

Les servitudes résultant de la loi ont pour objet soit l'utilité publique, soit l'utilité privée.

L'étude des servitudes légales d'utilité publique relève du droit administratif. ***Les servitudes légales d'utilité privée*** sont principalement les servitudes de mitoyenneté, de jour et vue, ou de distance et de passage.

Les servitudes de mitoyenneté engendrent une présomption de mitoyenneté, pour toutes les séparations, entre deux fonds contigus, ainsi que le droit, pour un propriétaire, d'obtenir la mitoyenneté de l'élément séparatif de son fond et du fond voisin.

Les servitudes de vue et jours concernent, toutes les ouvertures, laissant passer le jour et le regard (servitudes de vues) ou uniquement le jour (servitudes de jours).

Les servitudes de passage sont obligatoires lorsqu'un fonds est enclavé.

Les servitudes résultant de la situation des lieux sont notamment, les servitudes d'écoulement des eaux et de bornage. ***Les servitudes d'écoulement des eaux*** engendrent un assujettissement, des fonds inférieurs, envers ceux qui sont plus élevés, à recevoir l'écoulement des eaux du fond. ***Les servitudes de bornage*** permettent à tout propriétaire, d'obliger son voisin, moyennant partage des frais, au bornage de leurs propriétés contiguës.

Les ***servitudes établies par le fait de l'homme*** sont celles qui sont consenties, par le propriétaire d'un fonds, sur ce fonds, au profit d'un fonds voisin, appartenant à un tiers. Elles peuvent s'obtenir, par titre, possession ou destination du père de famille.

B. L'usufruit

1. ***L'usufruit*** est le droit dont bénéficie une personne, d'user et jouir des choses dont une autre a la propriété. Deux personnes ont donc des droits réels différents, sur une même chose. ***L'usufruitier*** bénéficie de deux des prérogatives, normalement dévolues au propriétaire, en l'occurrence, ***l'usus et le fructus***. ***L'abusus***, c'est-à-dire le droit de disposer est conservé, par le propriétaire de la chose, appelé ***nu-propriétaire***.

L'usufruit résulte, ***soit de la loi*** essentiellement en matière successorale, ***soit d'une convention*** entre deux personnes.

L'usufruit est un droit temporaire qui prend fin de 5 manières :

- par la mort naturelle et par la mort civile de l'usufruitier. Il est en effet intransmissible ses héritiers ;
- par l'expiration du temps pour lequel il a été accordé ;
- par la consolidation ou la réunion sur la même tête, des deux qualités d'usufruitier et de propriétaire ;
- par le non-usage du droit pendant trente ans ;
- par la perte totale de la chose sur laquelle l'usufruit est établi.

2. Si l'usufruitier est titulaire de droits sur la chose d'autrui, il est aussi tenu d'obligations. Ainsi, il doit en conserver la substance. Cela signifie, qu'il doit veiller à la conservation la chose. Lors de la constitution de l'usufruit, il doit ainsi faire un inventaire et donner une caution, pour garantir les droits, du nu-propriétaire. Il doit aussi s'acquitter, de toutes les charges correspondant à l'usage de la chose. Enfin, à la fin de l'usufruit, il doit restituer le bien et indemniser le propriétaire, des dommages résultant, d'un usage abusif ou d'un défaut d'entretien.

Le nu-propriétaire, quant à lui, est titulaire d'un droit réel, qui se limite à la disposition de la chose. Ce droit est perpétuel, comme le droit de propriété et il se transmet à ses héritiers. Il est destiné à être complété par les deux autres prérogatives, du droit de propriété à la fin de l'usufruit. Cependant, le nu-propriétaire doit toujours respecter les droits de l'usufruitier, il ne peut y mettre obstacle ou troubler sa jouissance. Il est également tenu d'effectuer les grosses réparations, nécessaires à la conservation de la chose et de payer toutes les charges, afférentes à la propriété.

Fiche 70

La propriété collective

A. La copropriété

1. La copropriété est régie par la loi du 10 juillet 1965, modifiée par une loi du 31 décembre 1985. Les dispositions de cette loi sont d'ordre public et s'imposent à tous les copropriétaires.

Le régime de la copropriété concerne les parties communes, d'un ensemble immobilier, divisé en parties privatives. Par exemple, sont des parties communes, les cours, les couloirs d'immeubles, les ascenseurs ou certaines voies privées.

Les propriétaires des parties privatives sont donc propriétaires indivis, des parties communes. Leur droit correspond à une quote-part, déterminée en fonction la valeur de leur lot, c'est-à-dire, de leurs parties privatives. Les droits de chaque propriétaire, sur leur lot et sur les parties communes, sont indissociables. Ainsi, aucun copropriétaire ne peut renoncer à son droit indivis, sur les parties communes, ou le vendre, indépendamment de ses parties privatives et inversement.

2. L'existence d'une copropriété engendre la création d'un règlement de copropriété qui s'impose à tous les copropriétaires. Les copropriétaires sont représentés par un syndicat, doté de la personnalité morale, lequel élit en son sein un conseil syndical qui a pour mission de contrôler et d'assister le syndic chargé de la gestion de la copropriété.

Le syndic peut être un professionnel ou un bénévole, choisi parmi les copropriétaires.

B. La propriété partagée

1. ***La mitoyenneté*** est une forme de propriété collective, portant sur un mur, une haie, un fossé ou toute autre séparation, entre deux fonds, dont la propriété appartient à deux propriétaires différents.

La mitoyenneté peut naître par l'effet de la loi, par convention ou par prescription acquisitive.

La loi prévoit que tout mur servant de séparation, entre des bâtiments, des cours ou des jardins, et entre les enclos dans les champs, est présumé mitoyen, s'il n'y a pas de titre ou de marque du contraire.

De même, le propriétaire d'un fonds, joignant un mur implanté sur le terrain du voisin, a le droit d'exiger la cession de la mitoyenneté, en remboursant à son voisin, une somme équivalant à la valeur de la moitié du mur et de la moitié du terrain servant de base au mur. Enfin, l'article 663 du Code civil permet à un propriétaire, de contraindre le propriétaire du mur mitoyen, à son exhaussement et à participer à la construction d'un mur mitoyen séparant leurs deux propriétés. Les 2 propriétaires de fonds contigus peuvent aussi, conventionnellement, décider que l'élément séparatif de leur fond, soit mitoyen.

Enfin, la prescription acquisitive trentenaire permet de conférer la mitoyenneté d'un bien. Ainsi, par exemple, si un propriétaire a édifié des constructions, contre le mur séparatif de deux fonds, mur appartenant entièrement à son voisin, il pourra en devenir propriétaire mitoyen, si le voisin n'élève aucune objection, à cet adossement, pendant 30 ans.

Dès lors que la mitoyenneté d'un mur, d'un fossé, d'une haie ou d'une clôture est acquise, les deux propriétaires en deviennent copropriétaires et ils doivent, tous les deux participer aux frais d'entretien et réparation. Ils bénéficient tous les deux, de l'usage de ce bien et peuvent y adosser, des constructions et plantations.

2. ***L'indivision,*** qui peut être légale ou conventionnelle, est une forme de propriété collective, puisqu'elle implique un droit de propriété, de plusieurs personnes, sur un même bien. Chacun est propriétaire, d'une quote-part de la valeur de ce bien, et non pas d'une parcelle matériellement identifiable, de ce bien. La loi prévoit ainsi un régime d'indivision, pour les héritiers d'une succession, à moins que ceux-ci ne souhaitent procéder au partage. En outre, deux ou plusieurs personnes peuvent décider, d'acquérir ensemble, un bien qui sera donc automatiquement mis en indivision, aux termes de l'acte de vente. Il en va ainsi, par exemple, des concubins ou des partenaires pacsés.

Cependant, l'article 815 du Code civil prévoit que, nul ne peut être contraint de rester dans l'indivision. Chaque indivisaire peut donc solliciter, le partage du bien, ce qui concrètement se traduit par la vente de celui-ci et par la répartition du prix de vente, entre les indivisaires. Si un indivisaire ne veut pas procéder au partage, les autres peuvent l'y contraindre en justice.

La gestion d'un bien en indivision suppose la désignation d'un gérant, et à défaut, la gestion devra se faire à l'unanimité des indivisaires, ce qui peut s'avérer compliquer à mettre en œuvre. Chaque indivisaire peut céder sa quote-part dans l'indivision, sous réserve du droit de préemption des autres co-indivisaires. En outre, si des indivisaires entendent demeurer dans l'indivision, le tribunal peut, à la demande de l'un ou de plusieurs d'entre eux, en fonction des intérêts en présence, attribuer sa part, après expertise, à celui qui a demandé le partage, soit en nature, si elle est aisément détachable du reste des biens indivis, soit en argent, si l'attribution en nature ne peut être effectuée. Le co-indivisaire vendeur peut aussi être désintéressé en nature, s'il en fait la demande.

DES CHIFFRES À RETENIR

2 : article de la Déclaration des droits de l'homme et du citoyen disposant que « le but de toute association politique est la conservation des droits naturels et imprescriptibles de l'homme. Ces droits sont la liberté, la propriété, la sûreté et la résistance à l'oppression ».

524 : article du Code civil définissant les immeubles par destination.

544 : article du Code civil définissant le droit de propriété.

578 : article du Code civil définissant l'usufruit.

637 : article du Code civil définissant les servitudes.

DES DATES À RETENIR

3 AOÛT 1915 : date de l'arrêt de la Cour de cassation ayant dégagé la notion d'abus de droit.

10 JUILLET 1965 : loi régissant la copropriété.

23 JUIN 1972 : date de l'arrêt de l'assemblée plénière de la Cour de cassation, consacrant le caractère perpétuel du droit de propriété.

16 JANVIER 1982 : date de la décision du Conseil constitutionnel sur le caractère fondamental du droit de propriété et sa valeur constitutionnelle.

6 JANVIER 1986 : loi réglementant la multipropriété.

CHAPITRE 15
LE RÉGIME JURIDIQUE DU DROIT DE PROPRIÉTÉ

Aux termes de l'article 552 du Code civil, « la propriété du sol emporte la propriété du dessus et du dessous ». Le propriétaire d'un immeuble est donc propriétaire du sous-sol et de tout ce qui s'élève au-dessus de l'immeuble.

Il en résulte que le propriétaire d'un immeuble peut user comme bon lui semble de tout l'espace existant au-dessus de sa propriété et qu'il est propriétaire des constructions qui sont élevées sur son bien, quel que soit le propriétaire des matériaux ayant servi à leur édification.

Le droit du propriétaire sur l'espace est cependant limité par des servitudes telles que les servitudes aéronautiques, les servitudes de passage pour les ouvrages d'électricité et de gaz, ou pour des canalisations de transport et de distribution de chaleur, ou encore le passage des pistes de ski, l'installation des remontées mécaniques, les accès aux voies d'alpinisme et d'escalade en zone de montagne. Le propriétaire est aussi contraint de respecter la réglementation, relative à l'occupation des sols (PLU) qui peut venir apporter des contraintes, relatives aux constructions qui peuvent ou non être effectuées.

Le droit de propriété s'étend aussi ***au sous-sol***, avec des restrictions imposées par des servitudes d'utilité publique, comme le passage de canalisations. Ce droit est aussi restreint, en présence, de mines et carrières, si les fouilles du sous-sol présentent un intérêt archéologique ou si le sous-sol contient des produits miniers. Ainsi, l'état peut à procéder d'office, à des fouilles ou sondages pouvant intéresser la préhistoire, l'histoire, l'art ou l'archéologie et ce, même sur les terrains ne lui appartenant pas, à l'exception toutefois des terrains, attenant à des immeubles bâtis et clos et de murs ou de clôtures équivalentes. À défaut d'accord amiable, avec le propriétaire, l'exécution des fouilles ou sondages peut être déclarée d'utilité publique, par une décision de l'autorité administrative, qui autorise ainsi, l'occupation temporaire des terrains

Par ailleurs, si le sous-sol recèle des produits miniers, la propriété des mines est réservée à l'état, qui peut accorder une concession d'exploitation au propriétaire du fond. En outre, les biens archéologiques issus des fouilles exécutées par l'état lui sont obligatoirement confiés, pendant le délai nécessaire à leur étude scientifique. Ce délai ne peut excéder 5 ans. La propriété des découvertes est alors partagée, entre l'état et le propriétaire du terrain.

Enfin, si le propriétaire peut librement effectuer des fouilles, sur son terrain, ce droit peut être entravé, si le terrain présente un intérêt archéologique et l'état peut revendiquer la propriété des pièces, provenant des fouilles, moyennant une indemnité au propriétaire.

Par contre, si indépendamment de fouilles effectuées spécialement dans le but de découvrir quelque chose, un ***trésor*** est mis à jour, par l'effet du hasard, lors de travaux, sa propriété est divisée entre le propriétaire du sol et partant du sous-sol et l'inventeur, c'est dire l'auteur de la découverte. Toutefois, l'état peut revendiquer ces découvertes, moyennant une indemnité fixée à l'amiable ou par voie d'expertise. Le montant de l'indemnité est alors réparti, entre l'inventeur et le propriétaire, suivant les règles du droit commun, les frais d'expertise étant imputés sur elle.

Les eaux s'écoulant sur une propriété privée, qu'il s'agisse des étangs, des lacs des sources ou des eaux de pluie qui stagnent ou traversent une propriété privée, ne deviennent pas toujours la propriété du propriétaire du sol, mais sont à sa disposition. Il peut ainsi user des eaux de source qui jaillissent sur son terrain, il devient propriétaire des lacs et étangs s'y trouvant. L'eau de pluie, *res nullius* par excellence, devient la propriété de celui sur le terrain duquel elle tombe. ***L'accession*** est le mécanisme, par lequel le propriétaire d'une chose, devient propriétaire de tout ce que la chose produit, ou de ce qui y est incorporé.

L'acquisition de la propriété concerne donc la chose, et par accession les produits de la chose.

Les fruits naturels ou industriels de la terre, fruits civils et le croît des animaux, appartiennent ainsi, au propriétaire par accession. Ils appartiennent au propriétaire de la chose, à charge pour lui, de rembourser les frais des labours, travaux et semences faits par des tiers et dont la valeur est estimée à la date du remboursement.

L'acquisition peut se faire également, par accession de ce qui est incorporé à la chose. ***L'accession naturelle, en matière immobilière,*** est réglementée par les articles 556 à 564 du Code civil. C'est ainsi que, les atterrissements et accroissements qui se forment successivement et imperceptiblement, dans les cours d'eau, par suite du dépôt d'alluvions, deviennent la propriété des riverains d'un cours d'eau, d'un fleuve ou d'une rivière. Les riverains doivent cependant, laisser le marchepied ou un chemin de halage, conformément aux règlements. De même, si un fleuve ou une rivière, navigable ou non, enlève par une force subite, une partie considérable et reconnaissable d'un champ riverain qui s'appelle avulsion, et la porte vers un champ inférieur ou sur la rive opposée, le propriétaire de la partie enlevée peut en réclamer la propriété. Cependant, il est tenu de former sa demande dans un délai de 1 an. Quant aux îles qui se forment dans les cours d'eau domaniaux, elles appartiennent à l'état. Par contre, celles qui se forment dans les autres cours d'eau appartiennent aux riverains selon l'axe médian du cours d'eau.

L'accession naturelle peut aussi concerner des ***biens meubles***. Ainsi, certains animaux peuvent être acquis par accession. Les propriétaires de colombiers, garennes ou étangs acquièrent de cette manière, la propriété des pigeons, lapins et poissons qui s'y sont transportés, dès lors qu'ils n'ont pas été attirés, par fraude ou artifice. Les essaims d'abeilles deviennent pareillement la propriété du propriétaire du fond sur lequel ils se sont fixés.

POUR EN SAVOIR PLUS

- Nadège Reboul-Maupin, *Droit des biens*, coll. « Hypercours », Dalloz, 2016, 764 pages.
- *www.henricapitant.org* : sur ce site voir l'avant-projet de réforme du droit des biens du 15 mai 2009.

LISTE DES FICHES

71. L'acquisition du droit de propriété

72. Les spécificités de la possession

73. L'accession artificielle

74. Les actions en justice et le droit de propriété

75. Droits incorporels de propriété et droits de propriété incorporelle

Fiche 71

L'acquisition du droit de propriété

A. Le transfert de propriété *solo consensus*

1. ***L'acquisition par convention*** résulte d'un acte translatif de propriété. Il peut s'agir d'une donation, d'un legs ou d'une vente. Le transfert de propriété est en principe instantané et intervient, dès l'échange des consentements. C'est ce que l'on appelle, le transfert de la propriété, *solo consensus*. Ce principe, issu des lois de la révolution et contenu dans l'article 1138 du Code civil selon lequel « l'obligation de livrer la chose est parfaite par le seul consentement des parties », contraste avec l'ancien droit, qui exigeait la remise de la chose, pour faire acquérir la propriété.

Le principe du transfert de la propriété *solo consensus*, comporte cependant des entorses, en raison de la nature de la chose, de la volonté des parties ou des formalités de publicité.

2. Des ***entorses*** au transfert de propriété *solo consensus* peuvent être relevées.

La nature de la chose est ainsi un obstacle au transfert immédiat de la propriété, lorsque les choses ne sont pas individualisables au moment de l'échange des consentements, parce que la vente porte sur des choses fongibles. Le transfert de propriété intervient alors au moment de la remise de la chose individualisée. Il est bien évident que, lorsque de la vente porte sur une tonne de blé ou de 10 000 litres de carburant, lesquels sont des choses fongibles, l'individualisation et donc le transfert effectif de propriété de la chose n'intervient qu'au moment de la livraison, même si potentiellement l'acquéreur est, dès la conclusion du contrat et la remise du prix de vente, propriétaire d'une tonne de blé ou de 10 000 litres de carburant.

De même, en cas de vente de choses futures, le transfert de propriété n'intervient qu'après la ***matérialisation de la chose***, par sa réalisation ou sa construction. Il est ainsi fréquent que de futurs accédants à la propriété, achètent sur plan, des immeubles à construire. Le transfert de propriété n'intervient alors, qu'au ***moment de la réception de la chose,*** laquelle se traduit par la remise des clés et l'entrée dans les lieux.

Le ***transfert de propriété*** peut aussi être contractuellement ***retardé*** par les parties, jusqu'à l'accomplissement de certaines formalités, comme la livraison de la chose ou le paiement intégral du prix.

Enfin, le ***transfert de propriété*** peut être ***tenu en échec***, à l'égard des tiers, par les formalités de publicité.

Pour que le transfert de propriété soit opposable aux tiers qui ne sont pas avertis du transfert de propriété *solo consensus*, des mesures de publicité existent. Ces mesures de publicité sont différentes selon que la chose vendue est un bien meuble ou un bien immeuble.

S'il s'agit d'un bien meuble, la remise matérielle de la chose, donc l'entrée en possession, assure la publicité du transfert de propriété, à l'égard des tiers. Ainsi, l'article 1198 du Code civil précise, qu'entre les acquéreurs successifs d'un même bien meuble, celui qui est préféré, n'est pas celui qui a acquis le premier, mais celui qui le premier en a été mis en possession, à la condition qu'il soit de bonne foi.

Cette solution est conforme à l'article 2276 du Code civil qui assure la propriété, au profit du possesseur de bonne foi, d'un bien meuble, même s'il a acquis à *non domino*, c'est-à-dire d'un autre que le propriétaire ou du propriétaire qui n'avait plus de droits, parce qu'il les avait déjà transférés.

En matière immobilière, si le transfert de propriété intervient, dès l'échange des consentements, le transfert ne devient cependant opposable aux tiers, qu'à compter du jour de la transcription de l'acte translatif de propriété, à la conservation des hypothèques. Les formalités de publicité ont en effet, pour but de porter à la connaissance des tiers, tous les droits réels affectant les immeubles.

B. Le transfert de propriété par la possession

1. ***La possession*** est une situation de fait, par laquelle une personne se comporte comme le propriétaire d'une chose, qu'il s'agisse d'un meuble ou d'un immeuble. Elle se caractérise par deux éléments : un élément matériel et un élément intellectuel qui sont l'*animus* et le *corpus*.

L'animus représente la volonté de se comporter comme le propriétaire et ***le corpus*** l'appréhension matérielle de la chose ou des actes matériels sur la chose, comme le ferait le propriétaire. On peut posséder « *corpore alieno* », c'est-à-dire exercer le corpus, par l'intermédiaire d'une autre personne. Par exemple, le propriétaire d'un immeuble, donné en location, possède, par l'intermédiaire du locataire. Selon l'article 2261 du Code civil, « pour pouvoir prescrire, il faut une possession continue et non interrompue, paisible, publique, non équivoque et à titre de propriétaire ». Pour que la possession soit efficace, elle doit donc être exempte de vices.

2. La possession doit être distinguée de la simple ***détention***. Le détenteur ne se comporte pas comme le propriétaire de la chose, mais comme un simple utilisateur, en vertu d'un contrat, par exemple, d'un contrat de location ou de prêt. Il n'a pas l'*animus,* mais il exerce le *corpus,* pour le compte de celui pour lequel il détient la chose.

Fiche 72

Les spécificités de la possession

A. Les caractères de la possession

1. *Les vices absolus sont la discontinuité et l'équivoque.*

La possession est dite ***discontinue*** quand le possesseur n'accomplit pas les actes matériels sur la chose, avec la même régularité qu'un propriétaire. Par exemple, s'il ne procède pas à la coupe des haies ou pelouses avec la régularité qui s'impose.

La possession est ***équivoque*** lorsque les actes accomplis par le possesseur ne révèlent pas suffisamment son intention et font douter de l'*animus*. Par exemple, s'il y a eu cohabitation entre deux personnes, le départ de l'une rend équivoque la possession par l'autre d'objets ayant appartenu à celle qui est partie, mais qui les a laissés dans les lieux.

2. *Les vices relatifs sont la violence et la clandestinité.*

La possession doit être ***paisible***. Le possesseur qui s'est installé par violence, c'est-à-dire par force ou voie de fait, ne peut pas invoquer sa possession contre le propriétaire, sauf s'il s'agit d'une violence passive par laquelle il se borne à résister à un tiers.

Enfin, la possession doit être ***publique***. Elle est clandestine quand le possesseur cache aux yeux des tiers les actes matériels qu'il exerce sur la chose. Ainsi, le voleur qui cache la chose volée est un possesseur clandestin.

B. Les effets de la possession

1. L'acquisition de la propriété par la possession est immédiate en ce qui concerne les meubles, si le possesseur est de bonne foi. La bonne foi est toujours présumée et c'est à celui qui allègue la mauvaise foi, d'en apporter la preuve.

S'agissant des meubles, l'acquisition de la propriété par la possession est régie par l'article 2276 du Code civil aux termes duquel, en fait de meubles possession vaut titre.

Il en résulte que ***le possesseur d'un bien meuble en devient propriétaire dès son entrée possession***. L'article 2276 du Code civil confère à la possession mobilière, une fonction probatoire et une fonction acquisitive.

La fonction probatoire de la possession mobilière apparaît, quand le possesseur prétend avoir acquis la chose du propriétaire, par suite d'un don ou d'une vente intervenus sans écrit, donc, sans qu'il puisse en apporter la preuve.

La règle « en fait de meuble possession vaut titre » doit être comprise, comme valant présomption du titre de propriété. Le possesseur opposé au véritable propriétaire, est ainsi dispensé d'avoir à apporter la preuve de sa propriété. Le véritable propriétaire exerçant une action en revendication devra au contraire, apporter la preuve de sa propriété.

Lorsque le possesseur a acquis le meuble, d'une personne autre, que le propriétaire, il est protégé contre toute action en revendication du véritable propriétaire, par la ***fonction acquisitive*** de la règle « en fait de meuble possession vaut titre ».

Le possesseur de bonne foi d'un bien meuble devient propriétaire dès son entrée en possession, et le possesseur de mauvaise foi doit attendre l'écoulement d'un délai de 30 ans. Si le transfert de propriété est immédiat, au profit du possesseur de bonne foi, c'est cependant, à la condition que le véritable propriétaire n'ait pas été dessaisi involontairement. Si le propriétaire a été dessaisi par perte ou vol, donc si sa dépossession a été involontaire, il pourra agir en revendication, pendant un délai de 3 ans, à compter de la perte ou du vol. Le délai de prescription pour agir, étant un délai préfix, c'est-à-dire insusceptible de suspension ou d'interruption, il en résulte que si le propriétaire ne trouve son bien, entre les mains du possesseur que plus de 3 ans, après la perte ou le vol, il ne peut plus agir. Si l'action en revendication du propriétaire est recevable et aboutit, le possesseur ainsi dépossédé par suite de l'action en revendication exercée par le véritable propriétaire, peut se retourner contre son vendeur, pour obtenir le remboursement du prix. Cependant, si le possesseur actuel de la chose volée ou perdue l'avait achetée dans une foire, dans un marché, une vente publique ou chez un marchand vendant des choses pareilles, l'article 2277 du Code civil prévoit que le propriétaire originaire ne peut se la faire rendre qu'en remboursant au possesseur le prix qu'elle lui a coûté. Ces dispositions sont destinées à protéger le possesseur de bonne foi, contre l'insolvabilité de son auteur.

2. ***En matière immobilière***, la prescription acquisitive, doit s'exercer pendant un certain temps, avant que le possesseur ne devienne définitivement propriétaire. Ce délai est destiné à permettre au propriétaire de s'opposer à la possession et de revendiquer la chose dont il aurait été dépossédé.

Si le possesseur est de mauvaise foi, il lui faut, comme dans le cas de la possession mobilière, justifier d'une possession de 30 ans pour acquérir la propriété.

Si le possesseur est de ***bonne foi*** et s'il a acquis par ***juste titre***, ce délai est de ***10 ans. Le juste titre*** est un acte qui aurait pu valoir acte de transfert de propriété, s'il était émané du véritable propriétaire.

Fiche 73

L'accession artificielle

A. L'accession immobilière artificielle

1. Si une personne procède à des ***améliorations ou réparations sur un bien appartenant à autrui, seul le propriétaire de l'immeuble initial est propriétaire de l'ensemble***. Il importe peu que l'auteur des améliorations ou des réparations soit de bonne ou mauvaise foi, c'est-à-dire qu'il ait cru être propriétaire du bien principal ou qu'il ait su que la propriété appartenait à un autre. Toutefois, il pourra dans certains cas prétendre au remboursement des frais engagés que l'on appelle impenses. Il faut distinguer entre les impenses nécessaires à la conservation de l'immeuble et les impenses somptuaires. ***Le propriétaire doit rembourser à l'auteur des améliorations ou réparations, les impenses qui ont été nécessaires à la conservation de l'immeuble mais non les impenses somptuaires***. Dans ce dernier cas, le propriétaire peut même exiger la suppression des travaux, aux frais de l'auteur.

2. Dans le cas des ***constructions nouvelles***, il faut distinguer selon que le constructeur est ou non de bonne foi. ***Si le constructeur est de bonne foi***, le propriétaire ne peut pas exiger la suppression des ouvrages, constructions et plantations, mais il aura le choix entre le remboursement au tiers d'une somme égale soit à celle dont le fonds a augmenté de valeur, soit à celle du coût des matériaux et du prix de la main-d'œuvre. ***Si le constructeur est de mauvaise foi***, le propriétaire pourra conserver la propriété des ouvrages, constructions et plantations ou obliger le tiers à les enlever. Si le propriétaire exige la suppression, elle sera exécutée aux frais du tiers, sans aucune indemnité pour lui. En outre, celui-ci pourra être condamné à des dommages et intérêts, pour le préjudice éventuellement subi par le propriétaire du fonds. Si le propriétaire du fonds préfère conserver la propriété des constructions, plantations et ouvrages, il devra, à son choix rembourser au tiers, soit une somme égale à celle dont le fonds a augmenté de valeur, soit le coût des matériaux et le prix de la main-d'œuvre estimés à la date du remboursement, compte tenu de l'état dans lequel se trouvent lesdites constructions, plantations et ouvrages.

Si les ouvrages, constructions et plantations ont été réalisés par le propriétaire, avec des matériaux appartenant à autrui, le propriétaire du terrain initial devient alors propriétaire, par accession de l'ensemble des constructions et donc des matériaux qui y ont été incorporés. Il devra néanmoins rembourser, une somme égale à la valeur des matériaux, à leur ancien propriétaire. Enfin, si un tiers effectue avec ses propres matériaux et sur son terrain ***une construction qui empiète,*** en partie sur le terrain d'autrui, les règles de l'accession prévues par l'article 555 du Code civil ne s'appliquent pas. Pour la jurisprudence, l'empiétement, constitue une véritable expropriation privée ce, en contradiction avec les dispositions de l'article 545 du Code civil, selon lequel « nul ne peut être contraint de céder sa propriété, si ce n'est pour cause d'utilité publique et moyennant une juste et préalable indemnité ». Le propriétaire du fond sur lequel la construction empiète peut donc en exiger la démolition.

B. L'accession mobilière artificielle

1. Plus rare que l'accession immobilière, ***l'accession mobilière artificielle*** est prévue par les textes, dans le cas où un meuble est incorporé à un autre meuble. Il est alors fait application de la règle « l'accessoire suit le principal ». Le propriétaire de la chose principale, devient propriétaire par accession, de la chose incorporée, à charge de payer à l'autre, la valeur, de la chose incorporée. La chose principale est celle à laquelle, l'autre n'a été unie, que pour en constituer l'usage, l'ornement ou le complément.

2. Plusieurs situations peuvent cependant se rencontrer. Parfois, il peut être impossible de déterminer matériellement laquelle est la chose principale et laquelle est l'accessoire. La chose dont la valeur est la plus élevée ou, si les valeurs sont égales, celle qui la plus importante en volume est réputée être la chose principale. Par ailleurs, quand la chose incorporée à une autre, n'est que l'accessoire, mais qu'elle est plus précieuse que la chose principale, et si elle a été employée à l'insu du propriétaire, ce dernier peut demander que la chose unie, soit séparée pour lui être rendue, même s'il en résulte une dégradation de la chose à laquelle elle a été jointe. Ensuite, lorsque par suite de la fusion de deux choses, appartenant à deux propriétaires différents, une nouvelle chose est créée et que les deux choses initiales ne peuvent être détachées, sans détérioration du tout, la nouvelle chose est réputée appartenir en commun, aux deux propriétaires. Par contre, si les matières peuvent être séparées, celui à l'insu duquel les matières ont été mélangées peut en demander la division.

Enfin, si la matière appartenant à l'un des propriétaires était de beaucoup supérieure à l'autre par la quantité et le prix, le propriétaire, de la matière supérieure en valeur peut réclamer la chose provenant du mélange, en remboursant à l'autre la valeur de sa matière, estimée à la date du remboursement.

Fiche 74

Les actions en justice et le droit de propriété

A. *L'action pétitoire*

1. ***L'action pétitoire*** est ouverte au véritable propriétaire, pour faire reconnaître son droit de propriété. Elle est exercée contre toute personne qui se prétendrait propriétaire d'un bien, par suite d'une appropriation frauduleuse ou encore d'une appropriation fondée sur la croyance erronée d'un transfert de propriété, par exemple en cas d'erreur lors d'une dévolution successorale ou d'une acquisition de bonne foi, auprès d'un tiers qui se prétend propriétaire.

2. L'action pétitoire est soumise à la prescription trentenaire et elle relève de la compétence du tribunal de grande instance du lieu de situation de l'immeuble. Ce délai de prescription n'est pas incompatible avec le caractère perpétuel du droit de propriété. En effet dire, que le droit de propriété est perpétuel, signifie simplement qu'il ne se perd pas par le non-usage. Néanmoins, il peut être acquis par un tiers, par le jeu de la possession (voir fiche 72). Dans ce cas, le propriétaire perd son droit de propriété et ne peut plus exercer l'action pétitoire, en raison de son désintérêt pendant un certain temps, à l'égard de son bien. Par contre, si le propriétaire ne fait pas usage de son droit de propriété, pendant plus de trente ans et qu'il n'en est pas dépossédé par un tiers, il ne perd pas son droit et il peut le revendiquer à tout moment par l'action pétitoire. Le caractère perpétuel du droit de propriété est parfaitement illustré par le célèbre arrêt Étang Napoléon rendu par l'assemblée plénière de la Cour de cassation le 23 juin 1972.

Dans cette affaire, l'étang qui appartenait la famille Dervieux depuis 1824 avait disparu en 1872, après une tempête qui avait détruit le cordon littoral. Il se trouva alors réuni à la mer. En 1942, le cordon littoral à la suite d'événements naturels a été reconstitué. La société They de Roustan venant aux droits de la famille Dervieux, en revendiqua la propriété contre le service des domaines représenté par le directeur général des impôts. La cour d'appel avait retenu que le droit de l'ancien propriétaire n'avait pu revivre. La Cour de cassation a cassé cette décision en relevant que « le propriétaire qui a été privé de ses droits par la perte de son immeuble sous le seul effet des forces de la nature, se trouve réintégré dans sa propriété lorsque, de la même manière, l'obstacle qui l'en avait privé a disparu ».

B. Le référé possessoire

1. ***Les actions possessoires, actions réelles immobilières,*** destinées à protéger non un droit mais ***une situation de fait,*** en l'occurrence la possession, pour éviter que le possesseur soit troublé ou évincé ont été supprimées par la loi du 16 février 2015, relative à la modernisation et à la simplification du droit et des procédures dans les domaines de la justice et des affaires intérieures. Le bénéfice de ces actions possessoires était également accordé au détenteur, contre toute personne, autre que celle qui lui a conféré la détention de la chose.

Au nombre de trois actions possessoires étaient la complainte, la dénonciation de nouvel œuvre et l'action en réintégration.

Depuis une loi du 26 janvier 2005, les actions possessoires ne relevaient plus de la compétence du tribunal de d'instance, mais de celle du tribunal de grande instance du lieu de situation de l'immeuble.

La suppression des actions possessoires ne met cependant pas fin a toute action en justice pour la protection de la possession. En effet le juge des référés du tribunal de grande instance devient alors seul compétent pour connaître des troubles apportés à la possession.

2. Le principe du non-cumul de la protection possessoire et du fond du droit est devenu sans objet avec l'abrogation des actions possessoires.

Il n'en reste pas moins, que la possession est toujours protégée, contre le trouble qui l'affecte ou la menace, sans que le juge des référés qui est seul compétent statue sur le fond du droit, c'est-à-dire sur le droit de propriété.

Fiche 75
Droits incorporels de propriété et droits de propriété incorporelle

A. Les droits incorporels de propriété

1. ***La propriété littéraire et artistique*** est réglementée par la loi du 11 mars 1957, L 111-1 du code de la propriété intellectuelle dispose que : « l'auteur d'une œuvre de l'esprit jouit sur cette œuvre [...] d'un droit de propriété incorporelle exclusif et opposable à tous ».

L'auteur d'une œuvre est donc titulaire, d'un droit de propriété, lequel n'est pas réglementé par l'article 554 du Code civil et qui se distingue du droit de propriété sur les biens corporels.

Le droit de propriété de l'auteur sur son œuvre doit ainsi être distingué du droit de propriété sur son support, qui lui obéit, au régime de l'article 554 du Code civil. Ce droit de l'auteur sur son œuvre est un droit à la fois moral et matériel.

Il est aussi, titulaire d'un ***droit moral*** sur son œuvre, qui emporte protection de son nom et de sa qualité. Il lui permet, de décider ou non de l'exploitation de l'œuvre, de s'opposer à toute dénaturation, d'apposer son nom sur œuvre et d'exiger le respect de ce droit par autrui. Il protège également l'œuvre, contre toute divulgation, reproduction ou appropriation. Ce droit confrère enfin, à son titulaire, un droit patrimonial d'exploitation de l'œuvre, le droit d'en tirer profit.

Le droit de l'auteur sur son œuvre a cependant ***des limites***, puisque l'auteur ne peut interdire :

- les représentations, privées et gratuites, effectuées exclusivement, dans un cercle de famille ;
- les copies ou reproductions, strictement réservées à l'usage privé du copiste et non destinées à une utilisation collective, à l'exception, des copies des œuvres d'art, destinées à être utilisées, pour des fins identiques à celles pour lesquelles l'œuvre originale a été créée ; sous réserve que soient indiqués clairement, le nom de l'auteur et la source : les analyses et courtes citations justifiées par le caractère critique, polémique, pédagogique, scientifique ou d'information de l'œuvre à laquelle elles sont incorporées et les revues de presse.

Une loi du 3 juillet 1985 a étendu cette protection, même aux logiciels.

La protection des œuvres est assurée par des actions, tant civiles que pénales, à l'encontre de celui qui reproduirait ou s'approprierait illégalement une œuvre de l'esprit.

Le non-respect des droits de l'auteur est en outre sanctionné par l'article L 335-1 du code pénal qui punit la contrefaçon.

La protection du droit d'auteur, donc la propriété incorporelle, n'est cependant pas perpétuelle, comme le droit de propriété.

Seul le droit moral est perpétuel. La protection du droit patrimonial s'éteint soixante-dix ans après le décès de l'auteur, puisque l'œuvre tombe alors dans le domaine public.

2. ***Le droit de propriété industrielle*** concerne les brevets d'invention, les dessins et modèles et les marques. Il correspond à un monopole d'exploitation qui ne devient effectif, qu'à partir du moment où il est déposé à l'institut national de la propriété industrielle (INPI) ou à l'office européen des brevets. Au surplus, la loi précise que ne peuvent constituer des inventions brevetables :

- le corps humain aux différents stades de sa constitution et de son développement, la simple découverte d'un ses éléments, la séquence totale ou partielle d'un gène ;
- les procédés de clonage des êtres humains ;
- les procédés de modification de l'identité génétique de l'être humain ;
- les utilisations d'embryons humains à des fins industrielles ou commerciales.

B. Les droits de propriété incorporelle

1. ***L'image d'un bien ou d'une personne***, consiste dans la représentation d'un bien ou d'une personne par la peinture, la sculpture, le dessin, la photographie.

Le droit à l'image d'une personne est actuellement protégé à travers l'article 9 du Code civil. Par contre, la question s'est posée de savoir, si cette protection pouvait être étendue à l'image des biens. Le droit à l'image d'un bien a été consacré par un arrêt de la 1re chambre civile de la Cour de cassation en date du 10 mars 1999 dit arrêt du « Café Gondrée ». Cette jurisprudence, plusieurs fois confirmée par la Cour de cassation, devait cependant faire l'objet de nombreuses critiques doctrinales, lesquelles relevaient que le droit de propriété ne peut pas porter sur un élément incorporel. D'autres dénonçaient cependant, à travers cette critique, une confusion quant à l'objet du droit du propriétaire, dans la mesure où ce droit porterait non pas sur l'image du bien, mais sur le bien lui-même.

2. ***Le droit à l'image des biens*** a cependant fini, par être fermement écarté, par la Cour de cassation.

DES CHIFFRES À RETENIR

1 ACTION RELATION À LA PROTECTION DU DROIT DE PROPRIÉTÉ : il s'agit de l'action pétitoire.

2 MODES D'ACQUISITION PAR LA POSSESSION : l'acquisition de la propriété est immédiate en matière mobilière et elle est différée, en matière immobilière.

2 DÉLAIS DE PRESCRIPTION POUR L'ACQUISITION PAR POSSESSION, DE LA PROPRIÉTÉ IMMOBILIÈRE : le délai est de 10 ans si le possesseur est de bonne foi et s'il a acquis par juste titre. Il est de 30 ans, si le possesseur est de mauvaise foi.

1 ACTION RELATIVE À LA PROTECTION DE LA POSSESSION : il s'agit de l'action en référé devant le tribunal de grande instance.

3 MODES D'ACQUISITION DE LA PROPRIÉTÉ : convention, accession et occupation

DES ARTICLES À RETENIR

545 : article du Code civil prévoyant l'expropriation pour cause d'utilité publique.

555 : article du Code civil réglementant l'accession.

2261 : article du Code civil disposant que pour pouvoir prescrire, il faut une possession continue et non interrompue, paisible, publique, non équivoque et à titre de propriétaire.

2274 : article du Code civil disposant que la bonne foi est toujours présumée.

2276 : article du Code civil selon lequel « en fait de meubles possession vaut titre ».

CHAPITRE 16
LES OBLIGATIONS

L'obligation est le lien par lequel une personne, le créancier, peut exiger l'exécution d'une prestation, de la part d'une autre personne qui est le débiteur. Outre la loi, les obligations découlent de plusieurs sources, au sein desquelles, les contrats qui ont une place importante et qui se singularisent par leur diversité qu'il conviendra de préciser, avant d'examiner le régime général.

Par une décision en 3 août 1994, le Conseil constitutionnel a retenu « qu'aucune norme de valeur constitutionnelle ne garantit le principe de la liberté contractuelle ». Pourtant, le 10 juin 1998, il précisait que le législateur ne saurait porter à l'économie des conventions et contrats légalement conclus, une atteinte, d'une gravité telle qu'elle méconnaisse manifestement la liberté découlant de l'article 4 de la Déclaration des droits de l'homme et du citoyen de 1789. Le ***principe du consensualisme*** est fondamental en droit français et la volonté des parties domine le droit des contrats. Cette volonté doit être respectée, en toutes circonstances. Il en résulte que les parties sont libres de contracter ou non, que le contrat n'obéit à aucune règle de forme particulière et que les parties sont entièrement libres de fixer le contenu du contrat. Toutefois, ***la liberté de contracter ou non***, est ***limitée*** par la multiplication des ***contrats obligatoires***, comme les contrats d'assurance en matière automobile, d'habitation ou de responsabilité.

La liberté contractuelle est encore limitée, par les ***règles de formes*** qui pèsent sur certains contrats. Il en va ainsi du contrat de mariage, des donations, de l'hypothèque, de la subrogation ou du contrat de vente d'immeubles à construire. La liberté quant à la forme des contrats est encore largement amputée par la pratique de plus en plus fréquente de ***contrats standards*** ou ***contrats types*** qui sont imposés par des professionnels.

Le ***contenu des contrats*** peut également être imposé pour protéger certaines parties et souvent les parties économiquement les plus faibles. La loi impose donc, ou interdit, certaines clauses dans les contrats. Elle impose par exemple, la mention claire et précise, du délai de rétractation dans les contrats conclus suite à un démarchage à domicile, ainsi que dans certains contrats de prêt.

La conclusion d'un contrat, principalement en cas de vente, est souvent précédée d'actes, dont la valeur est plus ou moins contraignante. Il en va ainsi des ***pourparlers.*** Pendant cette phase de discussion entre les parties, aucun engagement n'est encore souscrit et la Cour de cassation ne manque jamais de rappeler que la liberté contractuelle implique celle de rompre les pourparlers. Les parties négocient, mais ne sont pas contractuellement tenues. Toutefois, la jurisprudence considère que, la rupture abusive des pourparlers peut donner lieu, à une indemnité, sur le fondement de la responsabilité délictuelle, si la rupture des pourparlers intervient à une date trop proche de la signature du contrat, ou si l'une des parties négocie parallèlement, avec un tiers, considéré comme complice de la rupture des pourparlers.

Un contrat peut être précédé de ***gentlemen's agreement, lettres d'intention*** ou ***accords de principe***. Les gentleman's agreement ne traduisent pas la conclusion d'un contrat, mais un simple engagement d'honneur.

La lettre d'intention traduit quant à elle, en principe, une simple invitation à entrer en pourparlers. La jurisprudence lui reconnaît cependant une valeur contraignante, donc une valeur contractuelle certaine, à l'égard de celui qui l'émet, dans les cas où elle est suffisamment précise. S'agissant des accords de principe, la jurisprudence ne leur reconnaît pas une valeur contractuelle, mais elle fait tout de même peser, sur celui qui les émet une obligation, de poursuivre de bonne foi, les négociations entreprises.

Les obligations, nées des contrats entre les parties, peuvent être transmises, à des tiers au contrat initial.

Ainsi, la cession de créance est la convention par laquelle une personne, le cédant transmet à une autre, le cessionnaire, sa créance contre son débiteur. L'intérêt de la cession de créance est de permettre au créancier, de se procurer des liquidités, avant l'échéance ou constituer une garantie, pour le cessionnaire qui serait créancier du cédant et qui aurait ainsi, la certitude d'être payé par le débiteur de son cédant. La cession de créance se traduit par un contrat, entre le cédant et le cessionnaire, dont les conditions de validité sont identiques à tous les contrats et concernent la capacité et la validité du consentement. La cession n'est, cependant, opposable aux tiers que si elle a été notifiée au débiteur cédé, ou s'il y a consenti. La loi du 2 janvier 1981 dite loi Dailly, a créé une nouvelle forme simplifiée de cession des créances professionnelles. La cession est constatée par un bordereau, et le cessionnaire devient titulaire de la créance par la simple remise du bordereau. La cession est opposable aux tiers, à la date du bordereau. La subrogation est le mécanisme par lequel une personne se trouve substituée dans les droits d'une autre, à l'encontre d'un tiers. Elle peut être légale ou conventionnelle. Le nouvel article 1346 **du Code civil** dispose que « la subrogation a lieu par le seul effet de la loi au profit de celui qui, y ayant un intérêt légitime, paie dès lors que son paiement libère envers le créancier celui sur qui doit peser la charge définitive de tout ou partie de la dette ». La nouvelle loi ne reprend donc pas la liste des cas de subrogation légale visés par l'ancien article 1251 du Code civil qui retenait par exemple, la subrogation au profit du créancier qui paye un autre créancier d'une même personne qui lui est préférable à raison de ses privilèges ou hypothèques, au profit de l'héritier bénéficiaire qui a payé de ses deniers les dettes de la succession ou encore au profit de l'assureur qui indemnise l'assuré aux lieux et places du responsable.

La subrogation peut être conventionnelle et être consentie par le créancier ou par le débiteur. Le créancier recevant son payement d'une tierce personne peut la subroger dans ses droits, actions, privilèges ou hypothèques contre le débiteur. Si cette subrogation n'est pas subordonnée à l'accomplissement de formalités particulières, elle doit être expresse et intervenir en même temps que le paiement.

POUR EN SAVOIR PLUS

- Olivier Deshayes, Denis Mazeaud, John Cartwright, Christophe Seraglin, *L'avant-contrat : Actualité du processus de formation des contrats*, coll. « CEPRISCA », PUF, 2008.
- *http://www.legifrance :* voir l'ordonnance du 10 février 2016 portant réforme du droit des contrats.

LISTE DES FICHES

76. Les sources des obligations
77. La diversité des contrats
78. Les modalités des obligations
79. L'extinction des obligations
80. La période précontractuelle

Fiche 76

Les sources des obligations

A. Les actes et les faits juridiques

1. Les obligations trouvent leur source, dans des actes et des faits juridiques. ***Les actes juridiques*** sont toutes les manifestations de volonté destinées à produire des effets juridiques, en l'occurrence, les contrats. ***Les faits juridiques*** sont des événements, qui produisent des effets juridiques indépendamment de toute volonté, obligeant ainsi une partie envers une autre. Ce sont les délits et quasi-délits. Certains faits juridiques résultants de la volonté d'une partie produisent des effets juridiques identiques à ceux des contrats. Ce sont les quasi-contrats.

2. L'article 1101 du Code civil définit le contrat comme étant un accord de volonté par lequel une ou plusieurs personnes s'obligent, envers une ou plusieurs autres, à donner, à faire ou à ne pas faire quelque chose. Il s'agit donc d'un accord destiné à produire des effets de droit. Le contrat appartient à la catégorie des actes juridiques qui recouvrent les contrats, accords entre deux ou plusieurs parties et des actes juridiques unilatéraux comme par exemple les donations ou testaments.

B. Les différents faits juridiques

1. ***Les quasi-contrats*** sont des faits volontaires, emportant des obligations, à la charge de tiers. Ils résultent, soit de la loi, soit de la jurisprudence.

La gestion d'affaire consiste dans le fait, pour une personne, le gérant, d'accomplir un acte, dans l'intérêt d'une autre personne, appelée le géré, alors qu'elle n'a pas reçu mandat pour cela.

Par exemple, un conjoint peut effectuer, sans le consentement de l'autre, des actes conservatoires sur un bien propre de son conjoint, au titre de la gestion d'affaire, si celui-ci a été empêché ou négligent. Le géré, encore appelé le maître d'affaire, est obligé, par les engagements que le gérant a contractés en son nom. Il doit l'indemniser de tous les engagements personnels qu'il a pris en son nom et pour son compte, et lui rembourser toutes les dépenses utiles ou nécessaires qu'il a faites. Pour que la gestion d'affaires soit retenue, il faut cependant, que l'acte du gérant ait été volontaire, effectué dans l'intérêt du géré, sans opposition de ce dernier et qu'il ait été utile pour lui.

L'action en paiement de l'indu est ouverte lorsqu'une personne, appelée *solvens*, a payé à tort une somme à un tiers, appelé *accipiens*. Cette action permet d'obtenir la restitution de la somme injustement versée, soit parce que la dette n'existait pas, soit parce qu'elle était éteinte par la prescription ou parce que le contrat était annulé. Par contre, la répétition n'est pas admise à l'égard des obligations naturelles qui ont été volontairement acquittées.

L'enrichissement injustifié est une pure création prétorienne. Il permet à une personne, se prétendant créancière d'une autre, de lui demander le remboursement, de l'enrichissement intervenu pour elle, sans raison et à son détriment. L'existence de l'enrichissement injustifié est retenue, par exemple, quand un concubin a contribué par son travail, à enrichir l'autre, en l'aidant dans l'exercice d'une activité commerciale ou en investissant de l'argent lui appartenant pour rénover un bien, propriété exclusive de l'autre. Le bénéficiaire du travail ou des investissements de son concubin, se sera donc enrichi injustement au détriment de l'autre, auquel il devra remboursement à concurrence du montant de l'apport.

2. ***Les délits*** sont des faits volontaires, contraires à la loi, commis par une personne qui sera déclarée civilement responsable, et ainsi obligée à réparation. Il s'agit de faits, constituant une faute, justifiant la mise en œuvre de la responsabilité civile, sur le fondement de l'article 1240 du Code civil (ancien article 1382) aux termes duquel « tout fait quelconque de l'homme, qui cause à autrui un dommage, oblige celui par la faute duquel il est arrivé, à le réparer ».

Les quasi-délits sont des faits involontaires, contraires à la loi, commis par une personne qui sera déclarée civilement responsable, et ainsi obligée à réparation. Les faits personnels involontaires et le fait des personnes ou des choses dont on a la garde constituent donc des quasi-délits quand ils causent un préjudice à autrui.

Fiche 77

La diversité des contrats

A. Les classifications initiales du Code civil

1. Certaines classifications sont fondées sur la nature des obligations.

Les contrats synallagmatiques créent des obligations réciproques, à la charge de chacune des parties au contrat, lesquelles sont donc simultanément créancières et débitrices de l'une de l'autre. Il en va ainsi du contrat de vente.

Les contrats unilatéraux n'engendrent d'obligations, qu'à la charge d'une partie qui est appelée débitrice, l'autre étant son créancier. Il en va ainsi en cas des contrats de donation ou de prêt.

Les contrats à titre gratuit, aussi appelés contrat de bienfaisance, se caractérisent par le fait, qu'une partie s'engage envers une autre, sans attendre de sa part une contrepartie. Il en va ainsi dans ce cas d'un contrat unilatéral, comme la donation. Par contre, ***tous les contrats unilatéraux ne sont pas à titre gratuit***. Ainsi, dans le contrat de prêt, qui n'est pas un contrat à titre gratuit mais seulement unilatéral, le créancier attend de son débiteur qu'il lui rembourse la somme prêtée. Au contraire, dans les contrats à titre onéreux, chaque partie s'oblige, en échange d'une contrepartie, laquelle peut consister dans une exécution en nature ou en numéraire, comme le paiement d'une somme d'argent. Par exemple, si dans le contrat de vente, une partie s'oblige au transfert de propriété d'une chose lui appartenant et l'autre s'oblige au paiement du prix.

Les contrats commutatifs et les contrats aléatoires.

Ces deux types de contrats sont des contrats à titre onéreux. ***Les contrats commutatifs*** se caractérisent par le fait que chacune des parties s'engage à une prestation déterminée alors que dans ***les contrats aléatoires***, la prestation de l'une des parties repose sur événement incertain. Il en va ainsi du viager ou du pari.

2. D'autres classifications sont fondées sur la qualification des contrats.

Ce sont les contrats nommés et les contrats innomés. ***Les contrats nommés*** sont ceux expressément prévus et nommés par la loi. ***Les contrats innommés*** ne sont en principe pas réglementés par des textes et résultent de la seule volonté des parties.

B. Les classifications nouvelles du Code civil

1. Certaines classifications qui étaient induites du Code civil étaient issues des modes de formation des contrats, d'autres, des modes d'exécution des contrats.

Dans la première catégorie, on distingue les contrats consensuels et non consensuels.

Les contrats ***consensuels*** sont valablement formés, par le seul échange des consentements. En droit français, le principe du consensualisme prédomine et, la plupart des contrats sont des contrats qui ne sont soumis, à aucune condition de forme particulière. Toutefois, on relève deux sortes de contrat qui dérogent à cette règle qui sont les ***contrats réels*** lesquels ne sont formés que par remise de la chose qui en est l'objet et ***les contrats solennels*** qui doivent obéir à certaines formalités, comme le contrat de mariage qui est obligatoirement fait par acte authentique.

Dans la seconde catégorie, on distingue les contrats à exécution instantanée et les contrats à exécution successive. ***Les contrats à exécution instantanée*** sont exécutés immédiatement, dès que chaque partie s'acquitte de ses obligations. Ainsi, un contrat de vente est réalisé et terminé, lors de la remise de la chose et du paiement du prix de vente. ***Les contrats à exécution successive,*** au contraire, s'étalent dans le temps. Les obligations de chacune des parties supposent l'accomplissement d'actes, sur une période plus ou moins longue. Par exemple, les contrats de location ou les contrats de travail sont nécessairement conclus, pour une certaine durée et leur exécution dure dans le temps.

Les contrats à durée déterminée sont ceux, dont le terme est prévu. Les contrats à durée déterminée ne peuvent être résiliés, avant le terme, alors que pour les contrats à durée indéterminée, la résiliation unilatérale est possible sous réserve du respect des conditions posées par la loi.

2. D'autres classifications avaient été dégagées postérieurement au Code civil.

Les contrats de gré à gré sont des contrats dont les clauses sont convenues par toutes les parties. Elles sont donc le fruit de discussions et de l'échange des consentements. Au contraire, pour ***les contrats d'adhésion***, les clauses sont prévues à l'avance par une des parties, et l'autre peut simplement accepter le contrat ou le refuser, si les clauses ne lui conviennent pas. Cependant, les contrats d'adhésion s'imposent souvent, à la partie contractante, qui n'en est pas le rédacteur. Il s'agit notamment des contrats de travail, de transport et d'assurance.

Il y a enfin, des contrats individuels, des contrats collectifs et des groupes de contrats.

Les contrats individuels sont conclus entre deux ou plusieurs personnes, et leurs effets concernent les seules parties contractantes.

Les contrats collectifs engagent de personnes, autres que les parties et ce, en contradiction avec le principe de l'effet relatif des contrats. Il en va ainsi des conventions collectives.

Des groupes ou chaînes de contrats peuvent aussi contribuer à la réalisation d'une même opération contractuelle et donc coexister dans un contrat global. Il en va ainsi, en cas de contrats, conclus pour la construction d'un immeuble, entre le maître d'ouvrage et le maître d'œuvre, lequel va conclure plusieurs contrats, avec les différents intervenants et les sous-traitants.

Fiche 78

Les modalités des obligations

A. Les obligations à terme ou sous conditions

1. ***Le terme*** est un événement futur et certain. Les effets d'un contrat sont retardés jusqu'à sa survenance. Il peut être extinctif ou suspensif. Si le terme est extinctif, son arrivée détermine le moment à partir duquel une obligation cesse d'être due. Si le terme est suspensif, l'exécution d'une obligation est suspendue jusqu'à son arrivée. Par exemple, en cas d'achat à crédit, le paiement du prix est différé jusqu'au terme convenu par les parties.

2. ***La condition*** est un événement futur et incertain dont dépend l'existence d'une obligation. La condition peut être suspensive, résolutoire, casuelle ou potestative. Pour être valable, la condition insérée dans un contrat, ne doit pas être contraire à la loi, à l'ordre public ou aux bonnes mœurs. Elle doit aussi être possible et ne pas dépendre de la seule volonté du débiteur. Si la ***condition*** est ***suspensive***, la naissance de l'obligation est retardée, jusqu'à sa réalisation. La réalisation de la condition a un effet rétroactif. L'obligation est censée exister, depuis le jour où le contrat a été conclu. Si la ***condition*** est ***résolutoire***, l'acte produit tous ses effets dès l'origine. Ainsi, si un contrat de vente est affecté d'une condition résolutoire, le transfert de propriété intervient néanmoins dès la conclusion du contrat. Si la condition se produit, le contrat qui est déjà né et qui a déjà produit ses effets est rétroactivement anéanti.

La ***condition casuelle*** est celle qui dépend du hasard et non du créancier ou débiteur mais d'un événement extérieur. Cette condition est valable. La ***condition potestative*** est celle qui fait dépendre l'exécution d'un contrat d'un événement qui dépend de l'une ou de l'autre des parties au contrat. Si la condition dépend uniquement de la volonté du débiteur, elle est dite potestative et elle est nulle. Si la condition est purement potestative, c'est-à-dire si elle dépend de la volonté du créancier ou si elle est mixte, c'est-à-dire si elle dépend de la volonté d'une des parties contractantes, et de la volonté d'un tiers, elle est également valable.

B. Les obligations simples ou complexes

1. Les ***obligations simples*** traduisent un rapport de droit, entre un seul créancier et un seul débiteur et elles ont un seul objet. Les ***obligations complexes*** se caractérisent, par une pluralité de parties, créanciers ou débiteurs ou une pluralité d'objets de droit. En cas de pluralité de parties, les obligations peuvent être conjointes, solidaires ou *in solidum*. Lorsque les obligations sont conjointes, il faut distinguer la situation des créanciers et des débiteurs.

En cas de pluralité de créanciers, chaque créancier ne peut exiger du débiteur que le paiement de sa part dans la créance. En cas de pluralité de débiteur, chaque débiteur ne peut être poursuivi en paiement que pour sa part dans la dette.

2. Lorsque les ***obligations*** sont ***solidaires***, il faut distinguer également, selon que la solidarité concerne les créanciers, elle est alors dite solidarité active ou les débiteurs, elle est appelée solidarité passive. En cas de ***solidarité active***, un des créanciers peut réclamer au débiteur, le paiement de la totalité de la dette. Le débiteur est ainsi libéré, à l'égard de tous les créanciers. Chaque créancier recevra alors, de celui qui a reçu l'intégralité de la créance, la part qui lui revient. La ***solidarité passive*** est la plus fréquente et elle présente de nombreux avantages pour le créancier. Celui-ci peut concentrer ses poursuites contre un seul débiteur et éviter des frais de mise en demeure ou d'assignation en justice inutiles. Il agira ainsi contre le plus solvable. Celui qui a été condamné pour le tout, pourra alors agir en justice contre les autres codébiteurs, pour qu'ils soient condamnés au paiement de leur part, s'ils ne le remboursent pas spontanément. Si en droit commercial la solidarité est toujours présumée, en droit civil, il est de principe que la solidarité ne présume pas ; il faut qu'elle soit expressément stipulée. Cette règle ne cesse que dans les cas où la solidarité a lieu, de plein droit, en vertu d'une disposition de la loi. Elle ne peut donc jouer entre des codébiteurs, que si elle est prévue par la loi ou si elle résulte d'une convention entre les parties. Par exemple, la loi prévoit que les époux sont solidairement responsables des dettes contractées pour l'entretien du ménage ou l'éducation des enfants. De même, si la solidarité n'est pas prévue par la loi entre le locataire et sa caution, le bailleur peut exiger que la caution s'engage solidaire à payer les dettes du locataire.

Mais si le débiteur assigné peut opposer au créancier les exceptions communes à tous les débiteurs et tenant à la dette elle-même, comme les exceptions de prescription, de nullité ou remise de dette, il ne peut se prévaloir de celles qui seraient personnelles à l'un d'entre eux, ni de celles qui sont propres à certains d'entre eux. Par contre, le paiement fait par un codébiteur libère les autres. L'obligation *in solidum* prononcée par jugement a été créée par la jurisprudence, dans des domaines dans lesquels la solidarité n'est pas prévue par la loi.

Fiche 79

L'extinction des obligations

A. Un mode principal d'extinction : le paiement

1. ***Le paiement*** se traduit par la remise d'une somme, quel que soit le mode de paiement choisi (monnaie, chèque ou carte bancaire), somme correspondant au montant de l'obligation. Le paiement peut être effectué, par le débiteur principal, une caution ou un coobligé. Il suffit que celui qui effectue le paiement, soit capable et que la chose remise en paiement lui appartienne.

2. Le paiement peut être fait, entre les mains du créancier ou de son représentant légal.

B. Les modes d'extinction subsidiaires

1. Des modes d'extinction traduisent une extinction de la dette, par un mécanisme distinct d'extinction de l'obligation. Lorsque deux personnes sont débitrices, l'une envers l'autre, il s'opère entre elles, une compensation qui éteint les deux dettes, jusqu'au montant de la dette la moins importante. ***La compensation*** peut être légale, judiciaire ou conventionnelle. La compensation légale intervient de plein droit, pour les dettes qui ont pour objet, une somme d'argent ou des choses fongibles, de la même espèce et qui sont liquides et exigibles. Elle est cependant impossible en cas de demande, de l'une des parties, de restitution d'une chose dont le propriétaire a été injustement dépouillé ou dépossédé, en vertu d'un dépôt ou d'un prêt à usage. Elle est aussi impossible quand l'une des parties a une dette qui a pour cause des aliments déclarés insaisissables. Elle est encore impossible en cas d'obligations réciproques entre les employeurs et leurs salariés ou quand une des créances est indisponible. La compensation peut intervenir judiciairement sur demande de l'une des parties à un procès. Si l'une des parties est créancière, elle peut demander, en cas de condamnation à son encontre, la compensation de sa condamnation avec sa créance. Enfin, elle peut intervenir par convention entre les parties. La compensation ne peut cependant jamais intervenir au préjudice des droits acquis à un tiers. Ainsi celui qui, étant débiteur, est devenu créancier depuis la saisie-arrêt faite par un tiers, entre ses mains, ne peut, au préjudice du saisissant, opposer la compensation.

La novation est une convention, par laquelle une obligation est éteinte, par la substitution d'une nouvelle obligation. Elle entraîne donc l'extinction d'une obligation et la création d'une nouvelle obligation.

La novation s'opère de trois manières :

- lorsque le débiteur contracte envers son créancier une nouvelle dette qui est substituée à l'ancienne, laquelle est éteinte ;
- lorsqu'un nouveau débiteur est substitué à l'ancien qui est déchargé par le créancier ;
- lorsque, par l'effet d'un nouvel engagement, un nouveau créancier est substitué à l'ancien, envers lequel le débiteur se trouve déchargé.

La novation ne se présume pas. Elle doit toujours résulter d'une convention expresse.

La confusion se traduit par la réunion, sur la tête d'une seule personne, des qualités de créancier et débiteur et entraîne par là même, l'extinction de toute obligation. Il en va ainsi par exemple, quand un locataire devient propriétaire de la chose louée.

La délégation est une convention, par laquelle un débiteur, appelé délégant, donne au créancier, appelé créancier délégataire, un autre débiteur, appelé délégué, qui s'oblige alors, envers le créancier. Par exemple, un délégant donne l'ordre, au délégué de rembourser la dette du créancier, laquelle correspond à la dette du délégué envers le délégant. Le délégué, en payant le créancier délégataire, est donc déchargé envers le délégant qui se trouve déchargé envers le créancier délégataire.

2. D'autres modes d'extinction traduisent une extinction pure et simple de la dette.

La remise de dette est une convention aux termes de laquelle le créancier renonce à réclamer au débiteur ce que ce dernier lui doit, éteignant ainsi l'obligation de ce dernier.

La transaction est un contrat par lequel les parties renoncent à toute réclamation l'une envers l'autre, mettant ainsi fin à une contestation déjà née ou à naître. La transaction n'est valable que si les parties font des concessions réciproques.

La prescription extinctive entraîne l'extinction d'une obligation par l'écoulement d'un délai faisant obstacle à toute possibilité d'action en justice. Le délai de prescription de droit commun a pendant longtemps été de 30 ans. La loi du 17 juin 2008 l'a fixé à 5 ans. Beaucoup de prescriptions spéciales ont été supprimées. Par contre, L'action en responsabilité née à raison d'un événement ayant entraîné un dommage corporel, engagée par la victime directe ou indirecte des préjudices qui en résultent, se prescrit par dix ans à compter de la date de la consolidation du dommage initial ou aggravé.

En outre, en cas de préjudice, causé par des tortures ou des actes de barbarie, ou par des violences ou des agressions sexuelles commises contre un mineur, l'action en responsabilité civile est prescrite par vingt ans.

Enfin aux termes de l'article 2227 du Code civil, le droit de propriété est toujours imprescriptible mais les actions réelles immobilières se prescrivent par trente ans à compter du jour où le titulaire d'un droit a connu ou aurait dû connaître les faits lui permettant de l'exercer.

Fiche 80

La période précontractuelle

A. L'offre de contacter

1. ***La proposition de contracter*** est qualifiée d'***offre*** ou **pollicitation**, dès lors qu'elle est formée et qu'elle comporte tous les éléments essentiels à la conclusion du contrat, notamment la chose et le prix. Elle doit être ferme, précise et non équivoque, car à défaut il y a simplement pourparlers. L'offrant, n'est en principe, pas engagé par son offre. L'offre n'a donc pas une valeur contractuelle. Toutefois, le retrait de l'offre, sans motif légitime est constitutif d'une faute. Il faut à cet égard, distinguer, selon que l'offre est ou non, assortie d'un délai. S'il y a un délai, le bénéficiaire doit lever l'option, c'est-à-dire accepter ou refuser l'offre, dans le délai indiqué. Si aucun délai n'a été imparti, il faut distinguer, selon que l'offre est faite au public, c'est-à-dire à tous ou à une personne déterminée. Dans le premier cas, si elle est faite au public, elle lie le pollicitant, dans les mêmes conditions que l'offre à personne déterminée et l'offrant est lié, à l'égard du premier acceptant, quel qu'il soit. Cependant, l'offrant peut révoquer l'offre, à tout moment. Dans le second cas, l'offrant doit maintenir l'offre, pendant un délai dit raisonnable, apprécié par les juges, selon la nature et les circonstances du contrat. Si le délai imparti expire et que le bénéficiaire ne lève pas l'option, l'offre est considérée comme caduque et l'offrant retrouve son entière liberté.

2. Si le bénéficiaire accepte l'offre, il est à son tour engagé pour la conclusion du contrat. ***L'acceptation*** peut être expresse ou tacite, mais ne saurait se déduire du silence, sauf exception, par exemple dans les cas dans lesquels, un contrat se reconduit par tacite reconduction, comme les baux d'habitation, les contrats d'assurance, les contrats d'abonnement, etc. Le décès de l'offrant rend l'offre caduque,

B. Les pré-contrats

1. Il peut s'agir de promesses unilatérales ou synallagmatiques. ***Une promesse unilatérale*** de contrat – le plus souvent, il s'agit d'une promesse unilatérale de vente –, est un contrat unilatéral par lequel le promettant promet à une personne déterminée par le bénéficiaire, de conclure un contrat, selon des conditions précises. Le bénéficiaire n'est pas engagé. Il reste libre de conclure, en levant l'option, dans le délai déterminé, s'il en a été prévu un, ou à défaut dans un délai raisonnable. Pendant la durée de la levée de l'option, le promettant est seul engagé, envers le bénéficiaire. Il ne peut revenir sur la promesse faite.

Si le promettant refuse de conclure dans le délai convenu, le bénéficiaire peut demander la réalisation de la vente. Les promesses unilatérales de contrat contiennent souvent une clause de dédit, aux termes de laquelle, le bénéficiaire doit payer au promettant, une somme d'argent, s'il ne lève pas l'option, ce afin de compenser l'impossibilité pour le promettant de conclure, avec une autre personne, pendant la durée de l'option. ***La promesse synallagmatique*** de contrat engage les deux parties à la conclusion d'un contrat. Conclue dans l'attente du contrat définitif, elle vaut contrat. Il en va ainsi de la promesse synallagmatique de vente qui vaut vente, selon les termes de l'article 1589 du Code civil. Lorsque la vente porte sur un immeuble, la promesse synallagmatique de vente encore appelée compromis de vente est l'acte qui contient les conditions suspensives de la vente, comme l'obtention d'un prêt ou d'un permis de construire.

2. *Le pacte de préférence* est un avant-contrat aux termes duquel, le promettant s'engage envers le bénéficiaire à conclure avec lui, au cas où il déciderait de conclure un contrat. La nature contractuelle du pacte de préférence n'est plus discutée, quand bien même il ne s'agit que d'une promesse d'un contrat futur, donc d'un contrat, préparatoire à la rédaction d'un autre contrat. Par exemple, le pacte de préférence peut consister, de la part d'une personne, à s'engager à vendre, telle chose à telle personne, dans l'hypothèse où elle se déciderait à vendre. Elle donne ainsi la priorité à une personne déterminée, en qualité de cocontractant. Si le promettant, ne respecte pas le pacte préférence, et vend à un tiers, sa responsabilité serait engagée, ainsi que celle du tiers, si ce dernier avait connaissance du pacte (Civ. 3 30 avril 1997). Le bénéficiaire du pacte pourra donc demander des dommages et intérêts, en réparation du préjudice subi. La chambre mixte de la Cour de cassation a même admis, pour la première fois, le 26 mai 2006, qu'en cas de vente à un tiers, le bénéficiaire du pacte puisse être substitué, au tiers de mauvaise foi, qui aurait eu connaissance du pacte, ce dont la troisième chambre civile devait faire application dans un arrêt du 14 février 2007.

DES CHIFFRES À RETENIR

2 : catégories de terme : suspensif ou extinctif.

2 : catégories de conditions : suspensive ou résolutoire.

2 : modes d'extinction des obligations : à titre principal ou subsidiaire.

3 : quasi contrats : gestion d'affaires –paiement de l'indu et enrichissement justifié.

4 : différentes modalités des obligations : sous condition – à terme – simples ou complexes.

DES ARTICLES À RETENIR

1101 : article du Code civil définissant les contrats.

1300 : article du Code civil définissant les quasi-contrats.

1310 : article du Code civil selon lequel la solidarité ne se présume pas.

1321 : article du Code civil réglementant la cession de créance.

1346 : article du Code civil réglementant la subrogation.

CHAPITRE 17
LE RÉGIME JURIDIQUE DES CONTRATS

La formation du contrat implique ***la manifestation et la rencontre de la volonté*** des parties. Chaque partie peut manifester son consentement de manière expresse, que ce soit oralement ou par écrit ou tacitement. Le contrat se forme par la rencontre de l'offre et de l'acceptation. ***L'acceptation***, tout comme l'offre, peut être expresse ou tacite. Par contre, en principe, le silence ne vaut pas acceptation. Si la rencontre de volonté se fait par correspondance, la jurisprudence considère que le contrat est formé dès l'émission de l'acceptation et non au moment de sa réception. Le principe du consensualisme est fondamental en droit français et la volonté des parties domine tout le droit des contrats. Cette volonté doit être respectée en toutes circonstances. Il en résulte, que les parties sont libres de contracter ou non, que le contrat n'obéit à aucune règle de forme particulière et que les parties sont entièrement libres de fixer le contenu du contrat.

Toutefois, des ***restrictions à cette liberté contractuelle*** peuvent être relevées. Une loi du 10 janvier 1978 a, à cet égard, réglementé les clauses abusives et l'article L 132-1 du code de la consommation précise que, dans les contrats conclus entre professionnels et non-professionnels ou consommateurs, sont abusives et donc interdites les clauses qui ont pour objet ou pour effet de créer, au détriment du non-professionnel ou du consommateur, un déséquilibre significatif entre les droits et obligations des parties au contrat.

Par ailleurs, si le juge, tiers au contrat, ne peut, en principe, s'immiscer dans la volonté des parties, ce principe est à nuancer. Lorsque les parties à un contrat sont en litige, quant à ses modalités d'exécution, le juge doit ordonner son exécution, conformément à ce qui a été convenu. Mais si les clauses d'un contrat sont obscures ou contradictoires, il ne pourra refuser de statuer et il devra interpréter le contrat, pour mettre fin au litige. Le juge peut aussi, parfois, modifier les ***clauses*** des contrats, quand elles lui paraissent ***excessives***. Enfin, le juge peut décider d'user de son pouvoir d'appréciation des contrats, pour annuler les ***clauses*** qui lui paraissent ***abusives***, à l'instar de la chambre commerciale de la Cour de cassation qui, dans l'arrêt Chronopost du 22 octobre 1996 a cassé la décision d'une cour d'appel qui avait fait application, d'une clause limitative de responsabilité, en relevant que « spécialiste du transport rapide garantissant la fiabilité et la célérité de son service, la société Chronopost s'était engagée à livrer les plis de la société Blanchereau dans un délai déterminé et qu'en raison du manquement à cette obligation essentielle, la clause limitative de responsabilité du contrat qui contredisait la portée de l'engagement pris, devait être réputée non écrite ».

La liberté contractuelle n'empêche pas, que le non-respect des conditions de formation ou d'exécution des contrats, soit sanctionné.

La nullité absolue est encourue, en cas de vice particulièrement grave, comme l'illicéité de la cause ou de l'objet. Les nullités absolues sont destinées à protéger l'ordre public. Toute personne intéressée peut les invoquer. L'acte nul, de nullité absolue, ne peut faire l'objet d'aucune régularisation ou confirmation.

La nullité relative est destinée à protéger les intérêts privés des parties au contrat. Elle sanctionne donc, des vices moins graves, que ceux qui sont sanctionnés, par la nullité absolue. Elle est encourue, en cas d'incapacité des cocontractants ou de vices du consentement. Seule, la personne protégée peut demander la nullité. L'acte nul, de nullité relative, est susceptible de régularisation ou confirmation. Dans les deux cas, la nullité agit rétroactivement et l'acte est censé n'avoir jamais existé.

Dans les deux cas l'action en nullité se prescrit par 5 ans.

En cas de nullité relative, l'ordonnance du 10 février 2016 réformant le droit des obligations a introduit la possibilité d'une action interrogatoire. Ainsi une partie au contrat peut demander à celle qui aurait intérêt à se prévaloir de la nullité soit de confirmer le contrat, soit d'agir en nullité dans un délai de six mois à peine de forclusion. La cause de la nullité doit avoir cessé Une partie peut demander par écrit à celle qui pourrait se prévaloir de la nullité soit de confirmer le contrat soit d'agir en nullité dans un délai de six mois à peine de forclusion. L'écrit doit expressément mentionner qu'à défaut d'action en nullité exercée avant l'expiration du délai de six mois, le contrat sera réputé confirmé.

La lésion dans les contrats n'est pas toujours retenue, comme constituant un vice, de nature à entraîner la remise en cause du contrat. Certains contrats ne peuvent jamais donner lieu à une action en rescision pour lésion. Il s'agit des contrats aléatoires. Les contrats, non entachés par un aléa, ne peuvent pas non plus, tous être attaqués pour lésion. Seuls, peuvent être attaqués par la voie de l'action en rescision pour lésion, les contrats pour lesquels la loi le prévoit expressément et aux conditions qu'elle détermine. Ainsi, le contrat de vente peut être rescindé pour lésion, si la lésion atteint les sept douzièmes du prix d'un immeuble et l'action doit être exercée dans les 2 ans, suivant le jour de la vente. L'action en rescision pour lésion est aussi autorisée au profit du mineur qui aurait passé seul, des contrats désavantageux pour lui.

Alors que la nullité est encourue en cas de vice lors de la formation du contrat, la caducité sanctionne la disparition d'un élément essentiel du contrat, postérieurement à sa conclusion et ce indépendamment de la volonté des parties. La caducité prive l'acte de ses effets pour l'avenir, mais elle ne l'anéantit pas rétroactivement.

La résolution, tout comme la caducité, intervient en cas d'événements, privant le contrat d'efficacité, postérieurement à sa conclusion. Elle sanctionne l'inexécution par une partie de ses obligations. Tout comme la nullité, elle entraîne l'anéantissement rétroactif du contrat, comme s'il n'avait jamais existé. Elle peut en conséquence, donner lieu à des restitutions.

La résiliation anéantit pour l'avenir un contrat, lorsque postérieurement à sa conclusion une partie ne respecte pas ses obligations. La résiliation est une sanction qui concerne les contrats à exécution successive, comme par exemple, les contrats de travail et non les contrats à exécution instantanée, comme les contrats de vente. Elle entraîne la disparition du contrat pour l'avenir, mais elle n'a pas d'effet rétroactif.

L'inopposabilité sanctionne le non-respect, des formalités de publicité ou de toutes autres conditions d'opposabilité du contrat aux tiers. Le contrat n'est pas anéanti. Il continue à produire ses effets entre les parties, mais il ne peut être invoqué contre des tiers.

POUR EN SAVOIR PLUS

- Philippe Delbecque et Frédéric-Jérôme Pansier, *Droit des obligations,* « Contrat et quasi-contrat », coll. « Objectif droit cours », Lexis Nexis, 2016, 435 pages.
- *http://www.courdecassation.fr* : voir sur ce site la responsabilité contractuelle (rapport 2011).

LISTE DES FICHES

81. Les conditions de validité des contrats
82. Le contenu du contrat
83. Les effets du contrat
84. La responsabilité contractuelle
85. Spécificités de la responsabilité médicale

Fiche 81
Les conditions de validité des contrats

A. La validité du consentement

1. Le ***consentement*** n'est ***valable*** que s'il est donné par des personnes ayant la ***capacité à consentir***. Les cocontractants ne doivent pas être frappés d'une incapacité d'exercice.

2. Le consentement doit aussi être ***libre***, ***sain*** et ***éclairé***, donc exempt de vices.

B. Les vices du consentement

1. ***L'erreur*** consiste en une croyance erronée de la teneur du contrat au jour de sa conclusion. L'erreur est donc une cause d'annulation du contrat, si elle porte, sur une qualité essentielle de la chose, objet du contrat. La définition de l'erreur sur la substance a donné lieu à une célèbre controverse. Selon une conception objective de l'erreur, celle-ci doit s'entendre, de l'erreur sur la matière de la chose, objet du contrat. Ainsi, il y a erreur sur la substance si une personne a cru acheter un diamant alors qu'il ne s'agit que d'une parfaite imitation. Cependant, l'annulation d'un contrat pour erreur ne se limite plus aujourd'hui à cette hypothèse. Selon la conception subjective de l'erreur, retenue tant par la doctrine, que par la jurisprudence, l'erreur peut porter aussi bien sur la nature de la chose que sur son origine, sur son authenticité, ou sur toute autre qualité considérée comme essentielle pour une des parties au contrat. Il peut s'agir d'une erreur de fait ou de droit.

Par contre, n'ont pas été considérées comme erreurs sur une qualité essentielle, les erreurs portant sur la personne du contractant ou sur la valeur de la chose.

Le caractère essentiel d'une qualité est apprécié *in concreto*, c'est-à-dire au regard de chaque situation particulière. Ainsi, une qualité de la chose pourra être essentielle pour une partie et non pour une autre. Il faut donc que la personne qui se prévaut, d'une erreur sur une qualité essentielle, apporte la preuve, du caractère essentiel pour elle, de la qualité invoquée. Il faut qu'elle apporte la preuve, que si elle avait eu connaissance du fait que la chose n'avait pas la qualité prévue, elle n'aurait pas contracté.

La jurisprudence avait aussi retenu avant que cela ne soit consacré par l'ordonnance du 10 février 2016, que l'erreur pouvait être invoquée par les deux parties. L'erreur n'est en outre, une cause de nullité que dans la mesure où elle est excusable. Il faut que le cocontractant qui s'en prévaut ait légitimement pu se tromper sur les qualités de la chose. L'erreur doit aussi être commune. Cela signifie, qu'il faut que le contractant, de celui qui a été victime de l'erreur, ait eu connaissance du caractère substantiel, de la qualité de la chose, invoquée comme cause de nullité. La qualité substantielle doit faire partie du champ contractuel et le contractant de celui qui s'en prévaut, doit avoir été informé ou au moins, avoir pu croire que telle ou telle qualité, avait déterminé, le consentement de l'autre partie.

Le dol correspond à une erreur provoquée par les manœuvres frauduleuses de l'autre partie au contrat. Il s'agit d'un délit civil, c'est-à-dire une faute intentionnelle. Les manœuvres dolosives, peuvent consister en des manœuvres positives et illicites, comme une mise en scène, l'emploi de certains artifices, une fraude ou un mensonge.

Le dol doit émaner du cocontractant ou de son représentant.

Mais, il est aussi une cause de nullité, s'il émane d'un tiers de connivence avec le contractant. Les manœuvres employées par l'auteur du dol doivent être intentionnelles. Il peut s'agir d'actes positifs ou de simples abstentions. Pendant longtemps, la jurisprudence avait refusé d'admettre le dol par réticence. Toutefois, un revirement de jurisprudence, consacré par l'article 1137 du Code civil permet désormais d'admettre que le silence puisse être dolosif. Par exemple, le silence d'une partie peut être constitutif d'un dol, si cette partie a omis de révéler un fait dont la connaissance, par l'autre, aurait été de nature à l'empêcher de contracter.

2. ***La violence*** peut être morale ou physique. Elle consiste soit en des pressions, soit dans des menaces physiques ou morales, de nature à inspirer la crainte d'exposer sa personne ou sa fortune à un mal considérable et présent. La jurisprudence avait également consacré la violence économique comme cause de nullité des contrats. Désormais l'article 1143 du Code civil retient comme violence l'abus de l'état de dépendance dans lequel se trouve un contractant, vis-à-vis de l'autre, qui obtient de lui un engagement qu'il n'aurait pas souscrit, en l'absence d'une telle contrainte et qui en tire un avantage manifestement excessif.

La violence doit être appréciée *in concreto,* eu égard à la personne qui en est victime, en fonction de son âge, son sexe et sa condition. Une personne en situation de faiblesse économique ou particulièrement vulnérable physiquement, compte tenu de son âge ou de son état de santé, pourra plus facilement se prévaloir de certaines menaces ou intimidations, comme étant constitutives de violences, qu'une personne avisée, en pleine possession de ses moyens et à l'abri de toute difficulté financière. La jurisprudence exige que cette violence soit illégitime.

La crainte résultant de la violence et conduisant à contracter, ne peut justifier la nullité du contrat, lorsqu'elle se traduit par la menace d'exercer une voie de droit sauf si la voie de droit est détournée de son but ou si elle est invoquée ou exercée pour obtenir un avantage manifestement excessif.

Fiche 82

Le contenu du contrat

A. Un contenu licite et certain

1. Au titre des conditions de validité des contrats, l'article 1128 du Code civil vise non seulement le consentement et la capacité des parties mais aussi un contenu licite et certain.

Avant l'ordonnance du 10 février 2016, la loi retenait la nécessité d'un objet existant et licite. Cette notion d'objet aujourd'hui supprimée donnait lieu a discussions Certains parlaient d'objet du contrat. Il consistait alors dans la volonté de créer des obligations propres à la nature du contrat. Dans le contrat de vente, l'objet du contrat, était le transfert de propriété et la remise du prix. D'autres préféraient parler de l'objet de l'obligation. Ainsi, pour reprendre le contrat de vente, l'objet de l'obligation de vendre était le bien vendu.

L'objet de l'obligation ou du contrat (selon la définition adoptée) pouvait, plus simplement, être défini, comme étant, ce à quoi le débiteur s'était engagé. La référence au contenu du contrat a le mérite de mettre fin à ce débat.

2. ***Le contenu*** doit être certain et licite. Le contenu du contrat doit donc être prévu et déterminé ou déterminable, avec suffisamment de précision.

La détermination du prix, dans les contrats, a donné lieu à une importante jurisprudence, concernant particulièrement, les contrats de distribution.

En effet, il est fréquent, dans ces contrats, que soient établis des contrats dits contrats-cadres, notamment dans les relations entre des brasseurs et des débitants de boisson, ou entre des pompistes et des compagnies pétrolières. La jurisprudence admet, depuis longtemps, qu'un contrat dont le prix n'est pas déterminé dès sa conclusion est valable, dès lors qu'il est déterminable.

Le 1er décembre 1995, dans 4 arrêts, l'assemblée plénière de la Cour de cassation, opérant un revirement spectaculaire de jurisprudence a refusé de prononcer l'annulation de contrats à exécution successive, pour indétermination du prix, au motif que lorsqu'une convention prévoit la conclusion de contrats ultérieurs, l'indétermination du prix de ces contrats dans la convention initiale n'affecte pas, sauf dispositions légales particulières, la validité de celle-ci, l'abus dans la fixation du prix ne donnant lieu qu'à résiliation ou indemnisation. Cette solution a été consacrée par l'ordonnance du 10 février 2016. Le contenu doit aussi être licite. Il doit donc être commercialisable. C'est ainsi que le contenu n'est pas licite s'il porte sur tout ou partie du corps humain ou encore s'il porte sur des produits périmés ou interdits à la vente. À cet égard, pendant longtemps, la cession de clientèle d'un fonds libéral comme un cabinet médical a été considérée comme illicite, au motif que la clientèle médicale est personnelle, de ce fait incessible et hors du commerce. La jurisprudence considérant en effet, que la clientèle étant un prolongement de la personne était tout comme elle, hors commerce juridique. Par un revirement de jurisprudence remarqué, la première chambre civile de la Cour de cassation, dans un arrêt du 7 novembre 2000, a retenu que, la cession d'un fonds libéral médical n'est pas illicite, à la condition que soit sauvegardée la liberté de choix du patient.

B. La suppression de la cause

1. L'ancien article 1131 du Code civil énonçait clairement que l'obligation sans cause, sur une fausse cause ou sur une cause illicite ne pouvait avoir aucun effet. Toutefois, le code ne donnait aucune définition de la cause et la doctrine s'est longtemps divisée sur ce point. Si la cause pouvait être présentée comme étant, ce pourquoi on s'engage et l'objet, ce à quoi l'on s'engage, la recherche de la cause s'avérait plus complexe. La doctrine distinguait ainsi, entre la cause objective et la cause subjective. Selon la théorie classique de Domat, la cause devait être entendue de manière abstraite. Identique dans chaque type de contrat, elle représentait la contrepartie ou la raison d'être de chaque obligation. Dans les contrats de vente, la cause de l'obligation de l'acheteur était la remise de la chose par le vendeur et dans les contrats à titre gratuit, l'intention libérale du contractant. Fortement critiquée par Planiol, cette théorie avait été battue en brèche, par la théorie moderne dégagée par Capitant qui définissait la cause, comme les motifs du contrat. Il retenait donc une conception subjective de la cause. La cause était donc différente, pour chaque type de contrat et inhérente à la volonté des parties. Elle traduisait les motifs impulsifs et déterminants qui avaient conduit la ou les parties, à contracter. La jurisprudence n'avait pas condamné l'une ou l'autre des théories et les appliquait simultanément en leur conférant des domaines distincts. La cause objective correspondait à la cause de l'obligation, c'est-à-dire, au but recherché par les parties et la cause subjective résidait, dans les mobiles, ayant conduit à la conclusion du contrat. Ainsi, la cause entendue objectivement et s'analysant comme étant pour un des contractants, la contrepartie promise par l'autre, son absence était une cause de l'annulation du contrat dans les contrats synallagmatiques. Par contre, dans les contrats à titre gratuit, l'engagement de l'un n'ayant aucune contrepartie, la cause résidait donc dans l'intention libérale de celui qui s'engage. Pour déterminer la validité de la cause ou la réalité de la cause, il fallait alors rechercher les mobiles de l'engagement.

2. Si l'ordonnance du 10 février 2016 ne fait plus aucune référence à la notion de cause au titre des conditions de validité des contrats, il n'en reste pas moins que certaines solutions dégagées antérieurement devraient être maintenues sur le fondement :

- D'une part, de l'article 6 du Code civil qui dispose que l'on ne peut déroger, par des conventions particulières, aux lois qui intéressent l'ordre public et les bonnes mœurs ;
- D'autre part, du nouvel article 1128 qui précise que sont nécessaires à la validité d'un contrat, non seulement, le consentement des parties et leur capacité de contracter, mais aussi un contenu licite et certain.

Fiche 83
Les effets du contrat

A. Les effets du contrat entre les parties

1. *La force obligatoire du contrat* résulte de l'article 1103 du Code civil (ancien article 1134), lequel dispose que « les contrats légalement formés tiennent lieu de loi à ceux qui les ont faits ». Il en résulte que les parties doivent exécuter le contrat qui s'impose à elles, au même titre qu'une loi. Le contrat signé est irrévocable, sauf d'un commun accord, entre les parties.

Dès lors, en cas défaillance ou de mauvaise exécution du contrat, par une des parties, l'autre pourra l'assigner en justice pour voir engager sa responsabilité ou pour la contraindre à exécuter le contrat, dans les termes prévus. Le contractant, qui souhaite obtenir l'exécution du contrat, peut donc exiger en justice, au besoin sous astreinte, que l'autre soit condamné à une exécution en nature, conforme. Si l'exécution en nature est devenue impossible, seule l'exécution en équivalent sera envisageable. Elle prendra alors la forme de dommages et intérêts, dans le cadre de l'action en responsabilité.

Le contrat doit non seulement être exécuté, mais il doit l'être de bonne foi. La mauvaise foi peut se traduire par une exécution abusive du contrat ou d'une des clauses du contrat, par une intention de nuire dans l'exécution du contrat ou par l'omission d'une information ou la divulgation d'une information erronée. La jurisprudence sanctionne souvent l'exécution d'un contrat de mauvaise foi, en relevant qu'il y a eu manquements au devoir de loyauté.

2. La force obligatoire du contrat connaît des ***atténuations***.

Le contrat peut être révoqué du fait du consentement mutuel des 2 parties ou si une clause de résiliation a été prévue, lors de la signature du contrat.

L'une des parties peut également, unilatéralement mettre fin à un contrat, s'il s'agit d'un contrat à durée indéterminée ou si elle bénéfice d'un délai de rétractation.

B. Les effets du contrat à l'égard des tiers

1. L'ancien article 1165 du Code civil disposait que « les conventions n'ont d'effet qu'entre les parties contractantes ; elles ne nuisent point au tiers ». Le nouvel article 1199 prévoit que « le contrat ne crée d'obligations qu'entre les parties ». En principe, le contrat n'oblige donc que les parties, c'est ce que l'on appelle ***l'effet relatif des contrats***. Les parties au contrat doivent être entendues restrictivement, comme étant les parties dont le consentement a été personnellement donné ou valablement donné par un tiers qui les représente. La notion de partie s'étend cependant, à leurs ayants cause universels ou à titre universel. Ces derniers deviennent, parties au contrat, conclu par leur auteur, qu'ils aient ou non eu connaissance du contrat.

2. L'effet relatif des contrats connaît cependant des entorses. Bien que les tiers ne soient pas parties à un contrat, celui-ci produit très souvent, des effets à leur égard, et en tout état de cause, ils ne peuvent l'ignorer. Le ***contrat*** est donc ***opposable*** aux tiers par les parties. Cela leur interdit, par exemple, de se prévaloir de leur ignorance du contrat, pour écarter ses effets. C'est ainsi que le tiers, non-partie à un contrat de vente d'immeuble, régulièrement publié à la conservation des hypothèques, ne peut contracter, avec le même vendeur, pour acquérir les droits déjà acquis, par un premier acquéreur, car le premier contrat lui est opposable. Les tiers peuvent, eux aussi, opposer le contrat aux parties. Ainsi, ils peuvent se prévaloir et donc attaquer un contrat de vente qui aurait été fait, en fraude de leurs droits, ou se plaindre de la mauvaise exécution d'un contrat qui leur causerait un préjudice.

Deux mécanismes permettent aussi de faire produire des effets à un contrat à l'égard des tiers, il s'agit de la stipulation pour autrui et de la promesse de porte-fort. ***La stipulation pour autrui*** permet de faire produire des effets, à un contrat, à l'égard de tiers. La stipulation pour autrui est un mécanisme par lequel une personne, le promettant s'engage envers une autre, appelée le stipulant, à exécuter une obligation. Il en va ainsi par exemple, en cas de règlement, par le promettant d'une dette du stipulant envers le tiers-bénéficiaire. Concrètement, une personne achète un bien, à une autre et en paye le prix ou une partie à un tiers. Le vendeur est le stipulant, l'acheteur le promettant et le tiers, le bénéficiaire. Le tiers est en général, créancier du stipulant, lequel voit, tout ou partie de sa dette, éteinte par le promettant. La stipulation pour autrui obéit aux règles de validité des contrats.

La promesse de porte-fort est un contrat par lequel une personne, appelée porte-fort, promet qu'un tiers s'engagera. Par exemple, une personne promet qu'un mineur qu'elle représente validera à sa majorité un acte qu'elle a fait pour son compte. Si le tiers exécute l'engagement prévu, celui-ci est rétroactivement validé au jour de la promesse. Par contre, le tiers peut refuser l'engagement souscrit par un autre, pour son compte. Dans ce cas, le tiers ne sera jamais lié, mais le promettant peut être poursuivit, en tant que civilement responsable, envers le bénéficiaire de la promesse.

Fiche 84

La responsabilité contractuelle

A. Les conditions de mise en œuvre

1. La mise en œuvre de la responsabilité contractuelle nécessite un fait générateur et un dommage.

Le fait générateur donc, la ***faute contractuelle*** réside dans l'inexécution ou la mauvaise exécution du contrat par une des parties.

Toutefois, il importe de savoir, si la responsabilité doit être engagée, du seul fait de l'inexécution du contrat ou s'il faut démontrer, une faute de l'un des cocontractants, dans l'exécution du contrat. Un auteur, Demogues a, en 1928, proposé de distinguer, selon que le contrat met à la charge des parties, une obligation de moyens ou une obligation de résultat. Cette distinction est aujourd'hui retenue, par la doctrine et la jurisprudence. Il en résulte, que lorsqu'une partie à un contrat, est tenue par une obligation de résultat, sa faute est présumée du seul fait de l'inexécution du contrat. Si l'obligation pesant sur un contractant est une obligation de moyens, sa responsabilité ne peut être engagée, que si une faute est prouvée, même si le contrat n'a pas été ou mal exécuté. Toutefois, certaines fautes vont produire des effets spécifiques. Ainsi, les fautes lourdes ou dolosives sont de nature à écarter les clauses limitatives de responsabilité.

Tout comme pour la mise en œuvre de la responsabilité délictuelle, ***le préjudice*** est un élément essentiel de la mise en œuvre de la responsabilité contractuelle. Toutefois, en matière contractuelle, il résulte de l'article 1231-3 du Code civil que le débiteur n'est tenu que des dommages et intérêts qui ont été prévus ou qu'on a pu prévoir, lors de la conclusion du contrat, sauf si l'obligation n'a pas pu être exécutée en raison d'une faute lourde ou d'un dol. Seul, le dommage prévisible peut donc donner lieu à réparation. La réparation peut intervenir, en nature. Dans ce cas, le contrat doit être exécuté dans les termes prévus. À défaut, si donc l'exécution en nature est impossible, la réparation par équivalent sera ordonnée. Elle prendra la forme d'une compensation financière, en l'occurrence, l'allocation de dommages et intérêts compensatoires ou moratoires, couvrant le préjudice subi, du fait du retard, dans l'exécution de l'obligation. En outre, les parties peuvent insérer dans les contrats, des clauses pénales, prévoyant le montant de la somme qui sera due à une partie, en cas d'inexécution, par l'autre de ses obligations. Les parties peuvent aussi prévoir, des clauses limitatives ou exclusives de responsabilité, lesquelles sont parfaitement valables. Le juge dispose cependant d'un pouvoir d'appréciation quant à la mise en œuvre de ces clauses.

2. ***Le lien de causalité*** est tout aussi difficile à cerner que dans le cas de la responsabilité civile délictuelle. En matière contractuelle, l'article 1151 du Code civil dispose que, dans le cas même où l'inexécution de la convention résulte du dol du débiteur, les dommages et intérêts ne doivent comprendre à l'égard de la perte éprouvée par le créancier et du gain dont il a été privé que ce qui est une suite immédiate et directe de l'inexécution de la convention. L'inexécution doit donc être la cause directe du dommage, pour donner lieu à réparation. La loi semble ainsi privilégier la causalité directe.

B. Le régime procédural

1. Pour mettre en œuvre la responsabilité contractuelle, le créancier doit au préalable, mettre le débiteur, en demeure d'exécuter son obligation. La mise en demeure est définie à l'article 1344 du Code civil comme étant une sommation ou tout autre acte équivalent. La sommation est un acte extrajudiciaire, émanant d'un huissier de justice. Une simple lettre recommandée suffit aussi, dès lors qu'il y est clairement mentionné qu'elle vaut mise en demeure d'avoir à exécuter telle obligation, dans le délai imparti. La mise en demeure est un préalable indispensable à la mise en œuvre de la responsabilité contractuelle devant la juridiction compétente. L'action en responsabilité contractuelle relève, en principe, de la compétence du tribunal de grande instance, éventuellement du tribunal de commerce, si le litige oppose des commerçants. Elle est soumise à la prescription quinquennale, sauf dans les cas dans lesquels, un texte de loi prévoit un délai de prescription plus court ou plus long. Par exemple, l'article 1792-4-1 du Code civil, fixe à dix ans, à compter de la réception des travaux, le délai pour agir en responsabilité contre le constructeur d'un immeuble.

2. Le débiteur est exonéré de sa responsabilité lorsque l'inexécution est due à un cas de force majeure, c'est-à-dire à un événement échappant à son contrôle, qui ne pouvait être raisonnablement prévu lors de la conclusion du contrat et dont les effets ne peuvent être évités par des mesures appropriées.

Fiche 85

Spécificités de la responsabilité médicale

A. La nature des obligations du médecin

1. Avec *l'arrêt Mercier*, rendu le 20 mai 1936, la chambre civile de la Cour de cassation, avait consacré l'obligation de moyens du médecin et ce en ces termes : « L'obligation de soins découlant du contrat médical et mise à la charge du médecin est une ***obligation de moyens*** ; le médecin ne pouvant s'engager à guérir, il s'engage seulement à donner des soins non pas quelconques mais consciencieux, attentifs et conformes aux données acquises de la science. »

De nombreuses décisions devaient cependant ultérieurement faire peser sur les médecins une obligation de résultat, en cas d'intervention chirurgicale, d'utilisation de matériel ou d'infections nosocomiales. C'est ainsi que la responsabilité des médecins a pu être engagée à la suite de la contamination par l'hépatite B, consécutive à l'utilisation de seringues qui n'étaient pas à usage unique. L'obligation de sécurité, de résultat, des professionnels de santé, en cas d'infections nosocomiales a été dégagée par 3 arrêts de principes, rendus par la première chambre civile de la Cour de cassation, le 29 juin 1999, dits arrêts « des staphylocoques dorés ». Les professionnels de santé ne pouvaient alors s'exonérer de toute responsabilité, qu'en rapportant la preuve d'une cause étrangère.

La loi du 4 mars 2002 a confirmé l'obligation de moyens, pesant sur les médecins et partant la nécessité de la preuve d'une faute, dans la mise en œuvre de leur responsabilité et écarté toute obligation de résultat. L'article L 1110-1 du code de la santé publique dispose dorénavant clairement, que le droit fondamental à la protection de la santé doit être mis en œuvre par tous moyens disponibles, au bénéfice de toute personne.

2. Deux seuls cas de ***responsabilité sans faute*** ont été retenus par la loi du 4 mars 2002. Premièrement, tous les professionnels de santé sont responsables ***en cas d'accident médical dû au défaut d'un produit de santé.*** Deuxièmement, les établissements de santé sont responsables des ***infections nosocomiales*** contractées dans leur enceinte. La responsabilité de plein droit dans ce cas, n'est pas étendue aux praticiens qui ne sont responsables, qu'en cas de faute prouvée. Ceux sur lesquels pèse l'obligation de résultat, ne peuvent s'exonérer, en prouvant leur absence de faute, mais seulement une cause étrangère.

B. Les préjudices réparables

1. La loi du 4 mars 2002 prévoit expressément que « nul ne peut se prévaloir d'un préjudice du seul fait de sa naissance ». Seuls, les parents d'un enfant né avec un handicap, non décelé pendant la grossesse, à la suite d'une faute caractérisée, peuvent engager la responsabilité du professionnel ou de l'établissement de santé ayant commis l'acte. La réparation du préjudice d'une personne née avec un handicap est alors limitée au cas où ce handicap est dû, à une faute médicale ou si la faute l'a aggravé ou si encore, elle n'a pas permis de prendre les mesures susceptibles de l'atténuer. Ce préjudice ne saurait inclure les charges particulières découlant, tout au long de la vie de l'enfant, de ce handicap. La compensation de ce dernier relève de la solidarité nationale. Par toutes ces dispositions, la loi du 4 mars 2002 a mis un frein à la jurisprudence Perruche.

2. Le Conseil d'État, dans l'arrêt Bianchi du 9 avril 1993, avait retenu que « lorsqu'un acte médical nécessaire au diagnostic ou au traitement du malade présente un risque dont l'existence est connue mais dont la réalisation est exceptionnelle et dont aucune raison ne permet de penser que le patient y soit particulièrement exposé, la responsabilité du service public hospitalier est engagée, si l'exécution de cet acte, est la cause directe de dommages, sans rapport avec l'état initial du patient, comme avec l'évolution prévisible de cet état, et présentant un caractère d'extrême gravité ». Ce faisant le Conseil d'État la responsabilité de plein droit du fait de l'aléa thérapeutique.

La Cour de cassation devait cependant, toujours refuser, de faire peser sur le corps médical, une responsabilité de plein droit, du fait de l'aléa thérapeutique.

La loi du 4 mars 2002 mettant fin à cette divergence jurisprudentielle a créé un dispositif de règlement amiable et d'indemnisation en cas d'aléa thérapeutique. Elle prévoit en effet, que lorsqu'un accident médical, une affection iatrogène ou une infection nosocomiale ne peuvent être réparés, au titre de la responsabilité, en cas d'absence de faute du médecin ou en cas preuve de la cause étrangère, rapportée par les établissements de santé, la victime peut agir sur le terrain de la responsabilité et obtenir réparation au titre de la solidarité nationale.

Pour que la victime obtienne réparation, au titre de la solidarité nationale, il faut cependant que le préjudice réponde à certains critères. L'accident médical, l'affection iatrogène ou l'infection nosocomiale doivent avoir eu, pour le patient, des conséquences anormales au regard de son état de santé, comme de l'évolution prévisible de celui-ci et celles-ci doivent présenter un caractère de gravité apprécié au regard de la perte de capacités fonctionnelles et des conséquences sur la vie privée et professionnelle.

DES ARTICLES À RETENIR

1103 : article du Code civil précisant que « les contrats légalement formés tiennent lieu de loi à ceux qui les ont faits ».

1130 : article du Code civil énonçant que les vices du consentement sont l'erreur, le dol et la violence.

1133 : article du Code civil disposant que « Les qualités essentielles de la prestation sont celles qui ont été expressément ou tacitement convenues et en considération desquelles les parties ont contracté ».

1163 : article du Code civil disposant l'obligation a pour objet une prestation présente ou future et que celle-ci doit être possible et déterminée ou déterminable

1199 : article du Code civil consacrant le principe de l'effet relatif des contrats.

DES DATES À RETENIR

20 MAI 1936 : date de l'arrêt Mercier, rendu par la chambre civile de la Cour de cassation et consacrant l'obligation de moyens du médecin.

1er DÉCEMBRE 1995 : date de 4 arrêts de l'assemblée plénière de la Cour de cassation, opérant un revirement spectaculaire de jurisprudence, dans lesquels, elle a refusé de prononcer l'annulation de contrats à exécution successive, pour indétermination du prix, au motif que lorsqu'une convention prévoit la conclusion de contrats ultérieurs, l'indétermination du prix de ces contrats dans la convention initiale n'affecte pas, sauf dispositions légales particulières, la validité de celle-ci, l'abus dans la fixation du prix ne donnant lieu qu'à résiliation ou indemnisation.

22 OCTOBRE 1996 : date de l'arrêt Chronopost, rendu par de la chambre commerciale de la Cour de cassation, réputant non écrite la clause limitative de responsabilité insérée au contrat.

7 NOVEMBRE 2000 : date de l'arrêt rendu par la première chambre de la Cour de cassation considérant comme licite, la cession d'un fonds libéral médical.

4 MARS 2002 : date de la loi créant un dispositif de règlement amiable et d'indemnisation des victimes, en cas d'aléa thérapeutique.

CHAPITRE 18
LES RÈGLES GÉNÉRALES DE LA RESPONSABILITÉ CIVILE

La responsabilité traduit l'engagement d'une personne, de réparer le dommage qu'elle a causé à autrui. La responsabilité peut être, administrative ou civile, extra-contractuelle (on parle alors de responsabilité délictuelle ou quasi délictuelle) ou contractuelle.

L'arrêt Blanco, rendu par le Tribunal des conflits le 8 février 1873, a la responsabilité de l'État, mais aussi la compétence des juridictions administratives pour en connaître.

Toutefois, un conflit de compétence entre les juridictions civiles et administratives peut naître, lorsqu'un doute existe quant à la qualité de l'auteur de l'acte dommageable.

Il en va ainsi, par exemple, en cas de faute médicale. En effet, il convient dans ce cas, de déterminer avec précision, si l'auteur de la faute, appartient à un établissement public, en l'occurrence un hôpital, ou à un établissement privé, ce qui est le cas, des médecins salariés de cliniques. La difficulté est d'autant plus importante, si la personne est décédée ou a vu son état aggravé, pendant son transfert, d'un établissement privé vers un établissement public ou inversement. Le justiciable sera alors contraint de choisir, au risque de se tromper, ou de mener parallèlement les deux actions, devant les deux ordres de juridiction, en sachant toutefois qu'un seul sera finalement compétent.

En droit privé, la responsabilité peut être civile ou pénale.

La responsabilité civile a pour fonction, la réparation d'un dommage, alors que le rôle premier de ***la responsabilité pénale*** est de sanctionner l'auteur d'une infraction.

Cependant, certaines fautes civiles constituent aussi des infractions pénales et les fautes pénales, constituent en principe, des fautes civiles. Par exemple, le responsable d'un accident de la circulation, peut être civilement poursuivi, par les proches de la victime décédée, mais il peut aussi être poursuivi pénalement, pour homicide involontaire.

Lorsque le fait dommageable constitue une faute pénale et une faute civile, la responsabilité civile délictuelle peut être mise en œuvre devant les juridictions pénales. Celles-ci sont en effet compétentes pour en connaître, et donc pour statuer sur l'action civile. Par contre, les juridictions civiles ne sont jamais compétentes pour statuer sur la responsabilité pénale.

Lorsqu'un même fait peut donner lieu à réparation, devant les juridictions civiles et pénales, la victime devra choisir la juridiction devant laquelle elle veut former sa demande. Pour cela, elle sera guidée par les avantages et inconvénients de chacune. Devant les juridictions pénales, elle bénéficiera du concours du juge d'instruction, pour obtenir les preuves, nécessaires à engager la responsabilité, de son adversaire. En outre, pour certaines personnes, une réparation matérielle ne suffit pas à réparer moralement leur préjudice. Elles souhaitent donc que s'ajoute, à la condamnation sur l'action civile, une condamnation pénale à une peine privative de liberté et/ou d'amende, assortie ou non du sursis. Par contre, devant les juridictions civiles, même si la différence tend à s'estomper, les victimes peuvent prétendre parfois à des indemnisations plus élevées.

Il importe cependant, que la victime fasse judicieusement son choix. En effet, si elle agit en premier, devant les juridictions civiles, elle ne peut plus se désister au profit de des juridictions pénales ce, en vertu de l'article 5 du code de procédure pénale qui reprend l'adage ***Electa una via***. Mais l'irrévocabilité ne joue que dans un seul sens, puisque, si la victime opte d'abord, pour les juridictions pénales, elle peut finalement revenir, devant les juridictions civiles. Cependant, l'article 4 du code de procédure pénale, consacrant la règle, selon laquelle le criminel tient le civil en l'état, prévoit qu'il est sursis au jugement sur l'action, devant les juridictions civiles, tant qu'il n'a pas été prononcé définitivement, sur l'action publique, lorsque celle-ci a été mise en mouvement.

Par ailleurs, la responsabilité civile peut être délictuelle ou contractuelle. Pendant longtemps, la doctrine s'opposait sur le fait de savoir s'il y avait unité ou dualité du régime de responsabilité civile. La thèse de la dualité, l'emporte aujourd'hui, en raison de la différence de régime de ces deux responsabilités et ce, même si dans les deux cas, il faut un fait générateur, un dommage et un lien de causalité. Le principe du non-cumul des deux responsabilités s'impose alors, afin d'éviter qu'une partie à un contrat, puisse en fonction de ses intérêts, se prévaloir de l'une ou l'autre des responsabilités. Une partie pourrait tenter d'éluder la responsabilité contractuelle quand, par exemple, elle est engagée, en vertu d'une obligation de résultat ou pour contourner des clauses limitatives de responsabilité. Il y aurait alors atteinte à la force obligatoire des contrats entre les parties. En conséquence, il importe à une partie, lors de l'introduction d'une demande en justice, de bien qualifier ses prétentions, au regard des règles de la responsabilité civile délictuelle ou contractuelle.

La jurisprudence veille d'ailleurs, à ce qu'aucune action ne soit fondée sur les articles régissant la responsabilité civile délictuelle, en cas de faute commise lors de l'exécution d'un contrat. La personne lésée ne dispose donc pas d'une option entre la responsabilité civile délictuelle et la responsabilité civile contractuelle, puisqu'elle peut seulement se prévaloir de cette dernière. Toutefois, lorsque la faute contractuelle constitue une infraction pénale caractérisée, la responsabilité civile délictuelle peut être mise en œuvre par la victime, devant les juridictions pénales, faisant ainsi échec au principe du non-cumul entre les responsabilités civiles délictuelles et contractuelles.

En outre, de nombreux textes comme la loi du 19 mai 1988, sur la responsabilité du fait des produits défectueux, ne font pas la distinction entre la nature contractuelle ou non des relations entre les parties, pour admettre le droit à indemnisation des victimes.

Enfin, le fait générateur de responsabilité, peut être une faute délictuelle, quasi délictuelle, le fait d'une chose ou d'autrui.

Dans les deux premiers cas, un fait fautif est nécessaire. Dans les deux cas suivants, la personne est responsable du seul fait d'un dommage causé par une chose dont elle la garde ou d'une personne qui se trouve sous sa surveillance ou qu'elle a son service. Une faute objective de sa part n'est donc pas exigée (voir fiches 87 à 90).

POUR EN SAVOIR PLUS

- Philippe Le Tourneau, *La responsabilité des vendeurs et fabricants*, coll. « Dalloz référence », Dalloz-Sirey, 2015, 392 pages.
- *www.courdecassation.fr* : sur ce site, voir rapport 2012 du groupe de travail sur le projet intitulé « Pour une réforme du droit de la responsabilité civile », sous la direction de François Terré.

LISTE DES FICHES

86. La responsabilité délictuelle ou quasi délictuelle
87. La responsabilité des parents du fait des enfants
88. La responsabilité des maîtres et commettants du fait des préposés
89. Les responsabilités du fait des choses
90. Des responsabilités objectives spécifiques

Fiche 86
La responsabilité délictuelle ou quasi délictuelle

A. Les conditions de mise en œuvre de la responsabilité délictuelle ou quasi délictuelle

1. Lorsque la responsabilité est engagée sur la base d'un ***fait fautif***. Cette faute peut être ***intentionnelle***, c'est la ***faute délictuelle***. Elle peut être ***non intentionnelle***, il s'agit alors d'une ***faute quasi délictuelle***. Le fait fautif peut consister en une ***faute grave, inexcusable ou même légère***. ***Une abstention*** pourra parfois, être considérée comme une faute, si elle traduit une intention de nuire. C'est ainsi, que la non-assistance à personne en péril, qui constitue une infraction pénale, est aussi une faute civile. Enfin, il importe peu que l'auteur de la faute, ait été conscient du caractère fautif de son acte. L'article 414-3 du Code civil prévoit que « celui qui a causé un dommage à autrui alors qu'il était sous l'empire d'un trouble mental, n'en est pas moins obligé à réparation ». ***Le discernement,*** lors de la réalisation du fait dommageable, ***n'est pas une condition nécessaire,*** à la mise en œuvre de la responsabilité de son auteur. La responsabilité civile, des majeurs aliénés ou des enfants en bas âge (*infans*), peut donc être engagée.

Le dommage, encore appelé ***préjudice***, peut être ***matériel, corporel ou moral***. Le préjudice matériel peut résulter, par exemple d'une perte financière, de la destruction d'un bien, de la perte d'un salaire ou de frais exposés.

Le préjudice physique résulte des blessures subies et des douleurs qui en résultent.

Le préjudice peut aussi être moral et découler de la souffrance endurée, soit du fait de son propre préjudice physique, soit du fait de la perte d'un être cher ou des souffrances éprouvées par ce dernier.

Le préjudice peut aussi être écologique. Il consiste alors, selon les dispositions de l'article 1247 du Code civil, en une atteinte non négligeable aux éléments ou aux fonctions des écosystèmes ou aux bénéfices collectifs tirés par l'homme de l'environnement

Le dommage doit être ***personnel et direct***. Il en résulte que, seule la personne qui est atteinte peut demander réparation. Cela exclut toute demande, de la part de tiers. Cependant, des personnes, autres que la victime directe, sont parfois recevables à demander réparation du préjudice par ricochet. Il s'agit des victimes par ricochet. Ainsi, les proches d'une personne blessée ou décédée dans un accident peuvent faire valoir leur préjudice. Celui-ci est très souvent un préjudice moral résultant de la peine éprouvée du fait du décès ou des souffrances endurées par la victime directe. Mais ***les victimes par ricochet*** peuvent aussi se prévaloir d'un préjudice matériel lorsqu'elles se trouvent face à des difficultés financières consécutives à la perte des revenus de la victime directe de l'accident. ***Le dommage doit être***

certain et actuel. Toutefois, certains préjudices futurs, mais dont la réalisation est certaine, peuvent donner lieu à réparation, de même que des dommages certains et pourtant éventuels comme ceux résultant de ***la perte d'une chance***. Le dommage doit en outre résulter d'une atteinte à un ***intérêt légitime juridiquement protégé***. Il en résulte que la demande ne doit pas porter sur la réparation d'un dommage qui heurterait l'ordre public ou les bonnes mœurs. Par exemple, un salarié ne pourrait pas demander réparation du fait de la perte de revenus non déclarés.

2. Un lien de causalité entre la faute et le dommage est nécessaire à la mise en œuvre de la responsabilité délictuelle ou quasi délictuelle.

Deux théories ont été développées par la doctrine, pour tenter de définir ***le lien de causalité*** : ***la théorie de l'équivalence des conditions*** selon laquelle tout élément plus ou moins lointain qui apparaît comme ayant pu être à l'origine du dommage sera retenu comme fait générateur et ***la théorie de la causalité adéquate*** plus restrictive, selon laquelle seul le fait le plus direct, celui qui a objectivement concouru à la réalisation du dommage, sera retenu comme fait générateur.

La jurisprudence oscille entre les deux théories, sans que l'on puisse donner à l'une et à l'autre, un domaine d'application précis, même si, pour certains auteurs, la théorie de l'équivalence des conditions serait davantage consacrée par la jurisprudence, et notamment par la chambre criminelle de la Cour de cassation. Toutefois, si un événement a concouru à la réalisation de dommages en cascade, c'est la théorie de la causalité adéquate qui sera privilégiée.

B. Le régime juridique de la responsabilité délictuelle ou quasi délictuelle

1. Les actions en responsabilité relèvent du tribunal d'instance ou de grande instance, selon que le montant de la demande est inférieur ou supérieur à 10 000 euros. Elles doivent être exercées, dans un délai de 10 ans à compter de la réalisation du dommage ou de son aggravation. Depuis la loi du 17 juin 1998, si le dommage est causé par des actes de torture et de barbarie, des violences ou des agressions sexuelles commises contre un mineur, l'action en responsabilité civile est prescrite par vingt ans.

2. Les actions sont normalement dirigées, contre l'auteur du dommage. Cependant, la victime peut agir en même temps, contre sa compagnie d'assurance ou mettre seulement cette dernière en cause. Lorsque plusieurs personnes ont concouru à la réalisation du dommage, la victime peut les assigner toutes en réparation ou agir contre une seule, laquelle disposera d'une action récursoire contre les autres.

Fiche 87

La responsabilité des parents du fait des enfants

A. Les conditions de mise en œuvre de la responsabilité des parents du fait des enfants

1. La responsabilité parentale est prévue par l'article 1242 al. 4 du Code civil (ancien article 1384-1 al. 4), complété par l'alinéa 7 du même article. La loi décide que le père et la mère, en tant qu'ils exercent conjointement l'autorité parentale, sont solidairement responsables, du dommage causé par leur enfant mineur, habitant avec eux, à moins qu'ils puissent prouver qu'ils n'ont pu empêcher le fait, qui donne lieu à cette responsabilité. Pour que la responsabilité des parents soit mise en œuvre, il faut relever un fait, engageant la responsabilité de l'enfant.

L'assemblée plénière de la Cour de cassation, le 9 mai 1984, dans les arrêts Lemaire et Derguini, a affirmé que, pour retenir la responsabilité d'un enfant, sur le fondement à l'époque des articles 1382 ou 1384 al. 1 du Code civil, les juges du fond n'avaient pas à vérifier ; si le mineur était capable de discerner les conséquences de ses actes. Ce faisant, c'est la responsabilité de l'*infans* qui a été consacrée. Dans l'arrêt Fullenwarth, toujours rendu le 9 mai 1984, par l'assemblée plénière, la Cour de cassation a affirmé que : « pour que soit présumée sur le fondement de l'article 1384 al. 4 du Code civil, la responsabilité des père et mère d'un mineur habitant avec eux, il suffit que celui-ci ait commis un acte qui soit la cause directe du dommage invoqué par la victime ». Peu importe donc, pour la Cour de cassation, que le fait, à l'origine du dommage, soit ou non fautif.

2. Pendant longtemps, la ***responsabilité parentale*** a été interprétée comme résultant d'une ***faute d'éducation ou de surveillance***. par l'article 1242 al. 4 du Code civil (ancien article 1384-1 al. 4) avait ainsi été analysé, comme entraînant une présomption de faute, à la charge des parents. L'alinéa 7 du même article, leur permettait de faire tomber cette présomption, s'ils apportaient la preuve qu'ils avaient correctement surveillé et éduqué leur enfant. C'est bien évidemment, l'exercice du droit de garde et l'exercice de l'autorité parentale qui fondaient cette présomption. Dès lors, par l'article 1242 al. 4 du Code civil (ancien article 1384-1 al. 4) n'était applicable qu'aux personnes qui étaient titulaires de cette autorité parentale. La responsabilité des parents était cependant encore appréciée en fonction des critères d'obligation de surveillance et d'éducation.

B. L'aggravation de leur responsabilité : une responsabilité de plein droit

1. Cette responsabilité traditionnellement entendue comme naissant d'une faute de surveillance ou d'éducation des parents, à l'égard de leur enfant mineur vivant avec eux à cependant, à partir des mêmes textes a été interprétée différemment, par la deuxième chambre civile de la Cour de cassation, dans l'arrêt Bertrand, rendu le 19 février 1997. En admettant que les parents ne peuvent se dégager de la responsabilité qu'ils encourent, sur le fondement de l'article 1242 al. 4 du Code civil (ancien article 1384-1 al. 4), qu'en prouvant la force majeure ou la faute exclusive de la victime, de leur enfant, la Cour de cassation a modifié totalement le régime de la responsabilité parentale et par là même son fondement.

Avec cette nouvelle solution, on retrouve les ***causes d'exonération classiques*** des responsabilités dites objectives. Cette solution aggrave la responsabilité des père et mère, puisque la preuve d'une bonne éducation ou d'une surveillance attentive ne suffit plus à écarter l'application de l'article 1384 al. 4 du Code civil. Le fondement de la responsabilité, n'est plus la faute dans l'inexécution, d'une obligation légale d'éducation ou de surveillance. Ce n'est plus vraiment non plus, la communauté de vie entre l'enfant et ses parents, qui justifie la responsabilité parentale. En réalité, la responsabilité des parents, réside dans ***le risque que crée l'enfant***, pour les autres. On peut souligner sur ce point la similitude qui existe, entre la responsabilité des père et mère et celle pesant sur le gardien d'une chose, en application de l'article 1242 al. 4 du Code civil (ancien article 1384-1 al. 4), qui est une responsabilité de plein droit. Cette position de la Cour de cassation a été majoritairement approuvée par la doctrine.

2. Cette nouvelle jurisprudence ne devait pas, pour autant, résoudre tous les problèmes. En effet, si les parents sont responsables de plein de droit, certains tentent de s'exonérer de leur responsabilité, en faisant valoir que l'enfant ne résidait pas chez eux. Pourtant, la Cour de cassation continue à admettre la responsabilité des parents, même si l'enfant avait été confié à ses grands-parents ou à un centre de loisirs ou dans un établissement scolaire. Par exemple, la Cour de cassation, dans un arrêt, a relevé que le fait qu'un mineur ait été confié, par ses parents, qui exercent l'autorité parentale, à sa grand-mère qui en réalité l'élève depuis douze ans, n'a pas fait cesser la cohabitation de l'enfant avec eux, et ne peut donc les dégager de leur responsabilité.

Toutefois, cette responsabilité ne pèse, que sur le parent chez lequel l'enfant a son lieu de résidence habituelle. La cohabitation semble donc être un élément essentiel dans la mise en œuvre de la responsabilité des parents, même si cette condition paraît quelque peu incohérente avec l'affirmation d'un principe de responsabilité de plein droit, indépendante de toute faute de surveillance ou d'éducation.

Fiche 88

La responsabilité des maîtres et commettants du fait des préposés

A. Les conditions de mise en œuvre de la responsabilité des maîtres et commettants

1. Selon l'article 1242 al. 5 du Code civil (ancien 1384 al. 5), les ***maîtres et les commettants*** sont responsables du dommage causé par leurs ***domestiques et préposés***, dans les fonctions auxquelles ils les ont employés.

Cet article consacre la responsabilité de plein droit des employeurs (maîtres et les commettants), du fait de leurs employées (domestiques et préposés).

Pour que cette responsabilité soit mise en œuvre, il faut rapporter la preuve de l'existence d'un lien de subordination, d'un rapport de préposition, entre deux personnes, tel qu'un contrat de travail.

Le lien de subordination se traduit par le fait, qu'une personne agisse, sous l'autorité d'une autre, en obéissant à ses instructions et étant rémunérée par elle. Si très souvent, un contrat de travail caractérise ce lien de subordination, il n'est pas un élément nécessaire.

2. Le fait dommageable doit avoir été accompli par le préposé. Il doit être constitutif d'une faute, peu important qu'il s'agisse d'une faute grave ou non et le préposé doit avoir agi, dans l'exercice dans ses fonctions.

B. Les conditions d'exonération de la responsabilité des maîtres et commettants

1. Le commettant ne saurait être responsable des actes de son préposé, commis en dehors de l'exercice de ses fonctions. Cependant, l'appréciation de cette condition a présenté des difficultés. En effet, il n'y a aucun problème, dans le cas où par exemple, le préposé a commis une infraction, en portant atteinte à la vie ou à l'intégrité d'une personne, pendant ses jours de congé. Le commettant ne peut être tenu pour responsable, car il est incontestable que ***le préposé a agi en dehors de ses fonctions***.

Mais, le problème est plus délicat, lorsque par exemple, un salarié a commis la même infraction, sur son lieu de travail. Il est bien évident, qu'il n'a pas agi dans le cadre de ses fonctions, lesquelles ne sauraient avoir pour but la commission d'une infraction. Les chambres civiles de la Cour de cassation et la chambre criminelle ont cependant adopté des solutions divergentes. Pour la chambre criminelle, l'employeur était responsable, dès lors que le préposé avait agi à l'occasion de l'exercice de ses fonctions. Pour les chambres civiles, au contraire, la responsabilité du commettant devait être écartée, quand l'acte dommageable du préposé, trouvait sa source dans un ***abus de fonction***. Par une décision, du 10 juin 1977, l'assemblée plénière de la Cour de cassation a retenu que le commettant, n'est pas responsable du dommage causé par le préposé, qui utilise, à des fins personnelles, un véhicule qui lui a été remis dans l'exercice de ses fonctions.

2. Cependant, en dehors du cas des dommages causés, avec un véhicule, les divergences jurisprudentielles devaient perdurer. L'assemble plénière devait alors intervenir à plusieurs reprises, pour décider, dans un arrêt du 19 mai 1998 que le commettant ne s'exonère de sa responsabilité, que si son préposé a agi hors des fonctions auxquelles il était employé, sans autorisation, et à des fins étrangères à ses attributions. Il faut donc que le préposé ait cumulativement agi, hors de ses fonctions, sans autorisation et à des fins étrangères à ses attributions, pour que le commettant soit exonéré de toute responsabilité.

En dehors de tout abus de fonction, la victime, pendant longtemps, avait le choix entre diriger son action en responsabilité contre le commettant ou le préposé. Par un revirement important de jurisprudence, l'assemblée plénière de la Cour de cassation a retenu le 25 février 2000, que « n'engage pas sa responsabilité, à l'égard des tiers, le préposé qui agit sans excéder les limites de la mission qui lui a été impartie par son commettant ». Il en résulte donc clairement, que l'action de la victime, doit être directement dirigée, uniquement contre l'employeur et que le préposé est dégagé de toute responsabilité, quand il agit dans le cadre de ses fonctions. Cependant, l'assemblée plénière de la Cour de cassation le 14 décembre 2001, a limité cette responsabilité exclusive de l'employeur, le privant de tout recours, contre son préposé fautif, en cas responsabilité pénale du préposé. Ce dernier reste alors civilement responsable et le commettant peut exercer une action récursoire contre lui.

Malgré l'arrêt Costedoat, la jurisprudence continuait à admettre que les malades peuvent exercer une action en responsabilité contractuelle, à l'égard des établissements de santé, et peuvent également exercer une action en responsabilité délictuelle à l'encontre des médecins et autres professionnels de santé, salariés de ces établissements, qui auraient commis une faute médicale, à l'origine du préjudice. Cette dernière devait cependant opérer un revirement de jurisprudence le 9 novembre 2004, et admettre que le médecin salarié, qui agit sans excéder les limites de la mission qui lui est impartie par l'établissement de santé privé, n'engage pas sa responsabilité à l'égard du patient.

Fiche 89

Les responsabilités du fait des choses

A. La responsabilité générale du fait des choses

1. C'est l'arrêt Teffaine, du 11 juin 1896, qui sous l'influence du machinisme et suite au développement des accidents, dus à l'utilisation de machines, a dégagé le principe d'une ***responsabilité du fait des choses inanimées***, que l'on a sous sa garde.

Le régime en fut précisé, par les chambres réunies de la Cour de cassation, par l'arrêt Jand'heur, rendu le 13 février 1930 et par l'arrêt Franck, rendu le 2 décembre 1941.

Le premier a clairement retenu que la responsabilité pèse sur le gardien de la chose, sans qu'il soit nécessaire que le dommage résulte d'un vice inhérent à la chose.

Aux termes du second, ***le gardien*** n'est pas nécessairement, le propriétaire de la chose, mais la personne qui en a l'usage, la direction et le contrôle de la chose. Depuis cette décision, la Cour de cassation retient donc une conception matérielle et non juridique de la garde. Il en résulte que le gardien ne sera pas systématiquement le propriétaire de la chose.

Dans certains cas, la jurisprudence considère que deux personnes se partagent la garde de la chose, l'une en qualité de ***gardien de la structure,*** c'est-à-dire de la conception de la chose, et l'autre en qualité ***gardien du comportement,*** c'est-à-dire de l'utilisation de la chose. Cette distinction a été opérée pour les choses dites dangereuses et considérées comme ayant un dynamisme propre. Si l'existence d'un vice, inhérent à la chose, n'est pas nécessaire, il faut tout de même un fait de la chose pour que la responsabilité du gardien soit engagée.

Il faut et il suffit donc que la chose ait eu un rôle actif, dans la réalisation du dommage. Cela ne suppose pas un contact de la chose avec la victime. Le rôle actif est présumé pour toutes les choses en mouvement ou dangereuses, par exemple dans le cas d'un pot de fleurs qui tombe sur la tête d'une personne ou dans le cas de l'explosion. Par contre, si la chose était inerte ou s'il ne s'agissait pas d'une chose dangereuse, il faudra que la victime apporte la preuve de son rôle, dans la réalisation du dommage. Cette preuve résulte le plus souvent de la position anormale de la chose.

2. Ce régime de responsabilité objective a néanmoins des ***limites*** et ***des causes d'exonération*** de la responsabilité, du fait des choses peuvent être invoquées.

La force majeure, le fait d'un tiers ou le fait de la victime peuvent ainsi dégager le gardien, de toute responsabilité.

S'agissant du fait de la victime, il convient de relever l'évolution de la jurisprudence.

Ainsi après avoir décidé que le fait, même non fautif de la victime pouvait être de nature à entraîner une exonération partielle du gardien de la chose, la deuxième chambre civile de la Cour de cassation dans l'arrêt Desmares, du 21 juillet 1982, a écarté, dans ce cas toute possibilité d'exonération partielle, en retenant expressément, que seul, un comportement de la victime, imprévisible et irrésistible, pouvait entraîner, l'exonération du gardien.

Depuis lors, la jurisprudence considère que le gardien peut être partiellement exonéré s'il apporte la preuve que la faute de la victime a participé à la réalisation du dommage.

La faute de la victime n'exonère totalement le gardien, que si elle présente les caractères d'un événement imprévisible et irrésistible.

B. Des responsabilités particulières du fait des choses

1. L'article 1243 du Code civil (ancien 1385) prévoit que « le propriétaire d'un animal ou celui qui s'en sert, pendant qu'il est à son usage, est responsable du dommage que l'animal a causé, soit que l'animal fût sous sa garde, soit qu'il fût égaré ou échappé ». Cet article consacre donc la ***responsabilité du propriétaire d'un animal du fait de ce dernier*** ou du tiers auquel le propriétaire aurait transféré la garde l'animal en l'occurrence, les pouvoirs de direction, contrôle et usage qui la caractérisent. ***Seuls les animaux domestiques ou au service de l'homme sont concernés par article***.

La présomption de responsabilité de l'article 1243 du Code civil ne cède que devant la ***preuve d'une faute de la victime ou une cause étrangère*** ayant les caractères de la force majeure.

2. Selon l'article 1244 du Code civil (ancien 1386), le propriétaire d'un bâtiment est responsable du dommage causé par sa ruine, consécutive soit à un défaut d'entretien soit à un vice de construction.

La mise en œuvre de ***la responsabilité,*** sur le fondement de l'article 1386 du Code civil, ***ne concerne que le propriétaire des bâtiments en ruine*** et non le gardien, par exemple, le locataire.

Le bâtiment doit être en ruine. Ainsi l'action sur ce fondement, ne serait pas recevable à la suite d'un accident, causé par la chute d'un élément d'un bâtiment en construction.

Le propriétaire d'un bâtiment en ruine est responsable de plein droit, sans qu'une faute particulière ait à être prouvée. La seule preuve que doit rapporter la victime pour que son action contre le propriétaire aboutisse est celle d'un défaut d'entretien ou d'un vice de construction à l'origine du dommage.

Le propriétaire ne peut s'exonérer qu'en prouvant, ***une cause étrangère ou une faute de la victime***.

Fiche 90

Des responsabilités objectives spécifiques

A. La responsabilité du fait des produits défectueux

1. La loi du 19 mai 1998 intervenue suite à une directive européenne du 25 juillet 1985 a introduit en droit français la ***responsabilité du fait des produits défectueux***, qui se trouve réglementée par les Articles 1245 à 1245-17 du Code civil (anciens articles 1386-1 à 1386-18)[1].

Cette loi a instauré une responsabilité de plein droit, sans qu'il y ait à distinguer, selon qu'elle soit d'origine contractuelle ou délictuelle et pesant sur les fabricants, distributeurs et producteurs de produits défectueux. Les produits visés par la loi sont, tous les biens meubles incorporés ou non dans un immeuble, peu important qu'il s'agisse d'un produit fini ou d'une matière première non transformée. Le produit doit être défectueux, c'est-à-dire ne pas offrir la sécurité à laquelle on peut légitimement s'attendre. Pour apprécier la sécurité que l'on est en droit d'attendre, il faut prendre en considération, la présentation du produit, l'usage qui peut en être raisonnablement attendu et le moment de sa mise en circulation. Ainsi, la loi précise qu'un produit ne peut être considéré, comme défectueux, par le seul fait qu'un autre, plus perfectionné, a été mis postérieurement en circulation.

La responsabilité ainsi prévue, est une ***responsabilité de plein droit***. Aucune clause limitative ou exonératoire de responsabilité ne peut être opposée à la victime.

2. Le producteur est responsable de plein droit et ne pourra s'exonérer, que s'il prouve :

- qu'il n'avait pas mis le produit en circulation ;
- que, compte tenu des circonstances, il y a lieu d'estimer que le défaut ayant causé le dommage n'existait pas au moment où le produit a été mis en circulation par lui ou que ce défaut est né postérieurement ;
- que le produit n'a pas été destiné à la vente ou à toute autre forme de distribution ;
- que l'état des connaissances scientifiques et techniques, au moment où il a mis le produit en circulation, n'a pas permis de déceler l'existence du défaut ;
- que le défaut est dû à la conformité du produit avec des règles impératives d'ordre législatif ou réglementaire.

La victime peut agir pour demander le remboursement de tout préjudice, qu'il soit physique ou matériel. La réparation concerne aussi bien les dommages causés à la personne, que ceux résultant d'une atteinte à un bien, autre que le produit

1. https://www.legifrance.gouv.fr/affichCodeArticle.do;jsessionid=17DD1529051C5C2AC88BEDC022C09D32.tplgfr22s_2?idArticle=LEGIARTI000032041540&cidTexte=LEGITEXT000006070721&dateTexte=20180228

défectueux lui-même, au-delà d'un certain seuil fixé par décret à 500 euros. Elle doit exercer son action, dans les trois ans, à compter de la date, à partir de laquelle, le demandeur a eu, ou aurait dû, avoir connaissance du dommage, du défaut et de l'identité du producteur.

B. La responsabilité des automobilistes

1. La ***loi Badinter*** du 5 juillet 1985 tendant à l'amélioration de la situation des victimes d'accidents de la circulation et à l'accélération des procédures d'indemnisation a instauré une ***responsabilité de plein droit du conducteur propriétaire ou gardien d'un véhicule***, impliqué dans accident de la circulation.

Cette responsabilité est ouverte dès lors que le dommage a été causé par un véhicule à moteur, quel que soit le véhicule – automobile, bus, camion, motocyclette, cyclomoteur, tracteur, moissonneuse, engin de chantier, chariot-élévateur, etc. Par contre, cette responsabilité ne concerne pas, les dommages causés par des véhicules, circulant sur les voies qui leur sont réservées, comme les tramways ou les trains. Il faut que le véhicule ait été impliqué, dans la réalisation du dommage, lors de sa circulation et non à l'occasion d'un événement indépendant. Ainsi, ne sauraient être indemnisées, sur le fondement de cette loi, les victimes de l'explosion d'un véhicule à l'arrêt due à une manipulation inadéquate du conducteur (par exemple le fait d'allumer un briquet à proximité du réservoir). Il importe peu que le moteur ait été en marche ou que le véhicule ait été ou non, en contact avec la victime.

Sont indemnisées, toutes les victimes, qu'elles soient passagères de ce véhicule ou d'un autre. Par contre, le conducteur, victime d'un accident de la circulation, ne saurait invoquer la loi du 5 juillet 1985 lorsque seul son véhicule est impliqué dans l'accident.

2. ***Le conducteur ou propriétaire ne peut s'exonérer de sa responsabilité en prouvant un cas de force majeur ou le fait d'un tiers.***

Le conducteur ne peut pas s'exonérer de toute responsabilité, pour échapper à l'indemnisation des dommages causés aux personnes, en invoquant la faute de la victime, sauf si cette faute est une faute inexcusable, et qu'elle a été la cause exclusive du dommage.

La faute inexcusable a été définie par la jurisprudence comme étant la faute volontaire d'une particulière gravité, exposant son auteur à un danger dont il aurait dû avoir conscience.

La loi apporte tout de même une limite à cette exonération, due à la faute de la victime, en prévoyant que seront toujours indemnisées, les victimes âgées de moins de seize ans ou de plus de soixante-dix ans, ou lorsque, quel que soit leur âge, elles sont titulaires, au moment de l'accident, d'un titre leur reconnaissant un taux d'incapacité permanente ou d'invalidité au moins égal à 80 %.

DES DATES À RETENIR

2 DÉCEMBRE 1941 : date de l'arrêt Franck duquel il résulte, que le gardien n'est pas nécessairement, le propriétaire de la chose, mais la personne qui en a l'usage, la direction et le contrôle.

9 MAI 1984 : date des arrêts Lemaire et Derguini dans lesquels l'assemblée plénière de la Cour de cassation a affirmé que, pour retenir la responsabilité d'un enfant sur le fondement des articles 1382 ou 1384 al. 1 du Code civil, les juges du fond n'avaient pas à vérifier si le mineur était capable de discernement.

29 MARS 1991 : date de l'arrêt Blieck, rendu par l'assemblée plénière de la Cour de cassation dans lequel elle semble admettre que la liste des cas de responsabilité pour autrui fondée sur l'article 1384 du Code civil n'est pas limitative.

19 FÉVRIER 1997 : date de l'arrêt Bertrand faisant peser sur les parents une responsabilité de plein droit.

25 FÉVRIER 2000 : date de l'arrêt Costedoat privant le commettant, condamné en tant que civilement responsable du fait de son préposé, de toute action récursoire contre ce dernier.

DES ARTICLES À RETENIR

1242 AL. 1 : article posant le principe de la responsabilité du fait des choses.

1242 AL. 4 : article posant le principe de la responsabilité des parents, du fait de leurs enfants.

1242 AL. 5 : article posant le principe de la responsabilité des maîtres et commettants, du fait de leurs domestiques et préposés.

1243 : article posant le principe de la responsabilité du fait des animaux.

1245 : article posant le principe de la responsabilité du fait des produits défectueux.

LEXIQUE

Appel : l'appel est une voie de réformation dans la mesure où la juridiction compétente pour en connaître est la cour d'appel donc une juridiction hiérarchiquement supérieure à celle qui a rendu la décision attaquée.

Absence : l'absent est celui qui ne donne plus de nouvelles mais dont les circonstances de la disparition sont inconnues et ne permettent pas de savoir s'il est en vie ou mort

Acceptation du principe de la rupture du mariage : accord des deux époux sur le principe du divorce mais non sur ses conséquences.

Acquêts : acquisition. Dans le cadre du mariage cela concerne les biens achetés par les époux pendant la vie commune.

Acte de jouissance : encore appelé *fructus*, il consiste à percevoir les fruits d'un bien par exemple les loyers d'un immeuble.

Acte extrajudiciaire : acte émanant d'un auxiliaire de justice et produisant des effets de droit en dehors de tout litige. Il s'oppose à l'acte judiciaire qui englobe tous les actes de procédure intervenant dans le cadre d'un procès.

Actes d'administration : acte de gestion des biens (par exemple entretien d'un immeuble, mise en location de cet immeuble pour qu'il produise des ressources).

Adultère : liaison extra-conjugale.

Alliance : lien de parenté entre deux personnes résultant d'un mariage. Par exemple le mari de la tante d'un enfant est son oncle par alliance.

Altération définitive du lien conjugal : constatation du caractère irrémédiable du maintien de la vie commune sans énonciation des fautes.

Autorité de chose jugée : autorité attachée au jugement et qui interdit en application de l'article 1351 du Code civil de faire juger deux fois une affaire.

Biens communs : biens meubles ou immeubles, achetés en commun, par les époux mariés sous le régime légal de la communauté réduite aux acquêts.

Bien propre : bien appartenant personnellement à l'un ou l'autre des époux, même mariés sous le régime de la communauté, soit qu'ils aient été acquis avant le mariage, soit qu'ils proviennent d'un héritage.

Caducité : sanction frappant un acte valable, mais dont les effets sont anéantis, suite à la survenue d'un événement.

Capacité à agir : la capacité est l'aptitude à exercer des droits. Cette capacité n'est pas reconnue aux mineurs ou aux majeurs protégés, c'est-à-dire faisant l'objet d'une mise sous tutelle ou curatelle. Les personnes incapables ne peuvent agir que par l'intermédiaire de leur représentant légal.

Capital : ensemble de biens constituant l'actif d'un patrimoine.

Chose jugée : désigne ce qui a été jugé.

Clause de célibat : clause d'un contrat obligeant son bénéficiaire à ne pas contracter mariage.

Communauté légale : régime matrimonial aux termes duquel tous les biens achetés par les époux pendant le mariage sont communs. Ils constituent donc l'actif de la communauté. Ce régime s'applique par défaut, c'est-à-dire en l'absence de tout choix par les époux d'un autre régime matrimonial.

Concubins : personnes vivant en union libre.

Consentement mutuel : accord des deux époux pour divorcer.

Contrat : convention entre deux ou plusieurs personnes générant entre elles des droits et obligations.

Contrat solennel : contrat qui ne peut être valablement formé que si certaines conditions de forme sont respectées. On l'oppose au contrat consensuel qui est parfait par le seul échange des consentements entre les parties.

Convention : manifestation de volonté produisant des effets juridiques. Les contrats sont des conventions et les deux termes sont souvent employés indifféremment donc considérés comme synonymes. Mais si tous les contrats sont des conventions, toutes les conventions ne sont pas nécessairement des contrats. Il en va ainsi notamment de la convention ayant pour effet d'éteindre une obligation, comme la remise de dette.

Coparentalité : exercice en commun de l'autorité parentale par les deux parents, qu'ils vivent ensemble ou séparément.

Courtage matrimonial : activité professionnelle consistant à mettre en relation des personnes en vue d'un mariage

Délit : infraction pénale relevant de la compétence du tribunal correctionnel. Il existe trois sortes d'infractions : les contraventions jugées par le tribunal de police, les délits jugés par le tribunal correctionnel et les crimes jugés par la cour d'assises.

Désaveu : mode de contestation de paternité réservée à un homme marié vis-à-vis de l'enfant de sa femme.

Devoir de secours : obligation de payer une somme d'argent destinée à subvenir aux besoins d'une personne.

Disparition : La personne disparue est celle que l'on ne peut plus localiser mais dont les circonstances de la disparition laissent craindre le décès.

Divorce : modalité de dissolution du mariage.

Dol : vice du consentement consistant en une manœuvre frauduleuse destinée à tromper l'autre partie à un contrat.

Effets extrapatrimoniaux : effets personnels, qui n'ont aucune incidence pécuniaire.

Effets patrimoniaux : effets d'ordre financier qui ont une incidence pécuniaire.

Enrichissement sans cause : enrichissement d'une personne au détriment d'une autre sans contrepartie. L'enrichissement sans cause donne lieu à une action du même nom, encore appelée action de in rem verso.

État civil : ensemble des éléments d'identification d'une personne. On parle aussi d'état des personnes. L'état des personnes est conservé sur les registres d'état civil tenus dans chaque mairie.

État des personnes : éléments d'identification et individualisation des personnes. Il s'agit de l'état civil comprenant les noms, prénoms, sexe, filiation, etc.

Expertise : mode preuve reposant sur l'avis d'un homme de l'art, d'un spécialiste dans une matière déterminée.

Expertise ADN : mesures techniques consistant à rechercher les empreintes génétiques d'une personne.

Fiançailles : engagement moral entre deux personnes précédant une union matrimoniale.

Force de chose jugée : portée d'un jugement ou arrêt qui n'est plus susceptible de voie de recours ordinaire.

Gestion d'affaire : fait pour une personne de gérer les affaires d'une autre, sans avoir reçu de mandat à cet effet.

Huissier : officier ministériel. Les huissiers sont des juristes ayant passé un diplôme spécifique et racheté un office. Ils ont le monopole de la rédaction, signification et exécution de certains actes. Mais ils interviennent aussi auprès des tribunaux sous le nom d'huissiers audienciers.

Imprescriptible : qui ne s'éteint pas avec l'écoulement d'un délai.

Incapacité : restrictions à la jouissance ou à l'exercice de tous ou partie des droits dont chaque individu est titulaire.

Incapacité d'exercice : privation de la faculté de faire valoir soi-même les droits dont on est titulaire. Ainsi, les incapables peuvent être propriétaires mais ils ne peuvent exercer les droits afférents à la propriété, notamment, ils ne peuvent pas vendre eux-mêmes les biens dont ils sont propriétaires.

Incapacité de jouissance : privation de certains droits par exemple, déchéance de l'autorité parentale ou interdiction d'exercer certains droits civils ou politiques qui frappent les condamnés à certaines peines criminelles.

Indisponible : qui ne peut être saisi, transmis ou abandonné. Droit dont on ne peut être dépossédé par qui que ce soit, même de sa propre volonté.

Indivision : situation juridique existant entre plusieurs personnes exerçant des droits identiques sur un même bien. Par exemple plusieurs personnes sont propriétaires ensemble d'un bien immobilier sans que ce bien soit divisé en lots ou que des parts précises soient attribuées à chacun. Chacun des indivisaires a des droits concurrents avec les autres sur l'ensemble du bien.

Intérêt à agir : condition de recevabilité d'une action en justice au même titre que la capacité et la qualité pour agir. Avoir intérêt à agir, cela signifie qu'il faut justifier d'un intérêt légitime à exercer une action, c'est-à-dire avoir un droit personnel à faire valoir. Cet intérêt doit être né et actuel. Il ne doit être ni hypothétique ni futur.

Intransmissible : se dit d'un droit ou d'une action qui ne peut bénéficier à une personne autre que son titulaire.

Juge : personne habilitée à rendre des jugements. Il s'agit des juges des tribunaux administratifs ou de certaines juridictions d'exceptions comme les conseillers prud'homaux et des magistrats.

Jugement : décision rendue par une juridiction et tranchant un litige entre deux ou plusieurs parties.

Jugement déclaratif : jugement qui ne crée pas une situation mais constate une situation.

Jugement par défaut : jugement rendu en l'absence d'une des parties qui s'est abstenue de comparaître ou de constituer avocat dans les cas dans lesquels cela est obligatoire.

Magistrat du parquet : les magistrats du parquet défendent les intérêts de la société. Ils ne jugent pas. Ils interviennent par voie de réquisition tant devant les juridictions civiles que devant les juridictions pénales. Ils sont hiérarchiquement subordonnés et placés sous l'autorité du ministre de la Justice. Ils sont amovibles et interchangeables.

Magistrat du siège : les magistrats du siège sont « les juges » et, à ce titre, ils participent au jugement ou à l'instruction des affaires. Ils ont des fonctions uniquement judiciaires. Leurs décisions sont des ordonnances, jugements ou arrêts. Ils sont indépendants, ils n'ont pas à obéir à un supérieur hiérarchique, ils sont inamovibles, c'est-à-dire qu'ils ne peuvent se voir imposer une affectation.

Magistrat : fonctionnaire dépendant du ministère de la Justice regroupant les juges chargés de juger les litiges et les magistrats du parquet chargés de prendre des réquisitions et représentant la société.

Mariage posthume : mariage célébré après le décès de l'un des conjoints.

Mariage putatif : mariage annulé mais dont les effets ou certains effets sont maintenus.

Mariage : union entre deux personnes de sexe différent célébrée par un officier d'état civil.

Mère porteuse : femme qui s'engage à porter un enfant pour le compte d'une autre.

Ministère public : magistrats détenant le pouvoir de déclencher l'action publique on les appelle aussi magistrat du parquet car sous l'Ancien Régime ils ne siégeaient pas sur l'estrade comme les juges mais sur le parquet de la salle d'audience. On oppose aussi les magistrats du parquet composant le ministère public aux magistrats du siège en parlant de la magistrature debout et de la magistrature assise car les magistrats du parquet ont toujours pris leurs réquisitions debout alors que les magistrats du siège restent toujours assis.

Nom : élément d'identification d'une personne acquis de manière héréditaire. Il s'agit du nom patronymique ou dorénavant, nom de famille. Le nom de l'enfant est celui de ses ou de l'un de ses auteurs.

Nullité : sanction prononcée judiciairement contre un acte qui ne remplit pas les conditions de validité exigées par la loi et entraîne l'anéantissement rétroactif de l'acte.

Nullité absolue : nullité sanctionnant le non-respect d'une règle de fond ou de forme destinée à protéger l'intérêt général.

Nullité relative : nullité sanctionnant le non-respect d'une règle de fond ou de forme destinée à protéger les intérêts particuliers.

Obligation naturelle : obligation non prévue par la loi et dont l'inexécution n'est donc pas sanctionnée. Elle repose sur un devoir de conscience.

Officier ministériel : personne titulaire d'un office et jouissant d'un monopole, par exemple, huissiers, notaires et greffiers des tribunaux de commerce.

Officier public : personne habitée de par ses fonctions à dresser des actes authentiques. Il en va ainsi des maires ou des notaires. Ces derniers sont donc à la fois officiers publics et ministériels.

Opposition : en dehors de tout contentieux, il s'agit de l'acte par lequel une personne fait connaître les motifs pour lesquelles elle s'oppose à un acte. En procédure, il s'agit d'une voie de recours ouverte aux parties jugées par défaut. L'opposition est une voie de rétractation car la juridiction compétente pour en connaître est celle qui a rendu la décision frappée d'opposition. La voie de l'opposition est réservée à la partie défaillante lorsque l'affaire a été jugée une première fois.

Pacte civil de solidarité : contrat d'union entre deux personnes de même sexe ou de sexe différent.

Parenté : lien par le sang entre deux personnes.

Partenaires : personnes unies par un pacte civil de solidarité.

Possession d'état : ensemble de fait laissant supposer l'existence d'un état relatif à la filiation. Par exemple un enfant peut avoir la possession d'état d'enfant vis-à-vis d'un homme. Il sera donc supposé être l'enfant de cet homme.

Pourvoi en cassation : voie de recours permettant de saisir la Cour de cassation pour faire contrôler la régularité en droit de la décision attaquée. Il ne peut s'agir que d'une décision rendue en dernier ressort, c'est-à-dire, le plus souvent, un arrêt de la cour d'appel.

Pouvoir souverain des juges du fond : pouvoir dévolu aux juges du fond qui consiste à juger les éléments de faits sans encourir la censure de la Cour de cassation, juge du droit. Par exemple, la valeur probante des témoignages suppose l'appréciation d'éléments de faits. Les juges du fonds sont souverains pour apprécier cette valeur probante. Cela signifie que la portée qu'ils vont donner aux témoignages ne peut être remise en cause devant la Cour de cassation.

Prénom : élément d'identification d'une personne choisi à la naissance d'un enfant par les parents.

Présomption irréfragable : présomption qui ne peut jamais être contredite.

Présomption légale : présomption prévue par la loi.

Présomption du fait de l'homme : présomption déduite par le juge.

Présomption simple : présomption légale dont la preuve contraire peut être rapportée.

Présomptions : (cf. présumer, supposer) résultat d'un mode de raisonnement permettant de déduire un fait inconnu à partir d'un fait connu. En droit, les présomptions sont définies à l'article 1349 du Code civil.

Prestation compensatoire : somme d'argent attribuée à un époux après divorce pour compenser les disparités de train de vie entre les deux époux du fait du divorce.

Qualité : avoir qualité, c'est être habilité à agir. Dans certains cas, la loi attribue à des personnes déterminées la possibilité d'agir en justice. Ces personnes auront seules qualité pour agir. Par exemple sous l'empire de la législation antérieure à l'ordonnance du 4 juillet 2005, la filiation légitime d'un enfant ne pouvait être remise en cause que par ses parents ou ceux qui se prétendaient ses parents et par l'enfant lui-même. Des tiers ou les grands-parents de l'enfant ne disposaient pas du droit à agir.

Reconnaissance : mode d'établissement de la filiation d'un enfant vis-à-vis de l'un de ses parents quand ceux-ci ne sont pas mariés.

Recours en révision : voie de recours permettant d'obtenir la rétractation d'une décision pourtant devenue définitive. La juridiction compétente est celle qui avait déjà statué.

Rente : somme d'argent versée périodiquement par une personne à une autre. Le versement peut être la contrepartie du capital reçu par le débirentier qui rembourse par versements périodiques le crédirentier.

Résidence alternée : résidence de l'enfant alternativement chez chacun de ses parents au rythme fixé par les parents ou le juge de telle sorte qu'il soit pendant un temps égal chez l'un et chez l'autre.

Responsabilité du fait d'autrui : responsabilité d'une personne en raison des agissements fautifs ou non d'une autre personne. Ainsi les parents sont civilement responsables du fait de leurs enfants, les commettants (employeurs) sont responsables du fait de leurs préposés (salariés).

Responsabilité objective : responsabilité de plein droit sans preuve d'une faute. Par exemple le propriétaire d'un animal est de plein droit responsable des dommages causés par cet animal même s'il n'a commis aucune faute dans la détention et dans la surveillance.

Responsabilité : obligation pesant sur la personne responsable d'un préjudice causé à autrui. Elle peut être civile ou pénale. La responsabilité civile entraîne une obligation à réparation au profit de la victime. La responsabilité pénale fait encourir des sanctions pénales à son auteur, sanctions dont le but est non pas la réparation du préjudice mais la sanction du comportement et la protection de la société.

Ressort : étendue de la compétence d'une juridiction, que ce soit territorialement ou matériellement.

Rétroactivité : action dans le passé. Par exemple, une loi est dite rétroactive quand elle s'applique à des faits ou actes antérieurs à son entrée en vigueur.

Séparation de corps : situation des époux ayant demandé judiciairement à être dispensé du devoir de cohabitation.

Signification : acte d'huissier portant par exemple un jugement à la connaissance d'une personne.

Solidarité : situation de plusieurs personnes se trouvant débitrices d'une dette et pouvant être poursuivies indifféremment, c'est-à-dire sans préférence de l'une par rapport à l'autre. On, parle de solidarité passive pour caractériser celle existant entre plusieurs débiteurs. La solidarité est dite active quand plusieurs créanciers ont un seul débiteur. La solidarité entre créanciers permet à l'un d'eux seul de poursuivre le créancier commun.

Tierce opposition : voie de recours ouverte aux tiers, non-parties à un litige mais auxquels la décision rendue pourrait préjudicier. Cette voie de recours est exclue en matière pénale.

Transsexualisme : changement de sexe par une personne du fait d'une intervention chirurgicale.

Tribunal d'instance : juridiction de l'ordre judiciaire compétente pour connaître en première instance des litiges d'une valeur inférieure à 10 000 euros. Le tribunal d'instance est en outre seul compétent en certaines matières. Par exemple, il a compétence exclusive pour connaître du contentieux des baux d'habitation ou du crédit à la consommation. C'est en outre, au greffe de ce tribunal qu'a été dévolue toute compétence pour enregistrer le PACS et procéder aux formalités de publicité.

Tuteur ad hoc : tuteur « pour cela ». Le tuteur ad hoc est celui qui est désigné pour une circonstance précise. Sa mission s'arrêtera donc lorsque la circonstance qui aurait justifié sa désignation sera réalisée ou aura pris fin. Par exemple un tuteur *ad hoc* peut être désigné pour représenter l'enfant dans une procédure dans laquelle ses parents seraient déjà partie ou au moins celui de ses parents qui est son représentant légal. Pour préserver ses intérêts, un tiers est donc désigné par le juge des tutelles pour le représenter dans cette procédure.

Union libre ou concubinage : fait de vivre maritalement sans être uni par les liens du mariage.

Vérité biologique : vérité correspondant à une réalité médicale.

Vérité sociologique : vérité correspond à une situation de fait.

Vice du consentement : défaut affectant la validité du consentement et entraînant donc la nullité de l'acte concerné par le consentement donné. Trois vices du consentement existent : l'erreur, le dol et la violence.

Victime par ricochet : victime du fait du préjudice subi par la victime principale. Par exemple, une femme subit, du fait du décès accidentel de son mari, un préjudice moral. Elle peut aussi subir un préjudice financier s'il était le seul à travailler. Elle n'est pas la victime directe de l'accident. Mais par ricochet, elle subit un préjudice du fait de l'accident dont son mari est victime.

Voies de recours : procédures permettant d'obtenir la remise en cause d'une décision.

Voies de recours extraordinaires : voies de recours qui ne peuvent être exercées que dans des conditions particulièrement restrictives – pourvoi en cassation, tierce opposition et recours en révision.

Voies de recours ordinaires : voies de recours ouvertes aux parties à l'instance, contre les décisions de première instance ou d'appel, lorsqu'elles n'ont pas obtenu satisfaction.

TABLE DES MATIÈRES

INTRODUCTION

Une matière au programme de nombreux concours administratifs 3

De la clarté et de la rigueur avant toute chose 4

CHAPITRE 1

LES SOURCES DE DROIT

FICHE 1 La notion de sources de droit 10
FICHE 2 Les sources écrites du droit 12
FICHE 3 La place du droit international 14
FICHE 4 Le domaine d'application de la loi dans le temps 16
FICHE 5 Les sources non écrites 18

CHAPITRE 2

L'ORGANISATION JUDICIAIRE EN DROIT PRIVÉ

FICHE 6 La saisine des juridictions 24
FICHE 7 Les règles générales du procès 27
FICHE 8 Les juridictions du fond 29
FICHE 9 La Cour de cassation 31
FICHE 10 Les gens de justice 33

CHAPITRE 3

LES DROITS SUBJECTIFS

FICHE 11 La notion de droits subjectifs 40
FICHE 12 La charge de la preuve 42
FICHE 13 L'objet de la preuve 44
FICHE 14 Les écrits, preuves parfaites 46
FICHE 15 Les preuves orales et les preuves imparfaites 48

CHAPITRE 4

LES TITULAIRES DES DROITS SUBJECTIFS

FICHE 16 L'existence des personnes physiques 54
FICHE 17 Les incertitudes sur l'existence d'une personne 56
FICHE 18 La diversité des personnes morales 58
FICHE 19 La reconnaissance des personnes morales 60
FICHE 20 Les animaux 62

CHAPITRE 5

L'IDENTIFICATION DES TITULAIRES DE DROITS SUBJECTIFS

FICHE 21 Les actes de l'état civil 68
FICHE 22 Le prénom 70
FICHE 23 Le nom et ses accessoires 72
FICHE 24 Le sexe 74
FICHE 25 Les autres éléments d'identification 76

CHAPITRE 6

LA PROTECTION DE LA PERSONNE

FICHE 26 La protection relative au corps 82
FICHE 27 La vie privée et l'image 84
FICHE 28 La protection des mineurs 86
FICHE 29 La protection des majeurs 88
FICHE 30 La situation des majeurs non protégés aliénés ou vulnérables 91

CHAPITRE 7

LE COUPLE HORS MARIAGE

FICHE 31 La reconnaissance du couple hors mariage 98
FICHE 32 Les effets du concubinage 100
FICHE 33 Les effets du PACS 102
FICHE 34 La rupture du couple hors mariage 104
FICHE 35 Le couple homosexuel 106

CHAPITRE 8

LA CONCLUSION DU MARIAGE

FICHE 36 La liberté du mariage 112
FICHE 37 Les conditions de validité du mariage 114
FICHE 38 La spécificité du consentement dans le mariage 116
FICHE 39 La sanction des conditions de validité du mariage 118
FICHE 40 L'opposition 120

CHAPITRE 9

LES EFFETS DU MARIAGE

FICHE 41 Les effets extrapatrimoniaux du mariage 126
FICHE 42 Les effets patrimoniaux 128
FICHE 43 Le régime matrimonial 130
FICHE 44 Les aménagements en période de crise 132
FICHE 45 Inégalités et égalité entre les époux 134

CHAPITRE 10

LE DIVORCE

FICHE 46 Les différents cas de divorce 140
FICHE 47 Les effets du divorce entre les époux 143
FICHE 48 Les particularités de la prestation compensatoire 145
FICHE 49 Les effets du divorce à l'égard des enfants 147
FICHE 50 Le divorce et sa révision 149

CHAPITRE 11

LES RÈGLES GÉNÉRALES RELATIVES À LA FILIATION

FICHE 51 La vérité recherchée 156
FICHE 52 Les preuves relatives à la filiation 158
FICHE 53 Les actions relatives à la filiation 160
FICHE 54 La procréation médicalement assistée 162
FICHE 55 Les présomptions dans la filiation 165

CHAPITRE 12

LE LIEN DE FILIATION

FICHE 56 L'établissement de la filiation 172
FICHE 57 La contestation du lien de filiation 174
FICHE 58 La filiation adoptive 176
FICHE 59 La procédure d'adoption 178
FICHE 60 L'accouchement sous X et les droits du père 180

CHAPITRE 13

LES EFFETS DU LIEN DE PARENTÉ

FICHE 61 La notion de famille 186
FICHE 62 Les contours de l'autorité parentale 188
FICHE 63 Les modifications dans l'exercice de l'autorité parentale 190
FICHE 64 Les aménagements de l'exercice de l'autorité parentale en cas de séparation des parents 192
FICHE 65 La protection spéciale des mineurs 194

CHAPITRE 14

LES DROITS SUR LES BIENS

FICHE 66 Les biens 200
FICHE 67 Le droit de propriété 202
FICHE 68 Les troubles anormaux de voisinage 204
FICHE 69 Les droits réels démembrés 206
FICHE 70 La propriété collective 208

CHAPITRE 15

LE RÉGIME JURIDIQUE DU DROIT DE PROPRIÉTÉ

FICHE 71 L'acquisition du droit de propriété 214
FICHE 72 Les spécificités de la possession 216
FICHE 73 L'accession artificielle 218
FICHE 74 Les actions en justice et le droit de propriété 220
FICHE 75 Droits incorporels de propriété et droits de propriété incorporelle 222

CHAPITRE 16

LES OBLIGATIONS

FICHE 76 Les sources des obligations 228
FICHE 77 La diversité des contrats 230
FICHE 78 Les modalités des obligations 232
FICHE 79 L'extinction des obligations 234
FICHE 80 La période précontractuelle 236

CHAPITRE 17

LE RÉGIME JURIDIQUE DES CONTRATS

FICHE 81 Les conditions de validité des contrats 242
FICHE 82 Le contenu du contrat 244
FICHE 83 Les effets du contrat 247
FICHE 84 La responsabilité contractuelle 249
FICHE 85 Spécificités de la responsabilité médicale 251

CHAPITRE 18

LES RÈGLES GÉNÉRALES DE LA RESPONSABILITÉ CIVILE

FICHE 86 La responsabilité délictuelle ou quasi délictuelle 258
FICHE 87 La responsabilité des parents du fait des enfants 260
FICHE 88 La responsabilité des maîtres et commettants du fait des préposés 262
FICHE 89 Les responsabilités du fait des choses 264
FICHE 90 Des responsabilités objectives spécifiques 266

LEXIQUE 269

Imprimé en Italie par «La Tipografica Varese Srl» Varese